ソング・オブ・サマー

❖

――目次

エリック・フェンビー略伝（クリストファー・パーマー）　4

ソング・オブ・サマー　真実のディーリアス　9

Ⅰ　フレデリック・ディーリアスの人生における間奏曲　11

Ⅱ　私たちはどのように作業したか　159

Ⅲ　私が知ったディーリアスの人となり、作曲家としてのいくつかの側面　185

Ⅳ　日没　241

Appendix 265
ディーリアスの作曲法 266
一九八一年版へのあとがき 271
ディーリアスとフェンビーの遺産 282
注 287
訳者あとがき　ディーリアスとフェンビーが私に教えてくれたこと（小町碧） 308
解　説（オヤマダアツシ） 312
ディーリアス略年譜（沼辺信一） viii
索　引 i

エリック・フェンビー略伝

クリストファー・パーマー［1］

エリック・フェンビーの洗礼名がフレデリック・ディーリアスの名に含まれているのは幸運な偶然の一致である［2］。二人のヨークシャー人は六年ものあいだ、ある意味でひとつに融《と》けあい、一体化していたのだから。この本はその重要な共同作業の年代記である。私の文章の目的は、著者の特徴である控えめな筆致で綴《つづ》られた彼の経歴を、もう少し詳しく紹介すること、そして、一九三四年のディーリアスの死をもって両者の関係が終わって以降、彼の活動がどのように展開したかを記述することである。

エリック・フェンビーは一九〇六年にスカーバラで生まれた。彼は基本的に独学の音楽家だった。子供のころからとても耳が敏感で、絶対音感があり（彼はいつ「雷鳴がE♭音で轟《とどろ》いた」か、かならずわかった）、初見でオーケストラの総譜を読むことのできるまれな能力をもち、巨匠たちの音楽に学び、吸収することで、ほぼ独学で作曲を習得した。だが最初はオルガニストとして訓練を受けた（一二歳でスカーバラのホーリー・トリニティ教会のオルガニストとなった）。彼は強い影響を受けた人物として、彼の雇用主でもあったクロード・キートン（スカーバラのセント・マーティンズ教会のオルガニスト）を挙げる。キートンはこの地方きっての音楽家であり、フェンビーはキートンが指揮していた多くのアマチュア合唱団、合唱協会、マドリガル・グループ、アマチュア・オーケストラの演奏の下準備をした。

青年期にフェンビーは健康にめぐまれず（反対に、七五歳になったいまはこのうえなく壮健である[3]）、ベネディクト会修道院に入ることを考えていた。その代わりに入ったのが、彼自身の言葉によれば「もうひとつの修道院——ディーリアス家」だった。そこでディーリアスの口述筆記者として過ごした六年間（一九二八〜三四年）に、当時のイギリスの傑出した音楽家たちと出会ったことが、後年の彼にとって大いに役立った。ディーリアスの死後、彼はロンドンに居を定め、ディーリアスの（一時的な）鎮魂のため本書を書いた（そのために彼はみずから進んでヨークシャーに三カ月間ひとりでこもって執筆した）。彼はサー・トマス・ビーチャムのもとでさまざまな音楽活動に従事した。

一九三六〜三九年には楽譜出版社ブージー&ホークスの音楽顧問を務め、同社はラルフ・ホークスの采配のもと、フェンビーの補佐を得てディーリアスの全作品の権利を出版のために入手した。目を通した手稿譜のうちでフェンビーがとりわけ好意的に評価した楽曲には、当時まだ無名だったベンジャミン・ブリテンの作品もあった。フェンビーの指導により、めざましい管弦楽曲の目録が作成されたが、そのなかにはジョン・アイアランドの《ロンドン序曲》、アーサー・ベンジャミンの人気曲《ジャマイカ・ルンバ》などもあった。同じころ、友人トム・ロートン（ホテル経営者として名をなした）を通じてその兄の俳優チャールズ・ロートンと知り合い、その縁でロートン主演のアルフレッド・ヒッチコック監督作品『巌窟《がんくつ》の野獣』の映画音楽を作曲した。フェンビーはロートンの映画会社（メイフラワー・ピクチャーズ）に同行してハリウッドへ渡り、次作『ノートルダムの傴僂男《せむし》』の音楽を書く予定だったが、戦争が勃発《ぼっぱつ》し、徴兵を免《まぬか》れることはできなかった。

一九四〇年、ソールズベリー・プレイン訓練地に駐屯していたENSA（慰安奉仕会）[4]の音楽顧問が、ブランドフォードに「路上に白線で楽譜を書く音楽家の兵卒」がいると耳にしたところから、ディーリアスの口述筆記者は陸軍教育部隊に配属され、兵士たちに音楽を講義することになった。やがてフェンビーは将校に任じられ、ランカシャー州のクエルデン・ホールで英国陸軍教育部隊の講座を三年間受け持った。それに加えて南方司令部交響楽団も指揮し、軍楽隊用の作品を書いたほか、陸軍時事問題局付属劇団の公演のために付随音楽を作曲した。彼は戦時体験をいろいろ語ってくれたが――ほとんどが「まったく信憑性《しんぴょう》に欠ける」とのことだが――「バッハから兵舎へ（From Bach to Barracks）」なる小噺《こばなし》がもし活字になったなら、私たちはテューバの朝顔《ベル》のなかに兎《うさぎ》を詰めこんで持ち帰り、夕食に供する顚末《てんまつ》を読まされるだろう。これに劣らず珍妙な体験が数多くあったとのことだ。

戦後になるとエリック・フェンビーは、自分が「別人のようになった」と感じ、大がかりな合唱曲《天の猟犬（The Hound of Heaven）》や交響曲、弦楽四重奏曲を破棄してしまった。現存する作品でもっともよく知られているのは、序曲《イルクラ原野のロッシーニ（Rossini on Ilkla Moor）》だろう。この曲をエイドリアン・クラフト[5]は「機知に富んでいると同時に、美しく書かれた「音楽的」模倣音楽の古典」と評している。フェンビーは故郷ヨークシャーに戻り、ブージー&ホークス社の依頼で一連の本を著《あらわ》す予定だったが、戦後の紙不足のため計画は中止された。それに代わって――彼の教育における能力は戦時下で広く知られた――彼はノース・ライディング教員養成校[6]の音楽科の創設と指導を依頼され、この職に一四年間留まって（一九四八〜六二年）、海にほど近いヨークシャー平原の一画で、妻ロウィーナと二人の幼い子供たちと幸福に暮らした。一九六二年、ブラッドフォードでディーリアス生誕一〇〇周年記念音楽祭が催され、その芸術監督に指名されたのを機に、長年くすぶっていた彼のディーリアス熱が再燃した。彼はこの音楽祭の功績によりOBE[7]を受勲している。

ここで後半生に転機が訪れる。サー・トマス・アームストロングの招きで、彼はロンドンの王立音楽院の作曲科教授に任じられたのである。彼は家族を連れてハムステッド・ヒースの外れの住居に移り住んだ[8]。それから今日にいたるまで、彼のディーリアスとのかかわりは一気に深まり、その功績により、ジャクソンヴィル大学（彼はそこで毎年開催されるディーリアス音楽祭に常連の賓客《ひんかく》として招かれた）、ウォーリック大学、ブラッドフォード大学から、それぞれ名誉博士号を授与された。七五歳になった現在も、フェンビー博士はこれまで以上に多面的な活躍をみせている。ディーリアスにかんする広範な手紙のやりとりを欠かさず、いまもディーリアス作品のさまざまな編曲を手がけている（小管弦楽のための《五つの小品》、弦楽四重奏曲の《弦楽のためのソナタ》への編曲など）。彼はイギリスとアメリカの双方で講演、放送出演、インタヴュー、リサイタルと多忙な日々を送っている（ディーリアスにも称賛されたピアノの演奏能力は、二人の共同作業の成功に不可欠だった）。

彼は、フェイバー社の「大作曲家シリーズ」ではディーリアスの巻の執筆を担当した。また本書を原作として制作され、高く評価されたケン・ラッセル監督のテレビ映画『ソング・オブ・サマー』では監督の相談役としてかかわった。ディーリアスのヴァイオリン・ソナタ集を二度録音した。最初はユニコーン・レコードのためにラルフ・ホームズと（フェンビーはディーリアス旧蔵のイバッハ製ピアノを弾いた）、次いでEMIのためにユーディ・メニューインと（メニューインは彼の友人で近所づきあいの間柄。一九六九年にはサリー州ストーク・ダバノンのユーディ・メニューイン・スクールの写真付き記録集『メニューインの音楽の家』にも文章を寄せた）。一九六八年には英国作曲家組合[9]の会長に就任し、一九七二年にはロイヤル・フィルハーモニー協会の委員会に加わった。近年はジュリアン・ロイド・ウェバーとの共演でディーリアスのチェロ・ソナタを録音し（ユニコーン・レコード）、さらに二枚組LP『フェンビーの遺産（The Fenby Legacy）』では、彼の助力でディーリアスが書き残したすべての管弦楽曲、声楽入りの管弦楽曲を指揮した。

フェンビー博士は目下、ディーリアスの音楽技法と解釈を詳述した著作の最終段階に入っており、オックスフォード大学出版局から刊行される予定である[10]。これは彼によれば、この主題についての「最後の言葉」になる由《よし》。とはいえ、彼の「最初の言葉」である本書にとって代わる書物などありえない。初版から四五年をへていまや古典の地位を占めているが、一九八一年のいまもなお、生前のディーリアスと親しく接した唯一の生存者からじかに話を聞ける特別な喜びに、私たちは深く思いをいたすべきだろう。

ソング・オブ・サマー

真実のディーリアス

I

フレデリック・ディーリアスの人生における間奏曲

1

青春とは不思議な時間である。そして青春がもたらすものは、さらに不思議だ。一部の者、それも粗野で、幸福な気質を持った者にとっては、青春とは遊楽の時間であろう。しかし、その他の者、それも感受性の強い、思慮深い者にとって、青春とは徐々に痛感される自身の天性への目覚めである。私たちは、哀れにも善悪という途方もない問題を自力で解決しようとして、相矛盾する哲学を次から次へと試み、そして、激しい熱狂にうかされながら、あれこれと異なる人生観のあいだを揺れ動き、最後には疲れ果てて、意気消沈し、この美しい世界の中でわれわれ自身を眺めまわして、人間が哲学的な思索を始めた日を呪う。そして、そこから、摑《つか》み取ったとたんに色褪《あ》せてしまうような束の間の事柄ばかりを情熱的に追い求める日々が始まるのだ。戸惑いながら、途方に暮れて、私たちは「世の習い」を思い出す。

賤《いや》しい人が立派な人に見られたり
また才能のない人が成功して立派に着飾っていたり
また悪人が誠しやかに新年を偽誓したり
また見苦しくもつまらない人に栄誉が与えられ
また純な仁徳が残念に汚され
また正当なものが不正にけがされたり
また健全な力がよこしまな勢力にまげられ
また学芸が権力者から言語の自由を束縛され
また愚行が学者らしく学芸に制裁を加え
また単純な真理を単純な頭だと考えたり
また善行が悪魔に仕えて征服されたり――〔1〕

そして、失意のうちに幻滅し、砕け散った理想だけが私たちのもとに残る。しかし、この腐った世の中にも、私たちから奪いさることができないものがひとつだけある。それは、「偉大なる音楽」に永遠に存在する、変わることのない、深い喜びと慰《なぐさ》めである。すべてが無駄に終わるとしても、ここには精神の安らぐ場所がある。音楽は、この短い人生では得られることのない、安らぎの世界への「合鍵」を与えてくれる。そしてついには、あの「愛と微笑みにあふれた永遠の光」の前に私たちを導いてくれることだろう。

私自身の経験からすれば、どんな哲学よりも、エルガーの交響曲第二番の輝かしい最後の数ページのほうが、人生が苦しくても、人生へのより深い洞察を与え、生きることへの喜びを燃え立たせてくれた。ここには、良い人生だったのだ、それに、一分でも生きる価値、そして生きがいを感じた人間のメッセージがある。そう、彼にはさらに素晴らしいものが待ちかまえていたのだ！

偉大な音楽家たち、高貴な芸術の偉大なる巨匠たちとともに、安らかに眠らんことを――彼はこの高貴な芸術に、立派に仕えたのだから！[2]

難癖をつけたがる人々に、ここで思い出してもらいたいのは、エルガーこそ、あらゆる音楽的情緒のうち、あのもっともまれでもっとも崇高なものに完璧な表現を与えた、唯一のイギリスの作曲家であったということ、いやおそらくは、すべての作曲家のなかでも唯一の存在であったということだ（とくに、彼の《ゲロンティアスの夢》[3]第二部冒頭のほんの数小節間の、たった一度きりのあの瞬間）――その情緒は、作曲家であれば、誰もがきっと切望するものにちがいない。それはみずからの定めを認める勇気と誠実さの有無にかかわらず、私たちを待ち受ける、あの天国のような世界を味わわせてくれるものである――すなわち、神に祝福された至福、いわば神の御許《みもと》での生き生きとし、愛情に満ちた休息の情緒だ。

けっして信心ぶっているわけではない。この疲れ果てた世の中だからこそ、私たちは、いまだかつてない休息と至福を与えてくれる音楽を必要としているのではないか。

偉大な音楽家たちが私たちに与えてくれた人間愛に報いることなど、けっしてできないだろう。彼らのほとんどはこの世のものに飢えていた。しかし、彼らへの報酬は黄金でも精算することはできないのだ。

私が最初にフレデリック・ディーリアスに手紙を書いたのは、私の人生に彼がもたらしてくれた魅力のすべてに強烈な感謝の念を感じていたときだった。彼の音楽が、この若い青年の人生にとってどれだけ大きな存在であるか、ということを知って喜んでもらえたら、というのが私の望みであった。

当時はまだ、彼の音楽を演奏会で聴いたことがなかった。強いて言えば、地元の名士二人が台なしにしてしまった、ヴァイオリンとピアノ用の編曲によるヴァイオリン協奏曲[4]のひどい演奏。こんな演奏でも、その当時のディーリアスの音楽にたいする私の情熱は、けっして消えてしまうことはなかった。そのことが多くをものがたる。だから、彼の作品のときどきの放送や当時発売されたレコードで、満足するしかなかった。

彼の出身地、ヨークシャー州でも、彼の出版譜を見つけ出すことは、ほぼ不可能であった。可能であったとしても、数冊の楽譜を購入すれば、私の薄っぺらい財布は空っぽになる。

それでも、最初にこのひとの音楽を聴いたときから、彼の音楽は普通ではない、と私は確信していた。隔靴《かっか》掻痒《そうよう》のもどかしい聴取からも、言葉にならない不思議な感銘を受けたのだ。

数週間にわたって問い合わせと失望を繰り返した後、私はついに《人生のミサ》[5]のヴォーカル・スコアを読み通すことができた。そのあいだ、私は大通りに面した地元の小さな楽器店で、あの独創的で魂を揺さぶるようなコントラルト独唱のパッセージに目を落としながら、魔法にでもかけられたかのように立ちすくんでいた。

おお、ツァラトゥストラ！……（中略）……わたしたちの島と緑の草地は、
善悪の彼岸にある。――わたしたちふたりだけのです！
だから、それだけでもお互い仲よしにならなければならないわけだわ！
（中略）……おお、ツァラトゥストラ、あなたも
わたしに十分忠実だったとは言えないわ！
・・・・・・・・
古ぼけた、重い、重い鐘があって、そのにぶいうなり声が、
夜ごとに、あなたの洞穴までのぼってきます。――
――その鐘が真夜中の時を打つのを聞くと、
最初の一つから、最後の十二までのあいだ、
あなたはずっとあのことを考えるのです。――

――あなたは考えるのです。おお、ツァラトゥストラ、わたしは知っています、
あなたがまもなくこのわたしを、この「生」を、見捨てようと考えることを！[6]

さらに総譜を読み進め、合唱のバス・パートがソット・ヴォーチェで歌いながら神秘的に登場すると、冷たい快感が体中を駆けめぐった。

ああ、人間よ！　しかと聞け！
深い真夜中は何を語る？
わたしは眠りに眠り、――
深い夢から、いま目がさめた。――
この世は深い、
「昼」の考えたよりもさらに深い。
この世の嘆きは深い。
しかし、よろこびは――断腸の悲しみよりも深い。
嘆きの声は言う、「終わってくれ！」と。
しかし、すべてのよろこびは永遠を欲してやまぬ――、
――深い、深い永遠を欲してやまぬ！[7]

そして私は、ソプラノ独唱がやさしく繊細《せんさい》にしめくくった後も、ずっと物思いにふけりつづけた。

そしてわたしたちはたがいに見つめあい、
おりしも夕冷《ゆうび》えの迫ってきた緑の草地に目を放ち、
そして、一緒に泣いた。[8]

ニーチェのことは何も知らなかった。何日ものあいだ、他のことをほとんど考えることができないほどに私の心を強く打ったのは、その音楽だった。
このように、私がディーリアスの楽譜を最初に手にしたときに偶然出会った、まさにそのページには、きわめてまれなことに、作曲家が伝えたかったすべてのことにかんする音楽的な真髄が含まれていたのだった。

＊　＊　＊

自分が送った手紙への礼状を受け取ることなど思いもよらなかったので、ディーリアスからこのような返事が届いたときにはひじょうに驚いた。

グレー＝シュル＝ロワン
ブーロン、フランス
一九二八年六月九日

親愛なる若き友人へ――あなたの心あたたまる、ありがたい手紙をたいへんうれしく思います。若い人々に私の音楽が魅力的に感じられるということを聞くたび、とてもうれしいのです。スカーバラは私もよく知っています。子供のころには、夏休みをフィリーで過ごしました。あの海岸での楽しい日々は、いまでも鮮やかに思い出されます。たしか来年、フィルハーモニー協会の合唱団が《人生のミサ》をケネディ・スコットの指揮で演奏するはずなので、あなたも聴くことができるかもしれません。

あたたかな挨拶《あいさつ》とともに
敬具　フレデリック・ディーリアス

このころ、私はディーリアスと彼の音楽にかんする記事を数件読み、彼が悲しい状態に陥っていること、それも盲目と体の麻痺《まひ》により、作曲できないことを知った。もっとも悲劇的であると私が感じたのは、彼が体の不自由により作曲を続けることが不可能になり、不安と悲しみを感じているということだった。すでに書きはじめた作品が数曲あるが、完成させることはできない。せめてこれらの作品を完成させることさえできれば、不幸に耐えることができるかもしれない。
心の中に美しいものがあっても、体の故障により結実できない、それはつらいことであろう。ディーリアスのように天才で、心の中に美しいものがあっても、自分の楽譜を見ることも、ペンを持つこともできなくなってしまったために、それから逃れることができない——いや、これは耐えがたいことではないか！

ある嵐の日、愛犬のピーターとともに、崖《がけ》の上を何マイルも歩き、彼の救いようのない、みじめな状態を考えていたことを覚えている。彼の音楽にはなんという繊細な美しさがあるだろう！ 繊細な心は何に苦しまなければいけないのか。何かできることはないのだろうか？ もちろん、私ができれば——しまった、私がこんなことを思いこんでしまってはいけない！ 驚き、恥ずかしくなって、この考えを頭から消そうと、強風に抗《あらが》いながら、他のことを考えるようにした。

それから数週間、私が助けられるかもしれないといううぬぼれた考えに取りつかれていった。それは「天の猟犬」[9]のように追いかけてきて、私は思いつくかぎりの言い訳を考えてそれから身を隠そうとした。しかし、それはいつも目の前にあり、しまいにはそのために眠れなくなってしまった。ついに私はこのうぬぼれた考えに征服され、真夜中に起き上がって、ペンと紙を持ち、ディーリアスへ、三、四年のあいだ手助けできると申し出た。あの音楽を完成できるならば何でもやる、そして、私の提案が彼に認められるのであれば、私はかならず目的を達成できると確信した。いったいどのように完成するのか——その答えは神のみぞ知る、だ！

私はこのことを誰にも伝えず、彼の返事を不安に待ちつづけた。そして、返事が届いた[10]。

グレー＝シュル＝ロワン
ブーロン
一九二八年八月二九日

フェンビー様――あなたからの心づかいと思いやりのある手紙に感激いたしました。そして、あなたのお申し出を喜んでお受けしたいと思います。できるかぎり早いうちに、ぜひこちらへ来ていただき、ここがお気に召すかどうか、お決めになる前にご覧ください。あなたのご年齢は？

こちらは素敵なところです。静かな、小さな村にすぎませんが。私たちの家は大きな庭の中にあって、庭から川へと下ることができます。もちろん、私たちだけで暮らすのにはじゅうぶんすぎるぐらいです。

お越しになるには、おそらく夜間にロンドンからご旅行されるのが最良かもしれません。たとえば――私たちの最寄り駅であるブーロン行きの午前九時一一分の列車に乗れば、そこに一一時には到着するでしょう。あなたの到着時間がわかっていれば、私たちもそこへ迎えに行くことができます。私の妻からの挨拶もこめて。

敬具　フレデリック・ディーリアス

それからはパスポートにかんする手紙のやり取りが続き、ディーリアス夫人から届いたはがきには、リーズ音楽祭でディーリアスの《海流》[11]が演奏される予定であるとあった。もし、公演日より前に出発を予定していなければ、私に聴いてきてほしい、と夫が願っているらしい。

私は急遽《きゅうきょ》リーズへ行ったものの、愚かな下級職員のせいで、入場することができなかった。たった一曲だけ、ホールのいちばん後ろで立ち見させてもらうために一〇シリング[12]を差し出したのに。

しかし、サー・トマス・ビーチャム[13]が彼自身の最高の力を発揮して、素晴らしい演奏をおこなったと確かな筋から聞いたということを、ディーリアスに伝えることはできた。

それから数カ月後、じっさいにグレーでサー・トマスに会ったとき、彼は私の冒険をおもしろがった。「おい君」と彼は言った――「知ってさえいたら、君をステージの上まで招待したのに！」。

グレーからは、出発前に最後の手紙が届いた。

一九二八年一〇月一日

フェンビー様――夫はあなたの手紙を読んでたいへん喜び、パスポートの関係当局とうまくやったなと言っています……あなたの旅に遅延がないことを願っています。なぜかというと、二〇日には私たちの友人、バルフォア・ガーディナー[14]が到着する予定で、彼はあなたとともに

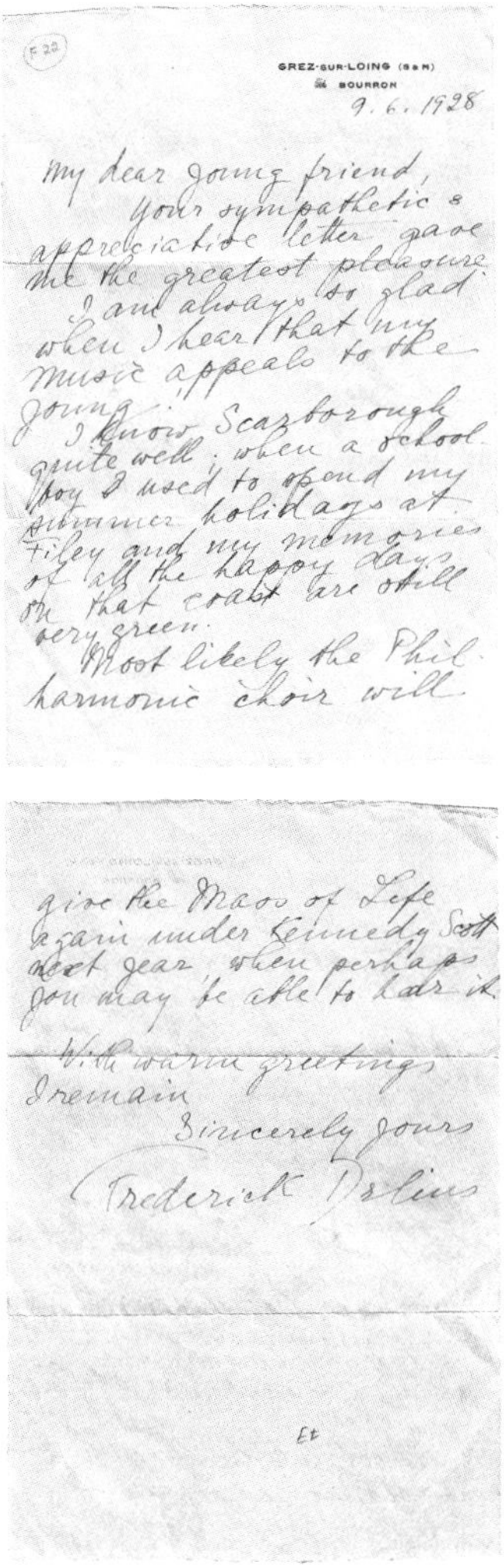

GREZ-SUR-LOING (S&M)
BOURRON
9.6.1928

My dear young friend,
Your sympathetic & appreciative letter gave me the greatest pleasure. I am always so glad when I hear that my music appeals to the young.
I know Scarborough quite well; when a school boy I used to spend my summer holidays at Filey and my memories of all the happy days on that coast are still very green.
Most likely the Philharmonic choir will give the Mass of Life again under Kennedy Scott next year when perhaps you may be able to hear it.
With warm greetings
I remain
Sincerely yours
Frederick Delius

ディーリアスがフェンビーに最初に書いた手紙（イェルカ代筆）
提供：ディーリアス基金 The Delius Trust

に、彼が編曲したディーリアスの作品を弾くのを楽しみにしています。ご自身のパートは彼の自筆譜から書き写してください。お察しのとおり、あなたの親切なお力添えがすぐにでも必要なのです。

われわれ二人の心からの挨拶をこめて、そしてご両親にもよろしく。

敬具　イェルカ・ディーリアス

追伸――ブーロンにてお待ちしています。

2

その日はひと晩じゅう雨だった。あの一〇月の朝に、列車が蒸気を上げながら、グレー＝シュル＝ロワンから野原を歩いて三〇分のところにある、まったりとした小さな村ブーロンの長く、まとまりのない駅へと入っていったとき、地上にこれほど冴えない場所はないように思えた。降りたときにはまだ霧雨が降っていたが、私は自分を見つけ出してくれる親しげな視線を探してあたりを見まわした。それはどちらかと言えば思いがけない顔から発せられていた。「ディーリアスさん――ですよね？」――気づくと私はそう言っていた。私には彼女が驚いているのがわかった。後になって知ったのだが、それは私のべらぼうに若い外見のせいだった。握手をすると、やさしく聞き慣れない声が、あまりイギリス人らしくないアクセントで、私を歓迎してくれた。「フェンビーさん、お迎えできてうれしいわ！　夫を手伝うためにここまで来てくださって、ほんとうにありがとう。私たちは二人とも、あなたのご親切に感謝しています。なんとかして夫と一緒に仕事をしてくださったなら、彼にとってどんなに良いことでしょう。この世のどんな薬よりも効き目がありますわ。夫がふたたび作曲できるようになることが、私の一生の夢なのです」

彼女は、アンドレというだらしのない小柄の運転手に、私の荷物を運ぶようにと指示した。プラットホームを降りながら、私は彼女のやさしい瞳に気づいた。服装はシンプルで、顔色もよく、中背、ふくよかな体つきで、言うまでもなく丈夫な体をもった女性である。

私たちは、黄色いカーテン付きの旧型フォードに乗った。この憎めないおんぼろ車は、この駅では、ディーリアス家の紋章として、見知らぬ訪問者たちにもおなじみの一台だった。私たちは駅沿いに家路を急いだ。この立派な古い車は、絶対にディーリアス夫妻を裏切ることはなかった。絶頂期には、夫妻はこれに乗ってイタリア半島をまわった。いまでは六日間、何も仕事をしないが、七日目の金曜日には、夫妻を市場へ連れ出した。この車は、ディーリアス夫人が亡くなる数カ月前に、運転手に売り渡されるまで、夫妻の信頼のおける召使であった。しかし、このような誠実さはディーリアス家のためであって、この車には他の人間に仕える気などまったくなかった。長年、ていねいに世話をしてくれたあの小柄な同僚にたいしても、そうだった。ルリツグミのような厚かましさで、フォンテーヌブローの丘を一〇〇一回と越えてきたのに、新しい主との最初のお出かけとなったときには、もうその丘を登る気はなかったのだ。丘の中腹で、それ以上先へは進むまいと意地を張り、逆走して縁石に乗り上げ、側面から衝突したそうだ！

高く立派なポプラ並木の通りを抜けて、私たちは大道路へさしかかった。ポプラの並木道は、まるで二列縦隊の誇り高い連隊のように、丘の向こうまで続いていた。この立派な護衛は、数カ月後には、近代国家の無慈悲によって、いっせいに切り倒されてしまった。そして、あれから八年たついまも、若い木々はいまひとつ、この場所から荒廃した雰囲気を一掃することができず、私の心からあの死にうなる音を消すこともできない。

木が地面に倒れるときの最後のうめき声といえば、私の知る音のなかで、もっとも悲しい音である。

私はディーリアスの具合を尋ねた。彼はまずまず元気で、いまは休んでいるけれども、お昼には私に会いに下へ降りてくるらしい。また、夫妻のたいせつな友人で、ロシア人のチェリスト、バルジャンスキー[1]の訪問を待っているとのこと。彼は自分の楽器を持ってくるだろうから、ピアノを弾いてほしいとディーリアス夫人に頼まれた。

それから左へ曲がり、小道を通り抜けて、派手な色と豚の頭の飾りの付いた、けばけばしい屋敷を通り過ぎたところで、ディーリアス夫人は言った——「ここがグレー。私たちはここに三〇年以上も住んでいるのよ！」。

私たちは村へ入っていった。そこはとくに清潔感があるというわけでもなく、すべてが憂鬱《ゆううつ》な感じに見えた。それから狭い道をジグザグに進み、やっと停止したのはだだっ広い家の前。ここが、その後六年間の大半、私の住まいとなった。

それは奇妙な屋敷だった。通りに面していて、大きな玄関をまんなかにして左右に分かれていた。

その玄関は、干し草の荷馬車が通り抜けられそうなほどの大きさだった。玄関の上には、屋敷の両翼をつなぐ廊下があり、そこにはディーリアスの看護人であるドイツ人の男の部屋があった。右翼には大きな居間があり、その向こうに台所、その頭上にディーリアスの寝室と来客用寝室。左翼には、一階に来客寝室、二階には音楽室があって、小さいけれども気品のある奥の寝室へと続いていた。ここが私の部屋となった。建物の両翼の上には巨大なスタジオがあり、右翼のわきからはさらにガラスの天井付きのスタジオへと分岐し、その下は離れ家となっていた。家の裏側からはいまや色褪せた庭が見えて、背後の二、三百ヤードほど離れたところには、川岸に立派な木々が巨大な半円状に重ね上げられていたのだが、そこには私がいまだかつて見たことのないような、穏やかさがあった。

音楽室へと階段を上り、私たちは入口で立ち止まった。「この部屋で、ディーリアスは彼の最高傑作を書いたのよ」とディーリアス夫人は言った。

私は畏敬の念を持って立ち入った。するとたちまち、どこか不吉な空気を感じ、奇妙なことに不安に陥った。私がグレーで過ごした最後の日々まで、この音楽室での不愉快な気持ちは完全に克服できなかった。ときには、何百マイルも離れたところで、急に思い出し、身震いした。それがなぜなのか、いまなおまったく理解できない。

部屋は長く、重いカーテンが架かった二つの窓は道を見下ろし、もうひとつの窓は庭を見下ろしていた。ディーリアスが作曲のために弾いたイバッハ[2]のグランドピアノから目を離し、黄色い

グレーの家にあったディーリアスの音楽室には、イバッハ製ピアノがあり、ディーリアスはこの楽器でこのうえなく素晴らしい音楽を作曲した。このピアノはディーリアスが亡くなったのち、著者エリック・フェンビーが所有していた。マントルピースの上には、イェルカによるゴーギャン『ネヴァーモア』の実物大の模写が飾られている。第一次世界大戦の勃発により著作権印税が入らなくなり、ディーリアスは原画を売らざるをえなくなった。現在この原画はロンドンのコートールド・ギャラリーにある。
提供：ディーリアス基金 The Delius Trust

壁にかけられた絵を見渡した。すぐさま、ほとんどすべての絵にありあまるほど使われている、しつこいピンク色に嫌気がさした。嫌悪感が悟られることを恐れて、私はにぎやかな本棚に注意をそらした。

「ご覧なさい、フェンビーさん。あなたのお部屋はこちらからです。心地良く滞在できますように」と言うと、ディーリアス夫人はこう続けた――「ディーリアスにあなたが到着したことを伝えてきます。彼の準備ができたらお呼びします」

私はひとりになった。ムンクの描いた狂えるストリンドベリの実物大の顔が眉《まゆ》をひそめて、ベッドの脚の上のほうから私を見下ろしていた。頭上には、フレームに入ったニーチェの写真。さらにムンクの素晴らしい作品、それも死ぬほど暗いものが、壁の高い位置に架けられていた。壁はきめの粗い、茶色い布地（黄麻布のようなもの）で覆われ、その布地は鋲《びょう》で固定されていた。そして羽目板のまわりには、狩猟の情景をモティーフにした小さく古風なステンシル模様が印刷されていた。庭に向いた窓のそばには、叫び声をあげる子鬼の巧みなスケッチ画。《おとぎ話》[3]のなかの、ときどき場違いなところで叫び声をあげるのは、あいつだろうか？

すべてがあまりに奇妙だったので、その夜は悪夢に襲われるのではないかと思った。しかし、私はディーリアスに会えるのを待ち望んでいたのだ。少し緊張してはいたが、玄関から続く居間のドアの前にためらいがちに立ったときには、ただうれしいばかりだった。

「こちらがフェンビーさんですよ」と、夫人がうながした。

「さあ、入りたまえ、フェンビー。君に会えて、とてもうれしいよ」とディーリアスは言った。

私は部屋をゆっくりと横切って、挨拶を返した。

出会ったときの最初の思い出は、なにごとにもけっして霞《かす》むことはない。

そこにいたディーリアスは、やつれ、不気味に青ざめていた。まっすぐ椅子に座っていたので、彼の美しく立派な頭も誇らしげに直立していた。彼の周囲には大きな衝立《ついたて》が広がっていて、一瞬、ローマの枢機卿《すうききょう》がそこに座っているようにも見えた。彼は胸もとの開いた白いシャツを着て、膝《ひざ》の上にはチェック柄の膝掛けがゆったりと掛かっていた。やっとのことで彼は腕を私に差し伸ばし、それはまるで人生を、垂れ下がる手の中に取り戻そうとしているようだった。私はふたたびためらった。握手するのは場違いなようにも思われたが、夫人は安心させるように私に目配せをした。長く先細りした指を手にとって、次のような言葉で私は言った。「これは、ディーリアス様、たいへん光栄です。ここに来られたのは、誇り高く名誉なことです。私をこのようにやさしく受け入れてくださり、ほんとうにありがとうございます」

「さて、フェンビー」とディーリアスは言った。「どうぞくつろいで、君の部屋にあるものは全部、自分のもののように使ってくれたまえ――私の楽譜も、私の音楽室も。でも、まずは座って、君の旅について聞かせてくれないか」

私たちは、スカーバラ[4]について話した。少年時代に彼がよく知っていた場所だ。彼がかつてしたように、クリケット祭には行ったか？ フィリー[5]は知っているか？ 夏休みになると、いつも家族でクレセント通り[6]の家に滞在し、そこで過ごした時間がどれほど素晴らしかったか！隣村のグリスソープ[7]とハンマンビー[8]で、クリケットをするのがどれくらい大好きだったか、そして、そこの農夫たちがなんて良い奴らだったか！ ある男の子とブリッグ半島で潮流に巻きこまれ、必死に脱出しようとしたときには、もう少しで命を失うところだったよ。

私たちの会話は、心地よく、そして気楽に進んでいた。それをとたんに変えたのは、音楽の話題だった――しかも、イギリス音楽だ――なぜそんなことを話したのかは思い出せない。しかし、私が無邪気にも、この無害な二つの単語を発したときに、彼に起こった変化をけっして忘れることはできないだろう。それに忘れることができないのは、あのむずかしい顔つき、彼独特のやり方で、唇を意地悪にすぼめた、あの軽蔑的な微笑みだ。訪問客が薄氷を踏みそうになると、私はその微笑みを予期できるようになっていった。そして、がさつな話し方で、彼が割りこんできたときの、あの衝撃。「イギリス音楽？ 君はいま、イギリスの音楽と言ったかね？」 一瞬沈黙があり、それから彼はこう付け加えた――「ふむ――私はそんなものは聴いたことがないぞ！」。

私はいったい何を言ったのだろう？　私は指先に血が流れていくのを感じた。その後に続いた沈黙の中で、私には多くのことが見えてきた。しかし、何よりも明らかなのは、もしここで何カ月も続けて彼と仕事をするのであれば、自分の意見を声に出してはいけない、ということだった。

みずからに課した仕事の果てしなさが重くのしかかった。その場ですぐに辞めることはできたのだ、自分のプライドのために。彼は黙りこくったまま、夫人と私が昼食のために着席するまで、私にいっさい話しかけなかった。ようやく口を開くと、ただ、何が飲みたいか、とだけ聞いてきた。昼食が終わったときはうれしかった。なぜなら食事中、彼はずっと厳めしく冷淡で、夫人と私の発する会話の言葉すべてが、彼にはひとこと余計なように、私には感じられたからだ。彼はそれに耐えながら、ときおり、沈黙を破った――「取ってくれ……パン……じゃがいも……ほうれん草……ビールをくれるかい（Bitte, Brod...Kartoffeln...Spinat...Geben Sie mir mein Bier）」――ただし、私たちにではなく、彼に給仕をしていた若いドイツ人看護人にたいしてだったのだが。

私が行こうと立ち上がると、音楽室の机の上に、まだ出版されていない作品の自筆譜がある、と彼は言った。交響詩《人生と愛の詩》[9]である。それを、二台ピアノで演奏できるように簡略譜に書き換えてほしい、とのことだった。良いかどうか、もういちど聴いてみたい、とのことだ。友人のバルフォア・ガーディナーがすでに作業を始めてある。君が完成してくれないか？

私はパイプに火を点《つ》け、楽譜を読み通した。私は絶望的にがっかりした。たしかに、あちらこちらに素晴らしいパッセージはあったけれども、あたかも学生がディーリアス風に書いたような作品だった。ガーディナーの編曲の最後のページへと楽譜をめくると、私は作業を始めた。二時間後、ベルが三回鳴って、お茶に降りてくるよう、私に知らせた。そして、ドアの近くまで行くと、若いドイツ人が大声で朗読しているのが聞こえた。私が部屋に入ると朗読は止まり、ディーリアス夫人が私を助けに来た。さいわい、その気づかいは不要だった。なぜなら、ディーリアスはどうやら私をもてなすと決意してくれたようだったからだ。私が、疫病《えきびょう》のような「音楽」という言葉を口にしない、と決意したように。

私は身震いしながら考えた。さて何を言おうか。もし彼があの交響詩について私の意見を聞いてきたら！

お茶が終わると、私とディーリアス夫人は、朗読をする彼らを残して、庭を歩きまわった。そこで私は、この家の生活習慣を学んだ。たとえば、一日のどの時間でも、時計を取り出して、こんな具合に言うことができる――「ただいま一一時半。たったいま、看護人がディーリアスを下の階へ運んでいるところでしょう」とか、「ただいま二時。休ませるため、彼らはディーリアスを二階へ連れて行くところでしょう」とか、「ただいま五時半。ディーリアス夫人がドイツ人の看護人を交代させたところでしょう」とか、「ただいま朝の三時。看護人がディーリアスを起こし、オレンジエードを飲ませているところでしょう」――このように、すべてが軍隊のような正確さをともなっているのだ。

私には会話が少しつらく感じられた。というのも、私の頭の中はさまざまな不安でいっぱいだったからだ。ここに定住できるだろうか？　この奇妙な家の状況に慣れる素質が私には備わっているのだろうか？　孤独は怖くないが、このような場所で何カ月も、同年代の若者との交際を完全に絶つことに耐えられるだろうか？

あの音楽室へ戻るのは恐ろしかったが、そんなことは何でもなかった。それよりも、ディーリアスのような、あんなに気むずかしい人と、どうやったらいっしょに仕事ができるのだろうか？　庭の湿っぽさが私に重くのしかかった。そして、ベルが二回鳴ったので――というのは、ディーリアス夫人が永遠に続く朗読を引き継ぎに行く時間だったため――私は村の様子を探りに、目抜き通りへと出ていった。

すでにあたりは暗く、教会もよく見えないほどだった。教会のきれいな塔だけが通りの上に突き出して、歩道を見守っていた。私はその下を通り過ぎ、目の前の道へ進んだ。田畑から帰ってきた二人の男たちが私に「こんばんは《ボン・ソワール》」と告げた。小屋の横をのんびり歩くと、調理中のおいしそうなスープの匂いがただよってきた。夕飯の支度《したく》をしているのだ。

引き受けた仕事の重大さはそのまま現実となり、もはや夢ではなかった。私は、星空を見上げると、成功できますようにとお祈りした。いつだってお祈りすることはむずかしいが、吠える犬たちの伴奏付きではさらにむずかしかった。どうやら私のなじみのない足音が、近くの庭のシェパードたちを怒らせてしまったようだ。じきに、あたかもこの田舎じゅうの犬たちが私に激怒しているか

ディーリアスとイェルカ。グレーの中庭にて
提供：ライオネル・カーリー Lionel Carley

のような騒ぎになった。なんというけたたましい吠え声であっただろう。明るい気分のときだったら、この歓迎を心強く感じたかもしれないが、暗闇の中では悲しくて、少し怖かった。

私は引き返して家に入り、こっそりと音楽室へ上がって作業を再開した。

七時になると、ヒルデガルデという若くてかわいらしいサクソン人の女中が恥ずかしそうに入ってきて、「食事に来られますか？（Wollen Sie bitte zum essen kommen?）」と言った。私は夕食へと降りていった。

おいしい食べもの、ワイン、愉快な会話は私を復活させ、この愛すべき二人に親しみを感じた。老人にも人間らしさが戻り、魅力的になり、そして彼の妻にはやさしさと愛《いと》しさがたっぷりと感じられた。

夕飯の後、ちらちらと瞬《またた》くオイル・ランプに導かれながら、私たちは車椅子に乗った彼を、村の外へと通じる丘の上まで押していった。その先にはマルロットがあり、フィリップ・ヘセルタイン[10]の叔父のジョーが住んでいる、と二人は教えてくれた。良い天候が続くかぎり、ディーリアスは就寝前のこの散歩を欠かすことはなかった。夜の涼しい空気は新鮮でおいしく、すべてが平和であった。ほとんど言葉を交わすこともなく、私たちは物思いにふける彼をそっとしておいた。帰り道は誰ひとりすれ違う者はなかった。そして、足跡をたどり直しながら村へ近づいていくと、街路灯は消されていた——もう九時で、村はすでに眠りについていたからだ。

「おやすみなさい」と告げると、私は自分の部屋へ上がった。それから「さあ、お湯ですよ、ムッシュ（Voilà l'eau chaude, monsieur）」と呼ぶ声が聞こえるまで、何も覚えていなかった。

時は八時、グレーで過ごす最初の一日の始まりだった。

3

コーヒーとパンを手にとり、庭へ出ると、そこにはディーリアス夫人がいた。私は彼女と川のほうを散策し、最新の情報を聞いた。

ディーリアスはよく眠り、痛みもなかったとのことだった。夜中に朗読してほしいと彼女を呼ばなかった——それはよい徴候だった。バルジャンスキーが夕食に来て、二泊ほど宿泊する予定だった。彼のような素晴らしいチェリストが訪問することはめったになく、こうした機会に彼らは演奏を楽しんだ。集中して聴き入る緊張に耐えられるかぎり、そのような親密な演奏以上に、ディーリアスを幸せにするものはなかった。しかし、誰も彼について確実に予測することはできなかった——彼は肉体的には廃人同然で、腕に抱いた赤ん坊のように面倒を見る必要があった。ちょっとしたこと、どんなにささいなことであっても、彼は苦しんだ。彼にはそれに抵抗する力がなかったのだ。ある週には、音楽についていっさい口に出さないこともあり、彼の作品のレコードをかけてほしい、といちども頼まないこともあった。またある週は、ただ引きずられるように日々を過ごし、ほんの少し食べるだけで、ほとんど食べないにひとしい食事とはまったく不釣り合いなほどに酒を飲み、眠ること以外はほぼ何もしない。朗読のあいだですら、このありさまだった。無感情というこの悲惨な状態は、ディーリアス夫人を大いに心配させ、彼の興味をよみがえらせるために、若く熱心な音楽家が家に来てくれることをずっと願っていた。彼女はフィリップ・ヘセルタインへ、一緒に住んでもらえないか、と手紙を書いたが、彼にはそうすることができなかった。だから、私の手紙が届いたとき、彼女は両手でしっかりとこのチャンスを握りしめたのだった。それは天の恵みにも思えた。いま、彼女はとても幸せで、あとは夫の音楽にたいする聴衆の評価がよみがえり、活発になってさえくれれば、望むことすべてが手に入る。この美しく独創的な音楽——生涯をかけた仕事——が恥ずかしくも無視されていると思うと、彼女は悲しかった。彼の死によって急に流行が訪れるなど、なおさら考えにくかった。

しかしながら、その朝、ディーリアスはとてもしっかりしていた。彼はバルジャンスキーに、とくにチェロ協奏曲[1]とソナタ[2]を弾いてほしい、と言った。そして、私にはこれらの作品のピアノ・パートを見ておくように、とのことだった。

その声のトーンには何か命令のようなものがあった。私は死にそうなくらい恐ろしくなった。というのも、これらの作品は、私にとって名前しか知らないものだったからだ。

すぐに練習を始めるのがとても不安で、私は家の片側に、見たところ初期ノルマン様式の教会があることに、ほとんど気づかなかった。また、家の別の側には、廃墟となった塔があったが、これにも気づかなかった。しかし、川の上に高く聳《そび》え立つ、あの大きく壮麗なイタリア・ポプラの並木が思い出されたので、やっかいな仕事にとりかかる前に、思わず音楽室の窓からそれをもういちど眺めた。昼食まで練習をして、自信が戻ってきた。

ディーリアスは、とてもおしゃべりでうれしそうだった。私がチェロ・ソナタへの喜びを抑えきれなかったからだ。あの高まっていく旋律と、伴奏の繊細さを忘れることはできない。その扱い方がほぼ和声的であったのは事実だが、しかし和音の配置がひじょうに繊細で、含蓄《がんちく》に富んでいるので、新たなフレーズのたび、その足取りの中に次のフレーズがつむぎ出されると、魂もそれとともに昂揚《こうよう》していくのだった。私はあのラプソディをさらに欲していたので、早く自分の糧《かて》にありつきたかった。こうした音楽こそが精神の糧であり、それを満たすことは簡単にはできないのだ。

私はお茶の時間まで弾きつづけた。そして、夫人が朗読の代わりにレコードを聴きたくないか、と提案したとき、私は期待に心躍《おど》らせた。作曲家が自分自身の音楽を聴いてどんな反応を示すのかを観察できるなんて、魅力的でないはずがないからだ。ディーリアスは、サー・トマス・ビーチャムの《春はじめてのカッコウを聞いて》[3]の素晴らしいレコードを選んだ。そわそわした隣席や気を散らす邪魔な顔もなく、あの立派な部屋の静けさの中で彼の向かいに座って、私はあの精緻《せいち》な冒頭の数小節を聴くあいだに、「音楽」の核心へと触れることができた。弦の響きや、グーセンズのオーボエの演奏が、あれほど魔法のように聞こえたことはなかった！　奇妙な、この世のものならぬ雰囲気が、彼をとらえていた。頭を後ろに傾け、そしてリズムにあわせてわずかに揺れながら、彼は、何も見えない、あの目を大きく開いて、何かを見ているようだった。彼の音楽が高まり、静まると、彼の魂も満ち、引いていった。

ここには静寂主義的[4]な無為の境地も、感覚主義的なたんなる音への愛着もなく、彼そのものがずっと届きつづけていた。ある偉大な神秘主義者は、「神は潮が満ち引きする大海である」といったが、この言葉以上に、偉大な音楽にあてはまるものはない。時間の拍動を意識することがなくなったときにだけ、善をつうじて「永遠なるものたち」と一体になることができるのだ。レコードを裏返すために停止しても、彼の歓喜をさまたげることはなかった。ひときわ美しい最後のカデンツの快い響きが消えたのちも、音楽にたいする高潔な愛をつうじて、彼そのものが放たれつづけていた。私は人間の会話に戻って、何か言うべき言葉を自分の心の中に探し出そうとしたが、あの音楽の直後に続いた沈黙の瞬間にはじめて、言葉というものの究極的な貧しさを、完全に悟ることとなった。誰しも、このようなときに人々がつい馬鹿げたことを口走ってしまうのを聞いたことがあるだろう。私はこの瞬間が来るのを恐れていた。なぜならば、それは私たちが授かったものすべてをかならずや持ち去ってしまうのだから。賢明な衝動に導かれ、沈黙が代わりに語ってくれるのにまかせて、静かな声でひとことだけ付け足した――「ありがとうございます」。彼は何も反応しなかった。私は夫人に微笑みかけ、立ち上がると静かに部屋の外へ出ていった。

その夜、夕飯のために下へ降りると、そこにはバルジャンスキーがいた。こんなに風変わりな容姿の男だとは思いもよらなかった。背は中ぐらいで、青白くて細かったが、頭部が印象的で、額《ひたい》は広く、ぼさぼさの長髪だった。また、白いシャツをのぞいて全身黒ずくめで、英国教会の修道院長みたいにゲートルを履《は》いていた。会話を始めて数分で、とても感じのいい人だと思った。音楽家のなかでもめずらしく、音楽的な印象を与える人だった。根っからディーリアスの作品が好きであるのは明らかで、その話しぶりは深い尊敬の念から生まれてくるものだった。彼は、さまざまな事柄とともに、あのチェロ・ソナタが演奏旅行で好評だったことや、ドイツのオーケストラがディーリアスの現役時代よりはるかに上達していることを私たちに話してくれた。また、彼らは遠方の友人たちの消息を尋ねあった。

夕食後、まもなくサー・トマス・ビーチャムの《ブリッグの定期市》[5]の演奏が放送される、とディーリアス夫人が知らせてくれた。私たちが聴いた演奏は完璧で、色褪せそうになったのは、たった一度だけだった。音楽が終わると、ディーリアスは叫んだ。「素晴らしいよ、トマス！　このように私の音楽を演奏してほしい。指揮者でそれを理解しているのは、ビーチャムだけだ！　美しい演奏だった！……では、ここで空気を入れ替えて、レヴェラーズ[6]のレコードをかけよう――〈オール・マン・リヴァー〉だ」

こうしたレコードは彼に大きな喜びを与えた。というのも、その歌い方がフロリダにいた黒人たちの歌を思い出させたからだ。若いオレンジ農園主だったころ、彼は真夜中に起き上がっては、葉巻を一本また一本と吸いながら、彼らの繊細な即興のハーモニーに耳を傾けたものだった。「彼らの旋律の本能的な扱い方には、真に素晴らしい音楽性と和声の感覚が示されていた」と言うと、ディーリアスはこう付け加えた。「そして、彼らの歌をあのロマンティックな環境の中で聴き、そのとき、その場所で、私ははじめて音楽で自分を表現したいという衝動を感じたのだ」

翌日の大半は、活気にあふれたリハーサルだった。バルジャンスキーという人物には興味つきることがなかった。彼は悪魔のように一時間ほど練習したかと思えば、急にやめて、「フェンビー、少し休憩しなければ」と言った。汗だくでチェロ・ケースの後ろへと引き下がり、衣服を脱ぐと、ストーヴの前にシャツを掛けて、疲労困憊《こんぱい》といった様子でソファベッドの上に身を投げ出し、考えうるもっとも下品な煙草《たばこ》を吸うのだった。彼はひじょうにエネルギッシュな人物で、そして天使のように弾いた。時間がたつにつれて、私の二頭の軍馬は扱いやすくなり、放り出されることも少なくなった。バルジャンスキーは満足していた。私はなんとしてもしがみついていこう、と決心した。たとえ尻尾にしがみついてでも。

六時になって、ディーリアスが音楽室へ運ばれてきた。バルジャンスキーはとても緊張しているようだった。私にとってもこれほどの厳しい試練はいままでに経験したことはなかった。グレーでの将来がそこにかかっていたからだ。私たちは演奏した。私たちが弾き終えると、ディーリアスは満面の笑みを浮かべて、大喜びで部屋の隅から叫んだ。「ブラヴォー、バルジャンスキー！　素晴らしかった。この作品を君のように弾ける人はいない。最高だった！　ブラヴォー、フェンビー！ねえ君、君には驚いたよ。君がここにいてくれて、ほんとうにうれしいよ」

アレクサンドル・バルジャンスキーの小型の頭像（バルジャンスキー夫人による彫刻）。バルジャンスキーは著名なチェリストであり、1923年ウィーンでディーリアスのチェロ協奏曲を初演し、エルネスト・ブロッホはチェロと管弦楽のための狂詩曲《シェロモ》を彼に献呈した。

これで私は自分のむずかしい事業に自信を持つことができた。協奏曲の演奏も、これまでいちばんのできだった。老人は、地下室からポル・ロジェのボトルを持ってきて夕食のときにお祝いしよう、と言った。彼が運ばれていって二人きりになると、バルジャンスキーは私の手をとって、「フェンビー、君は芸術家だ。君がここにいてくれるなんて素晴らしい。ディーリアスにとっても素晴らしい」と（ロシア訛《なま》りの英語で）言った。私は天にも昇るような気分だった。なぜなら、二カ月前にあの遠く離れたヨークシャーの崖の上で、ずうずうしくも夢見たことが達成できるかもしれないと思えたからだ。徐々に彼の音楽的な好みを身につけていって、いずれはディーリアスが私に口述するほどのじゅうぶんな信頼を得ることができるかもしれない、と。

夕食後、彼はさらに音楽室を求めた。《人生のミサ》を演奏してくれないか？　音楽室へつながっている長い廊下のドアを開けると、ディーリアスをベッドの上に起き上がらせて、看護人たちが彼の体を支えた。私たちはチェロとピアノでできるかぎりの部分を弾いた。くたくたになって弾き終えてから、彼の部屋へ通されて、彼の口から「今日、君たち二人はなんという喜びを私に与えてくれたことだろう！」と聞いたときには、私たちも幸せで、満足だった。これで眠ることができる。

翌朝、バルジャンスキーはイタリアへ旅立った。そしてバルフォア・ガーディナーがその晩、訪ねてくると聞いたので、私は交響詩の二台ピアノ版の編曲に取りかかり、無我夢中で作業した。

その日の昼食で、ディーリアスは「君もきっとバルフォアのことを気に入るだろう。彼は私の友達のなかで、もっとも付き合いが長く、私が信頼し、絶対的に尊敬している数少ないひとりだ」と言った。それから彼は、乾いたユーモアいっぱいに私に話しつづけた。ガーディナーが音楽をあきらめたこと、そして人間はある年齢になると音楽的ではなくなってしまう、という理論を彼は持っていて、ガーディナー自身はすでにその年齢に達していること。

ディーリアスとバルフォア・ガーディナー。1923年、ノルウェーのグーブランダール渓谷にある町、レスヤスコグ（Lesjaskog）にあるディーリアスの別荘「ホイファゲルリ（Høifagerli）」のベランダにて
提供：ライオネル・カーリー Lionel Carley

「他の人もそう思っていたらよいのに」とディーリアスは言った。

ガーディナーは、いまでは音楽を書くことよりも木を植えたり、雨水桶《おけ》に色を塗ったりすることのほうが楽しいそうだ。じつのところ、雌豚《めすぶた》の分娩を手伝うために、彼は休暇を切り上げて、ヨーロッパを急いで横断したこともあったそうだ！

ディーリアスは正しかった。ガーディナーのことはとても気に入った。彼の音楽にたいする厭世《えんせい》観、これには我慢できなかったが、それ以外は彼のすべてが好きになった。彼はどうすればディーリアスがふたたび作曲できるようになるかはわからないが、この編曲をディーリアスに弾いて聴かせるのは害にならない、と考えていた。彼の自信のなさは理解できたが、音楽の将来にたいする悲観的な見解には共感できなかった。しかし、そのときから、私もなぜかこのような厭世観から自由になれなくなった。芸術としての音楽は壮麗なものだが、職業としての音楽は呪いである。どうしようもないかぎり、進むべき道ではない。

私たちは編曲を数回弾き通したが、ディーリアスはただお礼を言うだけで、感想は何も言わなかった。けっきょくのところ、絶望的に思われた。ただ私にとってさいわいなことに、ディーリアス夫人は、まだできることがある、と信じていた。

4

バルフォア・ガーディナーが旅立った後の数日間、《人生と愛の詩》については何の言及もなかった。ディーリアスがいつも以上に苦痛を感じているからだろう、と自分に言い聞かせた。彼が痛みから完全に解放されることもあったが、精神の衰弱したひとりの男は、長期間にわたって自分自身の死を願いつづけるのだった。しかし、あの音楽についてディーリアスが何も触れないのは奇妙でもあり、彼の頭の中で何が起こっているのか、気になった。人がこんなに苦しんでいるところを見るのは、私にとって苦痛だった。彼が苦しむ様子を見て部屋を飛び出しそうになったことは一度《ひとたび》ではない。彼の苦悶《くもん》はそれほどのものだった。ただ、他の人たちが休養をとれるようにと、朗読の交代を自分から提案し、毎日規則的に朗読をおこなうのが早くも毎日の習慣となっていたので、臆病《おくびょう》者のように逃げることはできなかった。

サー・トマス・ビーチャムも、晩年のディーリアスに会うのには耐えられなかった、と何度も言っていた。グレーへの見舞いは、いつもビーチャムを落ちこませた。その彼が、あの激烈な瞬間を目撃したら、どう感じただろう？

その瞬間――それは日没にかけて起きることが多かった――ディーリアスは急にそわそわと落ち着かなくなり、両脚に厚めの膝掛けを掛けてほしい、こんどは薄い膝掛け、やっぱり膝掛けはいらないなどと言った。もしかしたら足を地面に着けたほうが、楽になるのでは？　いや、椅子の上のほうが安心だ。足が障《さわ》っているのだろうか？　両脚はまっすぐか？　朗読をしようとしているところで、このような準備作業に三〇分ほどかかり、そのうち、両脚の痛みはさらにひどくなり、うめき声は哀れなものとなった。信じられないかもしれないが、彼が愚痴をこぼすのを聞いたことはいちどもなかった。痛みに耐えつづける彼の辛抱強さと高貴な姿は、私をいつも驚かせた。しかし、いつかその苦闘が終わり、彼が大きな椅子から崩れ落ちるかもしれないそのときに、何も助けられずにただそばに立っていたり、あるいは彼が求めるままに朗読を続けたりするのは辛かった。最後には痛みに屈し、彼はやっとのことでしぶしぶベッドへと運ばれていった。あらゆる治療法、あらゆる治療薬が試されたが、効果はなかった。アロパシー[1]の薬は彼の体調をいっそう悪くした。たったひとつのわずかな癒《いや》しは、ホメオパシー[2]の治療薬による鎮静作用だった。

グレーでは、あるひとつの事柄が、いつも私の意識のいちばん上にあった。それは、彼が生きつづけることができるのは、彼の妻が惜しみなく世話をしてくれるあの場所だけだ、ということだった。自分以外の他人に惜しみなく献身した人々のなかでも、いちばん目を引く場所に、彼女の名は記されるべきだ。

そして、とくになにごともなく日々が過ぎていったが、気がつくと、私は他の人と同じくらい不安げに彼を見守っていた。いつも以上に苦しんでいるときも、彼は痛みには耐えられたが、会話の音は我慢することができなかった。私たちは静寂の中で、食事をしたり、いつもどおりに礼儀正しくふるまったりしなければならなかった。コップやスプーンが擦《こす》れるちょっとした音でさえ、彼を激怒させるのにじゅうぶんだった。もし、不用意に「奥様、○○をまわしてもよろしいですか？」などと口にしようものなら、確実に彼の「どうか、静かにしてくれないか！」に直面することとなった。彼がいるときに感じる緊張感は耐えがたく、一時間ほど彼の側に座っただけで、部屋を出るときには、生きるために必要な血液がすべて枯れ果ててしまったかのように感じられた。そんなときこの家は、まるでお墓のようだった。そこでの生活には、逃げ出す希望さえなかった。

病人をそっとしておくと、少し明るい日がやってきた。

その日の晩、夕食の後、ディーリアスはある楽想――単純な短い旋律――があると言って、私を驚かせた。そして、それを私に書き留めてほしいというのだった。

私は紙とペンを持ち、いまかいまかと待った。彼がどうやるのかはまったく予想できなかった――歌うのか、それとも音名と変化する音の長さを読み上げるのか。彼がじっさいにおこなったのは、私を完全に動揺させ、混乱させることだった。あまりのことに、私はその夜、立ち直ることができないほどだった。

頭を後ろに投げ出し、彼は大声で、一本調子にゆっくりと歌いはじめたが、それは話し声とさして変わらなかった。少しでも音が感じられると、テノールの中央のBの音の周辺を揺れ動いていた。私が聴かされたのは、次のようなものだった。

「タータター　タータター　タータタター」――「ちょっと待って！」とさえぎると、彼はさらに続けた――「タータタター　ターターター　タター――ちょっと待って！――ータタター　タータータタタター――ちょっと待って！――タータタータータタータタータター――ちょっと待って！――タータタータータタータタータター」

私の記憶はそくざに、第一次世界大戦のころへと遡《さかのぼ》っていった。当時、少年時代の私はコンサート・パーティーの伴奏者をやっていて、兵士たちを楽しませるために、ほぼ毎晩出かけていった。いつも二、三曲分は、歌いたがる「トミーたち」[3]のためにとってあったのだが、そこである気だての良い兵士と知り合いになった。彼は顔を輝かせながらステージまで来て、耳もとでささやくのだった――「楽譜はないけれども、こんな感じだ。ハイーティーターイーティーターイーティーター イ！」。

そして、この素晴らしい独唱を終えると、私のほうを振り向いて尋ねた――「わかったかい？さぁ歌ってみて！」 私は唖然《あぜん》とした。

「でも、ディーリアス」――私は言葉に詰まった。「これは何調ですか？」

「イ短調」と答えが返ってきた。

一瞬にして、彼がどうやら想像の中で旋律を聴いているらしいということがわかった。しかし、それを歌うことができなかったのだ。

「それじゃあ、またやってみよう」と彼は続けたものの、その声の調子に嫌悪感と焦《あせ》りが認められるのが、私には気がかりだった。私がなぜこんなに愚かなのか、明らかに、彼には理解できない様子だった。

何であれ、彼が繰り返しを嫌っていること——音楽でも言葉でも——に私は気づいていた。そしてもし、誰かが不幸なことに何かを繰り返してしまったら、先へ進むことはけっして許されなかった。意味のない繰り返しは彼をいらつかせた。彼はそこに座って、頭を左右に揺らし、怒りの中でうずうずと、顔をしかめていた。何かうまくいかないことがあったときには、彼はいつもそうだった。音名を読み上げてくれたら助かる、と私が提案すると、彼は深いため息をついて、こう付け加えた——「しょうがない、だったらそうしよう！」。

ふたたびゆっくりと歌いはじめたものの、こんどは違う音からだった！

「A—B—C—B—D—E……」

私は急いで旋律[4]の形をスケッチした。しかし、どこに強拍があるのかも、拍子記号さえも見当がつかなかった。私はあまりに混乱し、緊張し、気が転倒して、ふさわしいやり方で取りかかることができなかった。こんなふうになるなどと思ってもおらず、感情の痛みが心を突き刺した。ペンは指の中で回転し、気づくと、混乱してそれを逆さに持っていた。指はインクに染まり、抑えていた涙にメガネがにじんで、何も見えなくなった。ひとりの男の残したこの痕跡《こんせき》を見つめれば見つめるほど、そして、自分自身を理解させたいという彼の絶望的な試みを聴けば聴くほどに——しかも、それは彼がはるかに卓越しているはずの輝かしい芸術においてはほんの初歩にすぎないのだ——私はいっそう悲観的な気分になり、しまいには、それを見ることも聴くことにも疲れ果てて、すっかり落ちこんでしまうのだった。もうあきらめるしかない！

ちょうどディーリアス夫人が部屋へ入ってきた。私はできるかぎり冷静に、「すみません、僕には続けることができません。失礼します」と告げた。

私は立ち上がって玄関のほうへと出て行った。漆黒《しっこく》の闇の中、手探りで庭から上の音楽室へつながるドアにたどり着いたとき、ディーリアスの声が耳に入ってきた。「イェルカ、あの子はだめだ！　彼はのろすぎる。単純な旋律さえ書き留められないのだから！」

私はその夜、ほとんど眠れなかった。というのも、いまや私の使命はひどい失敗に終わってしまったように見えたからだ。唯一の慰めは、この地上にはあの口ごもった音を理解できる人などいない、と思えることだけだった。

翌日、ディーリアスは私にたいして特別に親切だった。夫人が私の張りつめた状態について何か言ってくれたにちがいないと思われた。昼食の前、彼は庭の中を車椅子で運ばれていたが、私を呼びに行かせると、すぐに《人生と愛の詩》について話しはじめた。

「ねえ、君」と彼は言った。「あの楽譜を見てくれないか。そして、思ったことをそのとおりに話してほしい。時間をかけてやりなさい。君の準備が整ったら、音楽室に行く。そして、あの曲を弾いてほしい。それから君の考えを聞かせてもらおう」

ひじょうに驚いたが、安心することはできなかった。なぜなら、自分がこの作品に見込みがないと思っていたことや、いったいどうしたら彼にそれを伝えられるのか見当もつかないということを思い出してしまいそうだったからだ。しかし、そのあと、このむずかしく、困惑する状況についてディーリアス夫人に相談すると、彼女はただこう言ってくれた。「フェンビーさん、あなたが感じることをそのまま彼に伝えなければいけません。それにやはり、音楽家でこれから多くの時間をここで過ごしてくださりそうな方は、あなたしかいません。私には専門知識がないので、あなたが正しいのか間違っているのかは言えません。でも、あなたを信じています。ご自分の若さを忘れて、彼に立ち向かってください。私はいつもあなたの味方です！」

私がきっと目的を達成できるという信念が彼女になければ、私の最初の数日間におけるグレーでの立場はありえなかっただろう。それが彼女のおかげであるということは、いつまでも変わることはない。私に心からの支援を与えることにおいて、彼女が揺らぐことは一度たりともなかった。

私はどんなことがあっても、自分の考えを伝えようと決心した。たとえ荷造りをさせられて、イギリスへと送り返されたとしても！　翌日の午後、ディーリアスが音楽室へと運ばれてきた。私はピアノの前に座って、やっとのことで楽譜を弾き通した。音符が多すぎて、二つの手で弾くのは肉体的に不可能だった。しかし、ディーリアスの記憶をよみがえらせるために、できるかぎり楽器の組み合わせを読み上げることにした。というのも、彼は総譜をもう八年も見たことがなかったからだ。それは、彼が完全に目が見えなくなる前に作業をした、最後の楽譜のひとつだった。

困難な課題にもすぐに熱が入り、気がつくと、私は恐れずに作品を批判していた。私が最初に述べた好意的ではない見解に、彼は衝撃を受けていたが、私の見方を理解し、私の考えに同意してくれるまでに、そう長くはかからなかった。もし、彼の音楽にたいする批判を彼がどのていど不愉快に思ったかを私が知っていたら、あの状況で私がおこなったことを白状するよう私を説得するのは、それがたとえ女性であったとしても、誰にもできないだろう。終わりに近づいたころ、彼は私を止めて、こう言った――「フェンビー、こっちをご覧。私にひとつ考えがある。良い素材をすべて選び、発展させ、そこから自分で曲にしてごらんなさい。さあ、時間をかけてやりなさい。絶対に作業を急いではいけない。何をやるにしても!」。

時間をかけてやりなさい、という主張を、よい仕事のすべてにおけるもっとも重要な事柄として、彼が何度も強調するところを私は聞いてきた。ある着想の中に眠っている可能性、それも自分が表現したかった感情に相当するものを、ひと目で見分けることなどできるだろうか？　彼が私に伝えてくれたのは、完成した作品がどのようになるのかを正確に見通すことはできないが、人はかならず明確な目標を念頭に置くべきで、そこから目を離してはいけない、ということだった。達成できたかできなかったかは、もちろん、別の問題だ。しかし、良い作品とはいつも、それ自身の内的な存在の法則にしたがって形になっていくのだ。

「たとえば」と彼は言った、「私の最良の作品のひとつだと思うが、《海流》を取り上げてみよう。この作品は私の両手から、すなわち作業をしながら、形をなしていった。そしてその造形は、私が着想した特定の楽想の性質とその配列から、また、私に訴えかけてきたホイットマンの特定の詩的着想の性質とその配列から、やすやすと苦労もなく生じていった。「詰めもの」や、無意味な「パッセージワーク」[5]は、どんな場合にも避けるべきだ。そして、時間をかけるということについて、私が話したことは覚えていてくれたまえ」

こう言うと、彼は自分を下へ運ぶように看護人を呼び、楽譜の前に私を残した。それからの数時間、私は数えきれないほど、パイプを吸った。そして翌朝には、頭の中でその音楽をくまなく吟味しながら、森の中を長い時間歩いた。

ディーリアスが遅れることなく音楽室へ上がって来てくれたのは、私にとって幸運だった。なぜなら、その日に苦痛が再発し、彼はふたたび痛みに苛《さいな》まれるようになったからだ。いままでは、夕食のときや、朗読の交代以外に、彼の部屋を訪ねることはめずらしくなった。それから数日間、私はまるでチェスの問題に魅了されたように、ディーリアスの美しい楽想を解明するのを楽しんだ。しかし、その後はこれらの楽想から離れ、それについてこれ以上考えるのをやめた。すると、その直後のある晩、ベッドに入ろうとしていると、彼が書いてほしいと望んでいた新作の出だしの楽想がふとよみがえってきたのだ。ちょうど、そうしたことがいつも時ならぬ時間にふいに訪れるように。私は遅くなるまで、それに取り組んだ。一週間後、私は満足のいくように楽譜を完成させた。彼はまだ痛みの中にいたため、楽譜を脇に置いて、聴いてもらえるよう快復する日をいまかいまかと待ちわびた。良い作品だという確信があったからだ。

その後の八日間も、彼が音楽のことを考えることはなかった。しかし、ついに、彼は音楽室の立派な革張りの椅子にゆったりと座ると、こう言った。「若者よ、私には準備ができている。君が完成させたものを聴かせてくれ」。私は自分を抑えることができず、まったくイギリス人らしくない情熱で弾きはじめた。演奏のあいだ、彼はこう繰り返した、「良い――良い――良い――それをもっと――そう――そう――そう」――目をいっぱいに開き、興味をもってうなずきながら。「フェンビー」――弾き終えると彼は言った。「私は君と作曲をすることができる。君は生まれながらの音楽家だ。じつにみごとに私の楽想の感覚を会得している。ほとんど不気味なくらいだ。君は私の興味をふたたび目覚めさせてくれた。そして、私の素材を使って君に何ができるのかを示してくれたおかげで、私も自分に何ができるかを考えるために頭を働かせることができる」

それから、彼は喜ばしいことをたくさん言ってくれたけれども、それらは私の裡《うち》に永遠に残りつづけるだろう。

こうして、ディーリアスは何年も活動をおこなわなかったのち、ふたたび作曲を始めることとなった。彼がどのように私と作曲したのかは、あとで説明するとしよう。

5

グレーに来て三週間がたったころには、秋の雨が入りこみ、凍りきったロシアからの風が河岸《かし》の立派な木々から葉をはがし、しだいに音楽室の窓からは、その向こうの草地と、心寂しい森が見えるようになった。村じゅうが眠りについたころにマルロット街道を上る散歩は、もうおこなわれなくなり、あの風との激しい格闘もなくなった。もしひとりで行ったとしたら、老人にかぶせるように片手で傘を持ち、もう片方の手で彼の乗った車椅子を押し、さらにオイル・ランプが風に吹き消されないように、そして暗闇の中、狂った自転車乗りが私たちに向かって激突してこないように、片目でみじめなオイル・ランプを絶えず不安げに見張っていなければならなかった。彼と庭でいただくおいしいお茶の時間もなくなった。私たちは、太陽が教会の向こう側に沈みこむまで、飽かずずっと眺めつづけたものだ。ディーリアスは太陽を愛していた。古代ペルシア人たちが太陽崇拝をおこなっていたことを理解するのはむずかしいことではない、と彼はよく言っていた。

彼は毎朝、太陽が出ているか、そして看護人には、元気か、ほんとうのことを言っているかと尋ねた。そして、あの雷鳴のような咳《せき》払いが聞こえたときには、彼は下の玄関で車椅子に押しこめられていた。雷鳴のような、というのも、その咳払いは、しばしば家から歩いて四分は離れている橋のところからも聞こえたからだ！　そして、「お嬢さん、手紙は届いていないかい？」といつもの質問が聞こえ、やがて車椅子が小さな丸石の上をガタガタと動く音がすると、彼は車椅子に乗って庭園の小道へと押されていくのだった。風除《かぜよ》けのある場所を探して——なぜなら、風のひと吹きでも彼には強風のようなものだったから——夫人が手紙を読み上げているあいだ、彼は頭を後ろに投げ出し、太陽のほうを向いて、もし太陽が急に雲の後ろに隠れてしまったら、と不安げな様子で聴いていた。

彼がどんな質問をしたか！　太陽はもう去ってしまったのか？　ふたたび陽光を感じることができるまで、あとどれくらいか？　その雲はとても大きいのか？　そして、太陽が反対側に出てきたとき、そちらのほうを向けるように、少し場所を移動できないか？

私は何度、あの空の上で延々と続くかくれんぼを呪ったことか。すぐに太陽が出ると予告したのに、生意気な薄雲がひらひら飛んできて、太陽を覆い隠してしまったときなど、老人は「いまに来ると言ったじゃないか——まだ感じることができない！」と苦々しそうに文句を言ったものだった。何と言い訳をしたことか。なんという待ち時間だったことか。それはしばしば、このような具合に終わった。「まぁ、しかたがない——庭をぐるっとまわっておくれ、そしてどのように見えるか教えておくれ」

外へ出られないような日は、彼は室内で運動した。彼は歩いてみたりもした。これは、私たちのうち三人がそこにいるときだけできることだった――片側をひとりが支えて、そしてあとひとりは椅子とエアクッションを持って、彼のあとをついていった。はじめて椅子とクッションを持って手伝ったときの苦痛に満ちた手順は、一生忘れることはできない。

まず始める前に、看護人が立派な肘掛《ひじかけ》椅子から彼を運び、このために用意された、小さめの肘掛椅子の上に乗せた。彼は肘掛のない椅子には座ることができなかった。合図とともに、足が地面に着くように持ち上げられ、夫人が片方を、看護人がもう片方の腕をそっと支えた。夫人と看護人に挟まれて、よろよろとふらつきながら上へ持ち上げられると、彼の体は、まるで巨人のように、静止した二人の背丈よりも高く聳え立つことになった。その様子から、彼が極度にやせ細っているのがわかった。服は彼の体に骸骨《がいこつ》のようにぶら下がっていた。そして、夫人が静かに彼を誘導した――「フレッド、用意は良いですか? 左――右――左――右」。こうして哀れな行進が始まった。「左」の言葉と同時に、彼は左足を横に蹴《け》り出すのだが、方向感覚もなく、制御もきかなかった。「右」も同様だった。五、六ヤードほどとぼとぼと歩くと、彼は「エリック、あの椅子の準備をしておいてくれ」と叫んだ。それから、もう一歩も先へ行けなくなると、彼らは息切れする彼をゆっくりと椅子へと降ろした。数分間、静かに休憩して、呼吸が正常に戻ると、私たちは椅子ごと彼の向きを回転させた。そして、彼はふたたびその歩数を歩いて戻ろうとするのだった。

グレーにおいて、どんな不屈の精神でも揺さぶられてしまうような出来事が数多くあったなかで、これはもっとも辛いもののひとつだった。しかし、それは私にとって良いことでもあった。なぜなら、この人の鋼《はがね》のような人間性と勇気を見ることができたからだ。そして、こうしたとき、人はどのように苦しみと不幸を耐えるべきかを学ぶことができた。大衆小説によって知られているような、病弱で憂鬱な盲目の作曲家など、ここには存在しなかったのだ。代わりに、その人は獅子《しし》のような心を持ち、そして、その精神は頑固なまでに飼いならされていなかった。

私は、彼のような繊細な感受性の持ち主に、これほどの頑固さ、ほとんど粗暴ともいえそうなものを見出すことになるとは予想していなかった。しかし、それまで私を困惑させていた、彼の作品の粗野なパッセージが、いまでは明確に理解できるようになった。いまや、グレーのあの部屋へと連れ戻されてしまうことなく、彼のヴァイオリン協奏曲の終楽章へと続く、まるでオーケストラ全体が自分に向かって怒りの握り拳《こぶし》を振りまわしているような、あの露骨な和音のひねくれた執拗《しつよう》さに耳を傾けることはけっしてできない。というのも、私はその部屋で、スープに塩味が足りないという、たったそれだけの理由で、彼の表情からとつぜん生気が消え失せて、石のように固くなってしまうのを、思い出したくないほどひんぱんに、目にしたからである。最初は病気のせいだと思っていた。しかしあるとき、そのようなことが無慈悲にも何日もしつこく続いたので、夫人に如才なくこの話を持ち出すと、フレッドが健康だったころを知っていたら、と言われただけだった。そのころにくらべれば、彼の頑固さは半分以下だというのだ！

この頑固さが彼から離れることはけっしてなかった。それは、グレーに暮らしているあいだ、彼と親しかった親切なアメリカ人たちも当惑させ――彼らがディーリアス家を訪れるのはまれだったが、それも楽しみというよりも義務感にうながされてのようだった――、子供たちを怖がらせた。ごくひんぱんに、数カ月間にわたって、誰も家に寄りつかない期間があり、そんなときは一度につき五カ月ものあいだ、彼らの小さな家の外の人間と話すことはなかった[1]。

通りに面したあの立派なドアの中に入れば、自分が別の世界にいるのがわかった――平和で、自己充足的な世界、ディーリアスという人物を中心にまわる世界である。それは独自の法律をそなえた世界であり、あらゆるものにおいて独自の善悪の基準と、独自の美意識と、独自の音楽があった。その世界は音楽作りのために生み出されたものであり、そこには仕事にたいする前例がないほどの尊敬が存在した。ここで独創的な二人は、彼らの小さな世界をがさつな侵入から用心深く守りながら、何年も幸せに、満ち足りた生活を送ったのだ。あの家と庭の壁の内側で、彼らの人生のロマンスが花咲き、そして枯れていったのである。

モンクールの細道から村に入る手前のグレーの橋の上で立ち止まって、あの教会と廃墟のあいだにある壁の向こう側に、こんな世界が存在していたことを、どんな旅人も想像することはできなかっただろう。画家の楽園であることは確かだったが、作曲家が生涯を過ごすために選ぶような場所ではけっしてなかった。しかしディーリアスは、いつも音楽家の社会を嫌っていた。「テクニック、テクニック」と言うばかりの退屈でつまらない連中だ、と彼は考えていた。彼らにとって、美の世界は閉じられた本のようなものだった。ディーリアスは、画家との活気のある交際のほうをよっぽど好んでいた。グレーはいつも画家たちのたまり場だった。そこには、まだ老人たちが暮らしていた。コローが粉ひき場の近くで大きな雨傘をさしてパイプを吸いながら、画架に向かって作業している、その背後で、生意気な少年時代の自分たちがどんな様子で立っていたかを、回想してくれたものだった[2]。エドヴァルド・ムンクやカール・ラーションも、あの村で何度も夏を過ごし、河岸で絵やスケッチを描いた。スウェーデンのギャラリーで見たことがあるグレーの素敵な風景画は、スカンディナヴィアの画家たちがこの村に魅了されていたことの証拠である。とりわけ、カール・ラーションが最初に名声を確立したのが、ストックホルム国立美術館にあるグレーを描いた習作であったことは特筆に値する。

作家たちもまた、この村に魅力を感じた。ストリンドベリも当時、画家たちの集合場所として有名だったホテル・シュヴィヨンに数週間泊まったことがあった。ロバート・ルイス・スティーヴンソンだって、たしかあの橋の上でファニー・オズボーンにプロポーズしたのではなかっただろうか?

グレーの魔法にかけられ、その雰囲気を知ってしまったら、他の場所で同じように人生を送ることはもはやできないだろう。他のすべての人たちと同じように、私も二度とこの町に足を踏み入れまいと誓ったことがある。しかし、しばらくすれば、きっとまた、教会と廃墟のまわりに落ち着いた家の群れのほうを眺めながら、あの橋の上を散歩しているにちがいない。家々の庭の塀《へい》はまとわりつく蔓草《つるくさ》に青々と覆われ、水辺の木陰の小さな洗濯場には静かな家庭的雰囲気がある。あの懐かしい驚嘆の念がふたたびよみがえってくることを、私は知っている。

こうした破滅的な気分のときに、私は、ディーリアスの友人で隣人でもあり、二〇年以上も教会の古い家に住んでいるオールデン・ブルックス[3]に引き止められたことがあった。「このみじめな場所が僕をいらいらさせるんだ」と私は言った。「あなたが、なぜこのみすぼらしい沼地にずっと住んでいられるのか、想像もできないよ!」

「そりゃ、私だって君みたいに憎んだよ」とブルックスは答えた。「でも、最後にはわれわれを捕まえにくるから、戻らなければいけないんだ。同じように君のことも捕まえにくるよ、私のこの言葉を覚えておきなさい!」

ディーリアスにとっては、まったくそのとおりだった。グレーを長く離れるのは、彼にとってけっして幸せなことではなかった。

私たちは毎日、仕事を続けた。その日々が、グレーにおいてはいちばんたいへんだった。なぜなら、作業の方法を確立するのは、辛く、骨が折れることだったからだ。それは容易ではなかった。暗闇の中で手探りしているようだった。

数週間のたゆまぬ努力の結果、ディーリアスは《人生と愛の詩》から良い素材だけを選び出して、それにもとづく小品をなんとか口述することができた。点検してもらえるように、楽譜はバルフォア・ガーディナーへと送られた。彼は以前、ディーリアスがふたたび作曲できるようになる可能性について懐疑的だった。「ひとつには」と彼は私に言った。「フレッドは絶対に口述などできないよ、決断力がないから」。これについて彼はほぼ正しかった。ディーリアスの気まぐれさは、私が戦わなければならないもっとも困難なものだったからだ。ディーリアスはこの成果にたいへん喜び、友人が何と言うだろうかと楽しみにしていた。彼はすでに、夫人に口述をしながら、フレッカー[4]の劇『ハッサン』のための付随音楽[5]のいくつかを作曲していた。当時はまだ目が見えたために、自分の手ではできなかったが、楽譜を修正することはできた。パーシー・グレインジャー[6]も親切に総譜を書くのを手伝ったようだ[7]。いまは状況がまったく違っていた。ディーリアスは口述する前に、心の中に楽譜の各ページを思い浮かべ、ピアノから離れて、頭の中でそれに取り組まなければならなかった。このような作業には慣れていなかったため、これまで以上に記憶力が要求された。前日の作業を取り戻し、自分が表現したいものと一致するように、論理的に、調整しながら続けていくという、扱いにくい問題であったことは言うまでもない。彼はこれを、耐えがたくやっかいな躓《つまず》きの石のように感じた。

それから数日後、バルフォア・ガーディナーが、ディーリアス夫人宛てに書き送った手紙にはこう書かれていた――「楽譜の入った小包を開けて驚きました。きっと多数のスケッチが綴《と》じられていて、ある部分は総譜に書かれているが、ある部分はまだできておらず、私が大量の資料を整理しなければいけないのだ、と思っていたのです。しかしその代わりに、そこに入っていたのは、ほとんど完成され、写譜職人用に用意ができている小品でした。私に残されている仕事は、ただ楽譜を詳しく見通して、細かい改善点を提案するだけです」。
その直後に、私は彼から、参考になる前向きな批評に満ちた長い手紙を受け取った。その手紙はこう締めくくってあった。

君はたしかに目標としていたことを達成しました。すなわち、いくつかの要素から一貫性のある音楽的なまとまりを自分の裁量で作り上げたのです。そこに含まれる諸問題の解決は、フレッドと君にとって最大の関心事であったにちがいありません。私が述べた意見が改善につながるのであれば、それがたとえ細部の小さな改善点であっても、私の苦労はじゅうぶん報われるというものです。

この親切で実際的な関与にディーリアスは大いに感謝していたが、付け加えると、私自身もそうだった。それが適切な時点で、ディーリアスが尊敬している音楽家からもたらされたということは、彼の取り組みを再開させる可能なかぎり最善の動機づけとなった。価値のあるものをそのうち達成できるかもしれない、という希望が持てたからである。しかし、やることはまだたくさんあった。ディーリアスが口述に徐々に自信と確信を持てるようになりはじめたのは、その六カ月後のことだった。そのころには、私も必要不可欠な理解力とすばやい予測をもって彼の口述を書き留められるようになっていた。

その年のクリスマスに、エヴリンとグレイスのハワード＝ジョーンズ夫妻［8］がロンドンからやってきた。音楽と笑いにあふれ、ディーリアスも腹を立てることはほとんどなく、シャンパンを取りにいかせるほどだった。子供たちによるクリスマス・イヴのパーティーも、一時間を超えないようにというのがディーリアスの取り決めだったが、ほどほどに成功した。

その日、私はショックを受けて、考えこまざるをえなかった。子供のひとりが幼子キリストの馬槽《まぶね》を用意しているとき、まぐさ桶に双子を入れたのである！　現代フランスの義務教育とはそんなものだ！　電灯を消すと、クリスマス・ツリーと馬槽はろうそくで光り輝き、蓄音機からはキャロルが聞こえてきた。子供たちはひとりずつプレゼントをもらった。私もそのなかのひとりで、小包には《村のロミオとジュリエット》［9］のヴォーカル・スコアが入っていた。

その後、サプライズになるはずだった出来事が悲惨な失敗に終わった。階段の踊り場では、ハワード＝ジョーンズと女中のヒルデガルデ、そして私が、少年時代に私が作曲した三声のキャロルを歌おうと待機していた。

見よ、素直でやさしい赤ん坊を
凍える冬の夜《ここ》に、
質素なまぐさ桶の中で震えながら眠っている
あぁ！　哀れな光景だ

宿屋はいっぱいだ、誰もこの小さな巡礼者に
寝台を譲ってくれはしない
それで、彼は愚かなけだものたちといっしょに
馬槽の中に自分の頭を隠すほかなかった[10]

練習の日々は無駄になった。なぜなら、肝心なときに、男性の声は聞こえてきたが、われらが小さなヒルデガルデからは音が出てこなかったからだ。唇は動いていたが、彼女は黙っていた。私たちは二人で節の最後まで歌おうとベストをつくしたが、彼女の声が戻ってくる前に歌い終えてしまった。そして、ヒルデガルデは台なしになった私のキャロルをやりなおそうともせずに、別の曲を歌いはじめた。こんどは大声で――《きよしこの夜》を。彼女が毎年歌おうとするも、歌うことを禁止されてしまった曲だ。第七節を歌い終えると、ディーリアスはもう我慢できないと言いたげな様子だった。彼女をどうにか黙らせることはできないか？　私たちは勢いよく拍手をして、ちょうど彼女が第八節を歌いはじめるのを防ぐことができた。彼女はキッチンへと下がって、身も世もなく泣いていた。

こうしたなりゆきのあいだもずっと、ディーリアスは部屋のまんなかに座ったままだった。彼は死人のように真っ白で、沈黙し、超然としていた。彼は椅子の背後を取り囲む衝立によって、残り

の人々から切り離されていた。子供がひとりずつ、ひどく緊張して目に恐怖を浮かべながら前に連れて行かれ、彼に紹介されるときも、ディーリアスは微笑んではいたが、それさえあれば、最初から子どもたちの愛着を得ることができたのに、子供たちが本能的に求める気楽な態度をいっさいとらなかった。会話を試みるも、不器用でぎくしゃくし、虚ろで、そのために子供たちはすぐさま引き下がって、黙ったまま部屋の中に立ちつくしているのだった

盲目であることや、彼の性格的な欠陥が引き起こすきまりの悪さは認めるとしても、子供の前ではそれほどぎこちなくならなくてもよいはずだと思われていたことだろう。楽譜のページをめくれば、何度も微笑みかけてくるような、やさしい音楽を書いた人なのだから。

6

あの冬[1]の強烈な寒さは耐えがたく思えたが、せめてもの慰めは、ディーリアスから、彼がグレーで経験したなかでもいちばんひどい冬だと聞かされたことだった。数週間にわたり、私たちは雪の中に閉じこめられた。私はほとんど家から出ることもなく、庭をとぼとぼと歩きながら、向こう岸の草地の樺《かば》の素晴らしい並木が月光の下で銀色に輝いているのをうっとりと眺めるぐらいだった。私はガラスのような静けさと、近くの森の木々のインクのように真っ黒な影を味わった。そして雪解けの時期になり、噛《か》みつくような寒さをやわらげる雪もなくなると、ダンテの地獄篇のもうひとつの極限に触れてしまったかのように思えた。

まだ家にセントラル・ヒーティングなどない時代だったし、暖炉もなく、私が住む棟で頼りになるのは、音楽室の片隅に郵便箱のように陰気に立っているわびしいストーヴだけだった。私の寝室は家の中でもっとも寒く、毎晩体を刺し通すような寒さで眠ることができなかった。ほぼ二週間近く、私の部屋の水は数インチの厚さに凍っていた。ヘアブラシはまるでレンガで、ひげそり用ブラシは木片のようだった。石鹸《せっけん》は彫刻のように削らなければならず、キッチンから届けられる熱湯も、部屋に着いたころにはぬるくなっていた。私はできるかぎり自分のものを解凍しようとしたのだが、使うときには、また固くなっていた。

この地域の男性は、どんな服を着るかにあまり頓着《とんじゃく》せず、ファッションよりも快適さに気を使っていた。凍えるような日が続くあいだ、外に行かざるをえない者は、自分の外観にまったく注意を払わなかった。あんなにおかしな浮浪者の一団は、それまで見たこともない。彼らは、黒いマントのとがった頭巾《ずきん》の上に、粗悪品のマフラーをはためかせながら、木靴でガタガタと、足早に道を通り過ぎていった。なかには、ずだ袋をロープで体に巻きつけている者もいた。そして皆、この寒さに一瞬でも顔をさらすまいと、嫌々ながら挨拶をするのだった。

あの凍えるような日々に、ディーリアスと作曲するのは不可能だったが、彼はけっして怠けてはいなかった。露骨なまでに勇敢な作曲の試みが、彼を深く揺り動かしていたからだ。もし結果として演奏に値するほどの曲を書けるのだとすれば、彼と私の双方に忍耐が――それもたいへんな忍耐が――必要なのだと、彼は夫人に言っていた。私たちがともに作業できる技術を開発し、それを習得するまでは、彼の頭にある作品に取り組むのは無駄だった。それまでは時間が――もしかしたら、とてつもなく長い時間がかかるかもしれない。とにかく実践から学ぶしか方法はなく、そうでなければ、おたがいを理解できるように願うことすらできない。私たちはひとつの訓練として、この小品に取り組まなければならない。そして、バルフォア・ガーディナーの有益な批評に導かれながら、それをまとめあげるまで、こつこつとやりつづけなければならないのだ。

「私はあなたに何と言ったら良いのか」とディーリアス夫人は、ある朝、私に手紙を届けに音楽室に来て言った――「フレッドがふたたび自分の音楽に没頭する姿を見ることができるなんて。いつもの時刻に、朗読はもういいと、彼は二度も言ったのですよ。むしろ、作品について考えたいのだと。今朝、起きたときには、彼はすでに思索の中に深く入りこんでいて、あなたがたが取り組んでいる作品の一部を鼻歌で歌ったわ。私がじっとしていると、しばらくして、彼は急に大声で、「イェルカ、イェルカ、ウニヴェルザール社に《ハッサン》の楽譜を送ってくれるように手紙を書いてくれ。あの作品から合唱組曲が書けるかもしれない、と夜中考えていたのだ」と言うのですよ」。

彼の関心は徐々によみがえっていた。

作業を再開すると、私には、彼が無為に過ごしていなかったことがすぐにわかった。却下した素材を《人生と愛の詩》の古い総譜から少しは残しておくべきではないか、と彼が提案したときには、激しい議論も起こった。それでもこのことは、最初は犠牲にしようとしていた寛大さを彼が取り戻していることを、大いにものがたっていた。それゆえ、私は自分の立場をわきまえて、彼が自身の道を進むにまかせた。彼の頭はひじょうに速く働き、つねに口述よりも先を走っていた。しかし、小さなところでぐずぐずしていると、うまく行っていない箇所をすぐさま指さして、その部分をすばやく救ってくれることに、私は気づいた。

このように私たちは問題へと立ち向かっていった。体力も徐々に回復し、ある日、彼がいつもの昼寝から起き上がると、興奮した様子で「イェルカ、私の手が見える！」と叫んで、夫人を驚かせるほどだった。しかし、この衝撃的な言葉を発してすぐに、彼の視力は薄れていってしまったのだった。

それからの数カ月のあいだ、毎回、ほんの一瞬にはすぎなかったが、希望の徴候が、わりとひんぱんに現れるようになり、年末にはもしかしたら見えるようになるかもしれない、と大きな希望をいだくまでになった。彼らが言うには、彼の目の組織は正常かつ健康であり、もし何らかの神秘的な方法で彼に力を注ぎこめば、また見えるようになるとのことだった。じっさい、ただ光を一瞬知覚したというだけではなかった。彼は「指を数えられるくらいよく見える」と私に言ったのだ。

私にはまったくの謎だったので、そのことは放っておいた。

どんなにがんばっても、ディーリアスの目がいつか見えるようになると自分に確信を持たせることが、私にはできなかった。それでも、月並みな陽気さの下に、自分のほんとうの気持ちをなんとか隠そうとしたが、それを保つのは簡単ではなかった。そもそも、この人が希望を失った廃人以外の何者かになろうことじたい、あらゆる自然の法則に逆らうことのように思えたのだ。驚くべきことに、彼は精神的にはまだ生き生きしていた。彼の会話が重苦しくなることはいちどもなかった。それどころか、話し方はゆっくりだったが、そこにはどこかラテン的な陽気さを感じさせるところもあった。

時がたつにつれて、彼が昼食中、ますますおしゃべりになってきたことに私は気づいた。彼は新聞の内容についてばかにした口調で意見を述べた。他の人だったら嫌悪したはずだが、彼の場合はじつにおもしろく感じられた。彼は次から次へと話題を変えたが、そのすばやさには、しばしば慌ててしまうくらい困惑させられた。

一例として、ズザンネ・ハイムが訪れてきたときのことをよく覚えている。彼女はハンス・ハイム博士[2]のいちばん下の娘で、一九〇四年にエルバーフェルトで《コアンガ》[3]が上演されたときには、まだおちびさんだった。ディーリアスも夫人も、そのとき以来、彼女には会っていなかった。ディーリアスは私たちに、その日の朝、一通の手紙を受け取ったと話しはじめた。その差出人は、彼をどうやらハロゲイトに住んでいるディーリアスと間違ったようで、このように書いてあったというのだ。「あなたは私が五〇年前に学校で知り合ったディーリアスと同じ人でしょうか。彼はトロンボーンが達者で、私はジューズ・ハープ[4]が得意でした。そして、彼らは私のことを「浮かない顔《フィドル・フェイス》」と呼んだものでした」

そしてすぐさま、声の調子を少しも変えずに、彼は続けた。「ズザンネ、あなたのお父様との思い出に乾杯しよう。彼の努力のおかげで、私の音楽はドイツで知られるようになった。あのころ、彼が私のためにしてくれたことに莫大《ばくだい》な恩義があるのです」

ハイム博士は、戦争で二人の息子を亡くし、失意のうちに亡くなったのだ。

私はすでに、ディーリアスの音楽のほかには、ほとんど何も聴かずに毎日を繰り返すことに、疲れを感じはじめていた。

ディーリアスか夫人のどちらかが音楽を求めるとき、彼ら自身の人生にもっとも親密に絡んできた音楽を選ぶのは簡単に理解できることだ。このような気持ちになったときには、誰でもそうするだろう。二人とも年季が入り、過去を生きているような年齢であるのに対して、私はほとんど生まれたばかりの未熟な青年だった。彼らにとって、それはかならずディーリアスの音楽だった。私にとっては、それほど単純なものではなかった。

ディーリアスの存在を知る何年も前に、私のもっとも奥深くにある感情は、パレストリーナ、ビクトリア、モーツァルト、そしてエルガーの素晴らしい音楽の中に声を見つけていた。それがいまでは、若者との交流――じっさいには、この二人の老人以外とであれば誰でもよかったのだが――に飢え、糧となるのはディーリアスの音楽という甘くて熟したワインだけという状況で（かつてはおいしいデザートであったものが、いまや私の主食となり）、私の音楽的な消化能力は永久にだめになってしまう危険があった。私にとって音楽は、食べものやワインと同じくらい、健康な生活のために必要なものである。それなしでは長く進みつづけることはできない。シャンペンだけで一生、生きていける人などいないだろう。

ディーリアスの音楽家の友人で、《海流》の校正刷りを数週間にわたり修正したことのある人が、あるとき、夫人もいるところで、あの作品をふたたび聴くことに耐えられなくなってしまった、と語ったことがあった。それから先、私も、私たちが取り組んでいるすべての楽譜にたいし、そのような気持ちを感じはじめるようになっていた。ノーマン・オニール[5]もじゅうぶんにこの危険性を認識していて、私にこう言った――「フェンビー、君がグレーを離れれば、生きているかぎり、二度とディーリアスの音符は聴きたくないという気持ちになるだろう!」

もし、働きづめの一日の終わりに、半音階がちょっとでも少ない音楽を束の間聴くことができたなら、どんなに元気を回復できたことだろうか。でも、音楽を聴くとなれば、いつも同じレコードが聞こえてきた――《春はじめてのカッコウを聞いて》《川面《かわも》の夏の夜》[6]《夏の庭で》[7]《ブリッグの定期市》、あるいは《楽園への道》[8]。このようなリサイタルの後、夜中に音楽室へ行き、シベリウスの第二交響曲の冒頭を繰り返し弾いたことが何度もあった。私があのニ長調の力強い冒頭の和音を、先に進めることなく何回繰り返したのかを知ったら、きっとシベリウスは顔をしかめたことだろう!

ディーリアスは、週のうちおそらく二回は、シュトラウスのワルツをラジオで聴いたりした。あるいは、グリーグのめったに聴けないめずらしい曲の場合には、『ワールド・ラジオ』誌上のプログラムを読み上げてもらったときに、印をつけておくように伝えることもあった。しかしそれにしても、私にはいつも、彼の興味が、その曲をもういちど聴きたいという純粋な音楽的欲望というよりも、あれこれの作品の演奏にまつわる過去の楽しい出来事の思い出によって引き起こされたもののように感じられた。

とはいえ、彼はできるだけ新しい作品を聴く機会を逃さないようにもしていた。しかし、しばらくするとラジオを切って、朗読を続けるように頼むのだった。

ときには、彼がベッドへと連れていかれたのち、私は反抗期の少年を演じて、自分の大好きな作品が放送される機会に、ラジオのチャンネルを合わせることもあった。すると急にあの咳払いが、あたかも彼がまだ部屋にいるかのように大きくはっきりと聞こえてきた。つま先立ちでこっそり階段を上がると、彼が寝室のドアを少し開けるように注文していたことがわかった。ただし、開けるのは少しだけだ！

翌朝には、私が部屋に入るやいなや、かならず同じ質問を投げかけられた。

「昨日の夜、君が聴いていた音楽は、気に入ったのか？」

「はい」

「まぁ、私は気に入らなかったな！」

7

三月の上旬になり、氷のように冷たい風は、私たちのもとから急に去っていった。空気は、ふたたび柔らかく穏やかになった。そして、手入れの届いていない庭の地面近くには、青白く美しい花々が、恥ずかしげに咲きはじめていた。兎の毛皮のコートを羽織った年老いた農婦は、次の冬がやって来るまでに、防寒用にあと数切れは皮を縫《ぬ》い足せるようにと願いながら、家で鞣《なめ》した手作りのそのコートをしまった。向かいの小さな宿屋の陽気な未亡人は、イースターの準備にせわしなく動きまわり、郵便配達員が日だまりで寄り道することも少なくなった。いまでは、私たちも毎日のように、庭でお茶をすることができた。

これまでは、戸外に出て、正面玄関の屋根の下で庭に向かって座っているほかに、ディーリアスが家を出ることはめったになかった。そうしためずらしい機会に、私が彼の隣に座って朗読していると、ドアをノックする音が聞こえてきた。

「エリック、返事をしてきてくれないか？」と彼は言った。「召使たちは庭で忙しいと思うんだ」

私が屋根付き玄関の小さなドアを開けたところ、見知らぬ青年が英語で挨拶をした。

「失礼いたします。私は連合通信パリ文社の記者です。ディーリアスさんとお話しさせていただけませんか？」

私が言葉を発する前に、二ヤードも離れていない衝立の向こうの外套《がいとう》や膝掛け、襟巻《えりま》きの山の中から、怒声が響いた。「彼には会いたくない。私は外出していると伝えてくれ！」青年はびっくりして、頭を下げると、大急ぎで立ち去った。

年明けには、サー・トマス・ビーチャムが、内輪の聴衆のために、キングズウェイ・ホールでディーリアスの演奏会をおこなった。私たちにとってうれしいことに、この演奏会は放送された。プログラムには《パリ》[1]と、当時忘れられていた二つの作品が含まれていて、ディーリアスをひじょうに喜ばせた——《ダンス・ラプソディ》第二番[2]、そしてノルウェーの民話にある「昔々」から着想された、管弦楽のためのバラード《おとぎ話》である。

ディーリアスは、サー・トマスが《ダンス・ラプソディ》を指揮する前におこなった発言をとてもおもしろがった。私たちが聞いたのは、こんな具合だった——「みなさま、私たちが次に演奏するのは、ディーリアスの管弦楽曲のなかでもっとも知られていない作品、《ダンス・ラプソディ》第二番です。おかしくはありませんよ。なぜなら、この不運な作品は何度か機会を与えられたものの、まだいちども演奏されたことがないからです！　みなさまには、これから初演を聴いていただきます！」

そして、彼は感動的な演奏をおこなった。ディーリアスはいつものごとく、あたかも部屋に指揮者がいるかのように、彼に呼びかけた。「完璧だ、トマス。完璧だ！」作品ごとに、このような感想が発せられ、プログラムが終わるころには、彼の熱狂はとどまることを知らなかった。「このような最上級の演奏を年に数回聴くことができれば、私はそれで満足だ」――その後、彼はそう打ち明けた。「あまりにもひんぱんに二流の演奏を聴くよりも」

自分自身ではできなかったので、ディーリアスはたいていの場合、私に楽譜を見ながら放送の演奏を聴くことを要求した。彼の批判はいつも厳しかった。私は一度《ひとたび》ならず、彼がこう叫ぶのを聞いた。「ビーチャムがいなかったら、どうすればいいんだ！」

この後の出来事から、この演奏会がどうやら実験的なものであったことが明らかになった。なぜならサー・トマスが、秋にディーリアスの音楽祭を企画したい、と手紙に書いてきたからだ。ディーリアスはただ頭を振って、「ほんとうだとしたら、話がうますぎる」と言った。

バルジャンスキーとバルフォア・ガーディナーの慌ただしい訪問が、私たちの孤独な数週間の単調さを打ち破った。とくにガーディナーの訪問は、励みになった。彼は《ハッサン》の組曲を作る計画を提案してくれた[3]。これらの計画はけっきょく、何もなく終わったのだが、これによって私はたくさんの経験と仕事を得ることができた。それはのちに、私にとってはかり知れないほど貴重なものとなった。

イースターの直後、私たちはさらに三人の訪問客を迎えた――とくにディーリアスのお気に入りだったロジャー・クィルター[4]、フランクフルト新聞の編集者で、古くからのたいせつな友人ジモン博士[5]、そしてブゾーニ[6]の研究で忙しく働いていたデント教授[7]は、ディーリアスとの共通の友人について話しに来た。

ディーリアスがブゾーニについてほとんど何も語らない代わりに、老フェルディナンドや、ゲルダとベンニについてはたくさんのことを語ったのが、とても意外だったのを私は覚えている[8]。その日の午後に教授が去ると、ディーリアスは、ブゾーニと最初に出会ったころには、いかに彼を尊敬していたかを話してくれた[9]。にもかかわらず、ブゾーニが自分にたいして公平に振る舞うことはいちどもなかったと、彼は認めざるをえなかった。ブゾーニは、ディーリアスのピアノ協奏曲――すなわち、その初稿――を演奏すると約束した[10]。しかし、そのときがやって来たので、グレーでの仕事を中断して、その演奏を聴くために、ブゾーニの招待でわざわざベルリンまで行ったにもかかわらず、ブゾーニは直前になって、言い訳をしながら、プログラムから作品を取り下げたのである。ちゃんと準備する時間がなかった、次の演奏会では演奏する、というのだ。しかも、それはよくある話だった。ディーリアスは気の毒に冬の仕事を台なしにし、みじめにどうしてよいかもわからずに、ベルリンで無為に時間を過ごすはめになってしまった。しかもその当時、彼はほとんどお金もなく、すでに世間に認められていたブゾーニによって作品が演奏されることがすべてだったのだ。

最終的に、ブゾーニは一九〇二年一一月に、ベートーヴェン・ザールでの第二回現代音楽演奏会において、《パリ》の初演を指揮して、その償《つぐな》いをしようとしたが、ディーリアスは「ブゾーニは楽譜をよくわかっていない」と文句を言った――「演奏があまりにもひどくて、自分の音楽なのか、ほとんどわからなかったよ！」

夫人によると、ディーリアスは演奏のあいだ、死人のように青ざめ、音楽が終わったあとも、何も感想を言わなかったそうだ。翌日、彼らはグレーの自宅に向けて出発した。

ディーリアスについては、つねにこう言えるだろう。自分の音楽がどんなに手荒く扱われようと――さまざまなときに私に話してくれたことから判断すると、彼は人生でかずかずの恐ろしい演奏を耐えてきたにちがいなかった――自分自身と自分の作品にたいする、彼の信念は揺るぎなかった。

どの訪問客も興味深かったが、私はある青年に会いたくてうずうずしていた。まだ学生とほとんど変わらない時分から、ディーリアスのために尽力してきたという青年――フィリップ・ヘセルタインである。彼について尋ねたとき、ディーリアスはわずかしか教えてくれなかったので、二人のあいだに何かの仲たがいがあったのだろうと推測して、この話題はやめておいたのである。

私の驚きを想像してほしい。ある日の午前、昼食のために下に降りると、思いもよらずヘセルタインとその他数人が到着していたのだ。まだ全員揃っていない、と彼らは言った。途中で「オールド・ラズベリー」[11]を見失ったというのだ。おそらく、後で彼も訪ねて来るだろう！

ディーリアスは、自分の体の障害にいつも極端に神経質で、知らない人たちの前では、痛ましい

フィリップ・ヘセルタイン（作曲家としての名はピーター・ウォーロック）はディーリアスにかんする啓発的な本（1923年刊）の著者であり、ディーリアスの作品中のドイツ語の歌詞を英訳した。

© ブージー＆ホークス Boosey & Hawkes

ぐらいだった。彼は激怒し、フィリップに会うのを拒絶した。なんでこんなにおおぜいを連れてきたのか？　しかしついには、夫人のやさしい説得で下へ行くことに同意し、一行は昼食までゆっくりすることになった。会話は容易ではなかった。なぜならアントニー・バーナード[12]以外、誰も音楽の知識がないようだったからだ。私たちが音楽の話をしたくなるのはごく自然なことであった。それでも、ヘセルタインからきらめくような素晴らしい洞察がときおり示されることがあった。私は彼のすぐれた発言力をうらやましく思い、そして相手の目をしっかりと見る話し方に好感を持った。こんなふうにできる人はめったにいない。私は彼のそうした部分をけっして忘れることができない。

ディーリアスはまだ不機嫌で、じゅうぶんにくつろいでいないようだったので、彼が休憩のために運ばれると、私はほっとした。そして、夫人に彼の友人たちのもてなしをまかせて、ヘセルタインと庭の小道を散歩した。私たちはじゅうぶん気さくにおしゃべりをしたが、池にたどり着くころには、このヘセルタインがほんとうに、ディーリアスとその音楽にかんするあの情熱的な本[13]を書いたのと同じ人物なのかどうか、疑問に思いはじめていた。なぜなら、自分がかつては賞賛した作品について、攻撃の隙《すき》あらば、批判の短剣を、柄元《つかもと》まで深く突き刺すのだ。私は当時ヘセルタインが、ディーリアスの音楽について反動的な段階を通過していたことなど、何も知らなかった。さらに驚いたのは、ディーリアスの膨大《ぼうだい》な作品のなかで、重要なものとして生き残るのは三曲だけだろう、というのだ――《海流》《村のロミオとジュリエット》、そして《アパラチア》[14]である。彼が人生の最後まで、このような態度を貫き通したかどうかは、私にはわからない。

私がディーリアスの音楽の盲目的なファンであったという想像は正しくない。しかし、私にはディーリアスのたったひと握りの作品以外はすべて価値がない、と片づけてしまう用意はできていなかった。《海流》と《村のロミオとジュリエット》が偉大な傑作である、という点は彼に賛同したが、《アパラチア》をその仲間に加えようとは思わなかった。それに、弦楽のための《エアとダンス》[15]のような、どちらかと言えば貧弱な作品への彼の熱意も理解できなかった。

(ここで思い出すのは、その年のディーリアス音楽祭で《アパラチア》が演奏されたあと、クィーンズ・ホールから無事にランガム・ホテルへとディーリアスを送り届け、エレベーターでいっしょに降りたときのことだ。ヘセルタインはこう言った。「ねえ、フェンビー、いまはあの作品をどう思うかい? 最高だっただろう? あれはじつに素晴らしい作品だ!」

「ごめんなさい」と私は答えた。「私にはまだ、あの冒頭がぞんざいに思えます。そして、こう言ってよければ、作品全体が長すぎます。あの間抜けな旋律をもとに変奏が書かれていることを考えれば、あれがじゅうぶんにできのいい変奏曲であるということじたいが、私にとっては驚きなのです」）

《アパラチア》が、私のお気に入りになったことはいちどもない［16］。

彼は、ディーリアスからファン・ディーレン［17］に話題を変えた。彼は、作曲家と人として、ファン・ディーレンに心から感嘆しているとのことだった。彼の音楽を知っているか？　彼からヘセルタインに献呈された、最近の弦楽四重奏曲を聴いたか？「最高に素晴らしい作品」だから、ぜひ楽譜を送りたい。ところでフレッドは、先日の夜ラジオで流れていたバルトークの弦楽四重奏曲〈第四番〉を聴いただろうか？

ちょうどそのとき、私たちはたまたま居間に戻るところだった。ディーリアスはすでに昼寝を終えて、居間に運び下ろされていた。そして、アントニー・バーナードを相手に、ある作品が「幼稚でひどかった」と、長々とおしゃべりをしていた。

「フレッド、何について話されているのですか？」とヘセルタインは聞いた。

「あぁ、バルトークの弦楽四重奏曲第四番だよ」とディーリアスは返事した。「フィル、君はあれを聴いたか？」

「はい」

「私もだ。ひどいと思った！　あのひどくぎこちない書法、あの不必要な複雑さ、あの耳ざわりで、野蛮で、異様な騒音。死にそうなくらいうんざりだ。あの拷問《ごうもん》のような音を理解し、楽しんで聴くことができる人がいるなんて、私には理解できない！　フィル、君はどう思ったかい？」

「ごめんなさい、フレッド、僕はそうは思いませんでした。あれは傑作だと思います。響きの純粋な美しさという点では、あれは音楽的な驚異のひとつです」

「そうか」、ディーリアスはため息をつきながら、頭を振った。「そうか！……」そして、ふたたび黙りこくってしまった。

お茶のあと、ヘセルタインに、上の階の音楽室を案内するよう頼まれた。彼は、「老《オールド・》フレッド」（ディーリアスのこと）が作曲を再開しようしているなんて信じられないようだった。しかし、書き上げられたものを見て、彼はこう叫んだ。「おやまあ、君たちはこのためにどれだけあくせく働いたんだい？」

外は暗くなりはじめ、ヘセルタインは、一行を連れてそろそろ失礼したいと言った。彼の叔父アーサー・〝ジョー〟・ヘセルタイン[18]に会いに、マルロットまで歩いていくというのである。「ヨーロッパ訪問は終わらないのさ」と彼は言った。「老《オールド・》ジョーの絵を見るまでは」。じっさいに、そこには傑作が飾られていた。それは馬と荷馬車が道路を降りてくるところを描いたもので、どういうわけか、荷馬車が画面を大きくはみ出してしまいそうになったので、荷馬車を入れるために、カンヴァスをもう一枚、道路の上あたりに縫い付けざるをえなくなったそうだ！　老フレッドと老ジョーの関係は、大戦以来あまり良くなかった。なぜなら、老ジョーが、ディーリアスはドイツのスパイだと皆に言い触らしたからだ。グレーの橋は、世界大戦の戦略上の要衝《ようしょう》となっていて、ディーリアスが何年もここに住んでいるのは、それをごまかすためだというのだ。ディーリアスはドイツ

画家アーサー・ジョー・ヘセルタイン。彼をつうじて、甥のフィリップ・ヘセルタインは1911年にディーリアスへ手紙を送り、知り合うことができた。

提供：ライオネル・カーリー Lionel Carley

軍からここに派遣されており、自分たちはその目的を知っている。毎晩、彼は教会の塔に上がって、敵に信号を送っているというのである。村人たちの感情は敵対的なものになり、あるときには、彼らがディーリアスの家の窓を割るほどだった。

　私は老ジョーにはほとんど会ったことがない。一度は地元の蚤《のみ》の市で、白熱した太陽の下、入札者の叫び声やハンマーを打つ音に囲まれて、眠りながら座っていたかと思えば、ときどき、ぶらぶらとフォンテーヌブローの通りを歩いていた。彼がマルロットからディーリアスに会いにやってくるときには、ありとあらゆる道具や付属品を取り付けた三輪車に乗ってきたものだった。スモックやレインコート、湯沸し、そして着替え一式である。立派な玄関のドアをノックして許可されると、誰のことも気にせずに、静かに彼の乗り物を中庭まで押して、それから、パーゴラ[19]の後ろに隠れて上から下まで着替えた。彼が姿を現して、ようやくその日の訪問が始まるのだった。

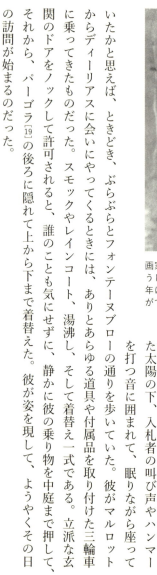

騒々しい一行がいなくなって数分とたたないうちに、「オールド・ラズベリー」がタクシーで到着した。しかし、私たちは彼を車の中へ押し戻し、運転手にマルロットへ向かうように指示した。ディーリアスにとっては、もうじゅうぶんな一日だった。

二週間のうちに、フィリップ・ヘセルタインは戻ってきた。来るべき音楽祭について相談し、サー・トマス・ビーチャムとこの作曲家の橋渡しをするためだ。今回はひとりでやって来て、モンクールの運河のイタリア式の荷揚げ場の側で経営されている小さな宿屋に泊まっていた。その小さな村落についてはすでに触れたが、グレーの橋を越え、運河と交わるところまで小道を進んでいくと、たどり着くことができた。

この二度目の訪問の二、三日前から、私はディーリアスのために、セシル・グレイ[20]の『音楽の歴史』の朗読を始めていたが、ひじょうに苛立《いらだ》たしいことに、老人は、グレゴリオ聖歌にかんする章は飛ばして読むように要求した。ただし、私が自分のために読むことまでさまたげるものではなかったので、喜んでそうした。というのも、この魅力的なテーマについて、いままで読んだなかでいちばん良い小論だったからだ。そのため、ヘセルタインが来たときは、このことで頭がいっぱいだった。私は、彼が自分と同意見であることには驚かなかった。彼が心からだいじにしている、あの古めかしくも満ち足りた音楽を、私がよく知っていて、賞賛もしていることを知り、彼は喜んだ。そして、私たちは、味わい深い和声の感触や大胆な転調を含む、古いモテットやミサやマドリガルのタイトルを、頭の中で探した。それらは私たちの心をとらえて離さなかった。彼は私よりも幸運だった。なぜならじっさいの演奏を聴いたことがあったからだ。それにくらべて、私はただ楽譜を読んだり、鍵盤で弾いたりしたことがあるだけだった。サー・リチャード・テリー[21]の時代には、いつもウェストミンスター大聖堂に出入りしていたものだと、彼は私に教えてくれた。あの時代の音楽は聴く価値がある。彼は、教会の偉大な音楽にたいする、カトリック聖職者の一般的な無関心さを遺憾に思っていた。音楽に通じた司祭が、これほどまでにいないのは残念だった。音楽に関心があったとしても、彼らはたいていアマチュアのなかでももっともひどい部類だった。私もしょっちゅう感じてはいたが、一般的に信じられているのとは逆に、修道士や修道女、司祭たちは、たいてい音楽的ではなかった。宗教的な気質は、めったに音楽的な感覚と手を取りあうことはなかったのだ。

そのとき、ディーリアスの車椅子が、竹藪《やぶ》の曲がり角から入ってくるのが目に入った。ディーリアスにとって、修道士や修道女、司祭たちの存在は、あの古い音楽と同程度の必要性しかない。その事実を心に留めながら、私はヘセルタインに目配せをした。ヘセルタインはもう何年も、フレッドのキリスト教への攻撃には愛想をつかしていると語っていたが、話題を変えて、イギリス産ビールの凋落《ちょうらく》について詳細に話しはじめた。

その日の夜、夕食の後に、ヘセルタインは、モンクールに戻って、座って飲もう、と提案した。私がためらっていると、彼は訴えかけるような目つきでこう言った。「一生のお願いだから、フェンビー、来てくれ。ひとりきりになりたくないんだ！　フレッドの弦楽四重奏曲[22]のポケット・

スコアを持ってきてくれ。僕はずっとそれを見ていないから、一緒に読んでみようじゃないか」

モンクールの醜《みにく》い近代的な橋を渡りながら、私たちは手すりに沿って少しぶらぶらとした。ていねいに明るく塗られた荷船の船艙《せんそう》を覗《のぞ》きこむと、そこには白い砂が積まれていた。立派なシェパードが帆の側に寝そべりながら、私たちを見上げていた。私たちが害を与えないことを確認すると、両足のあいだに頭を埋めた。通りの角のの外にいかめしく孤独に立つ巨大なポプラの下で、男たちが煙草を吸いながら、小さなテーブルを囲んで飲んでいた。私たちが通り過ぎても、彼らはまったく気づかない様子だった。同じように、荷船を引く二頭の騾馬《らば》も、小さな共有地で満足げに草を食《は》んでいた。そして、運河の端を歩きつづけていると、沈みかけた太陽の黄金の縁が、水辺の向こう側の木々の後ろへと姿を消していった。すべてが平和だった。

宿屋に入ると、ヘセルタインは赤ワインを注文した。オールデン・ブルックスとマシュー・スミス[23]がドアを開けて入ってきたとき、弦楽四重奏曲の譜読みは、まだあまり先へは進んでいなかった。私たちが音楽的な議論に熱中していることを察して、彼らは私たちを二人きりにしてくれた。しかし、ヘセルタインが急に腹を立てて、完全にうんざりした様子で楽譜をテーブルの上に投げ出し、フレッドに弦楽器の曲は書けない、と大声をあげると、彼らもこちらにやって来た。この点にかんしては、フレッドがエルガーの半分でも手際が良ければよかったのに！　思うようにさせてくれるなら、自分はすべての学生にエルガーの《弦楽のための序奏とアレグロ》の楽譜を購入させるだろう。なぜなら、あらゆる音楽作品のなかでも、弦楽器の書法がもっとも素晴らしい作品だと思うからだ。彼は興奮して立ち上がり、部屋を歩きまわった。ブルックスは彼をからかい、スミスは黙ったまま、大きな眼鏡で気まぐれに彼を見つめていた。

その日の問題にすべてかたをつけ、体に良い量をはるかに超えるほど飲んだのち、私たちは、芸術家たちでさえ、ときには眠らなければならないということを思い出した。もしそのとき、ヘセルタインが悲劇的な死を迎える前に[24]、彼と再会できる機会がどんなに少ないかを知っていたら、その夜ベッドに向かおうなどとはいっさい思わなかっただろう。残念なことに翌晩、彼がロンドンへ発《た》ってしまうと、私はグレーに来てはじめてホームシックになった。しかし、あまりにディーリアス夫妻と深い絆《きずな》で結びついていたので、彼らを置き去りにすることなどできなくなっていた。それもつい最近、彼らは私に言ってくれたのではなかったか？　君は私たちの単調な暮らしに欠けていたものを完璧に補ってくれた。だから、いまでは君のいない生活など想像することができないのだと。

私が青天の霹靂《へきれき》のように現れ、しかも彼らが必要とすることに順応していったのを、彼らはいつも不思議がっていた。しかし、この幸福な関係の秘密は、たんにこれだと、私は知っていた――黙っておくべき瞬間を、つねに心得ていたのだ。夕方、老人を車椅子に乗せて、マルロット街道を押して登り、家を出てから戻って来るまでのあいだ、それも一時間強にわたって、ひとことも交わさないこともあった。「ありがとう、青年よ、とても素晴らしかった！」――その後、寝室へ運び上げるために看護人たちがやって来て、私が立ち去ろうとすると、彼はそう言うのだった。

私は以前から犬が大好きだった。このころには、村じゅうのほとんどの犬と友達になっていたので、ひとりきりで外出することもめったになくなった。ある夜は、あの無言の散歩のさい、少なくとも五匹の友人といっしょに、村の通りを進んでいった。彼らは静かにゆっくりと、私たちに付き添いながら街道を登り、私たちが曲がれば曲がり、吠えることも、おたがいに吠えあうことさえも、いちどもなかった。私たちの気分とあまりに完全に調和していたので、ディーリアスは、彼らがいたことにいちども気づかなかっただろう。

ときには、この夕方の手順に変化をつけて、川を行くこともあった。幅広い平底船の中で、ディーリアスは、クッションを重ねたデッキ・チェアに座った。船はいつでも使用できるように、睡蓮《すいれん》の花に囲まれて、小さな入江に錨《いかり》で固定されていた。その上には、大木の並木が川の向こうまで広がり、漁師が釣竿《つりざお》をたらして仮眠をしながら、猛々《たけだけ》しい陽の暑さをしのいでいた。夕方の涼しさのなか、漕《こ》ぎ手を取り、老人とその妻を乗せて、世界の果て（le bout du monde）まで登っていき、そこで船を回転させると、川の流れに漂《ただよ》いながら戻ってくるのが、私の何よりのお気に入りだった。そして、私たちのひ弱な尊い積み荷をなんとかして陸揚げし、車椅子を押して自宅へと帰っているとき、雲ひとつない青空のもと、ライラックと林檎《りんご》の花の香りがただよう庭を通りながら、若い音楽家のなかでも、私は特別に恵まれて、ここにいるのだというような気がした。気持ちが満たされて、孤独感は私のもとから去って行った。

8

私は山積みになった鉛筆書きのスケッチに目を通していた。これらは私が生まれるよりも前にディーリアスが書いたもので、とくに色褪せた自筆譜を手に取り、この作品が彼の出版作品リストのどこにあてはまるのか、私は頭を悩ませていた。はっきり思い出せなかったが、声楽が入る部分で、木管楽器の小さな音形がすぐさま《日没の歌》[1]を思い起こさせた。

私はこれを、却下されたスケッチ以上の価値はないと危うく片づけてしまうところだった。というのも、ディーリアスはしばしば初期の作品を振り返り、この素敵な一節、あのみごとな楽句といった具合に引用していたからだ（たとえば、チェロ・ソナタの上昇する素晴らしいパッセージは、ほとんど一音も違わずに初期のチェロとピアノのための《ロマンス》[2]にも登場する。《パリ》のヴィオラに忍びこませた美しくロマンティックな旋律の原型は、初期の管弦楽のための音詩《ハイアワサ》[3]に見出される。ディーリアスの音楽には、こうした習慣の例が豊富にある。じつははるかに微《かす》かな、あまり明瞭でない例に、《村のロミオとジュリエット》がある。そこにはその後に書かれたあらゆる音楽の萌芽《ほうが》が含まれていて、じっくり調べてみたい人にとって絶好の猟場となるだろう）。私は危うく片づけてしまうところだった、と述べたが、そのときこれを通して弾いてみたらおもしろいと思ったのだ。だがそれは簡単ではなかった。最初のページが終わると、木管と金管のパートにうっすら書かれた鉛筆書きの音符とフレーズには楽器の指定がなく、初見ではここのフレーズはファゴットの対旋律のようで、こっちはイングリッシュ・ホルンのパートらしい、などと当て推量するほかなかった。やり方に少しずつ慣れてきたところで作業は途絶えた。これは未完成の作品だったのだ。私がそこに言葉をあてはめる前に、玄関の方角で夕食のベルが鳴った。私は当時まだダウスン[4]の詩を知らず、夕食で下階に降りたときディーリアスに、バリトンと管弦楽のための作品の大まかな下書きを作った記憶があるかどうか尋ねた。そこには《日没の歌》に頻出《ひんしゅつ》する、四音からなるこの短い音形が用いられている。

彼は思い出せないと答えたが、今晩もし通して弾いてくれたら、私を教え導けるかもしれないとも言った。

彼はベッドに運ばれていき、音楽室に通じるドアが開かれた。神々は彼らの指と目を私に貸し与えてくれ、ひとりの神は大きな楽譜のページを押さえてくれた。不器用な私は譜めくりが苦手なのだ！　だが少年時代、神々はいちども私を手助けに来てくれず、中二階のオルガン席にひとり座って、私は悪魔の潜《ひそ》むいたずら好きのページと格闘していた――だが、そんな昔話は不要だ。私のオルガン時代はもう終わったのだ。

ついに彼は思い出した。これはダウスンの詩「シナラ」に作曲したスケッチだ。二四年前に書いたもので、彼が当時作曲中だった《日没の歌》の一曲として組みこむつもりだった。だがけっきょく、老ジョー・ヘセルタインが描く馬車のように、どうしても絵の中に入りきらなかったので、未完のまま放置され、それきり念頭から去ってしまったものだ。

おやすみを言う前に、私はその詩を彼に朗読して聞かせた。数日後、音楽室に運ばれてきた彼は楽譜にふたたび取りかかり、いまもはっきり思い出せるのだが、その興奮ぶりは私を戸惑わせるほどだった。

完成した楽譜はフィリップ・ヘセルタインに送られ（彼は作品をスケッチ段階で知っていた）[5]、ディーリアスへの返信には、作曲家がこのように美しく完成できたことを喜んでいると記されていた。《シナラ》[6]は四カ月後のディーリアス音楽祭で初演された。この作品はディーリアスのもっとも幸福な着想の所産とはいえないが、私が騒がしい街路からクィーンズ・ホールの楽屋に着いたとき、分割された弦楽が静かに上昇する序奏部分のかすかな響きがリハーサルの舞台から聞こえてきて、この世にこれほど美しい音楽はまたとないように思えた。その一方で、私は飢えていた。もう一年以上も演奏会場でオーケストラの音を耳にしていなかったのだ。

　音楽祭のために私が発掘したもうひとつの作品が、ヘンリー[7]の詩に曲をつけたテノールと管弦楽のための《去り行くヒバリ》[8]である。これは忘れられていた作品ではなく、長く紛失していた作品だった。もしも必要とあらば、この家を総ざらいしてでも、見つけるべきだと彼は言い張った。それほど愛着のある作品らしい。ようやく見つかると、通して弾くように私に何度も頼んだ。彼は視力が衰える直前に、この曲を《人生と愛の詩》とともにスケッチした。彼が最終的に満足するには、一、二カ所、小さな修正をほどこす必要があり、声部を数行補わねばならなかった。これは口述筆記した。

　ドニゼッティやロッシーニは、後世に生まれたこの単調で不遜《ふそん》な旋律線をどう評しただろうか。その意見は彼らの不滅のアリアに付けられた貧弱きわまる伴奏部分にたいするディーリアスの酷評といい勝負で、とても印刷できない代物《しろもの》だっただろう！　この二つの出来そこないから、どちらかを選べというなら——私に言わせてもらえば——声楽のための書法において、より音楽的で、器楽にもふさわしい、イタリア人たちの様式のほうを採る。イタリア音楽とドイツ音楽の優劣についてはすでに言いつくされているだろうが、私にとって、イタリア・オペラのアリアがただよわせる詩情、晴れやかな優雅、美をのびやかに屈託なく歌い上げる自在さは、まさしく純粋な音楽というほかないものだ。三流のロッシーニは二流のフーゴー・ヴォルフにくらべれば、まだしも耐えられる代物かもしれない。だが、ヴォルフについても、たとえば〈孤独に身をゆだねる者は〉[9]のような歌曲はどう評すればいいのだ。冒頭の和音からして涙を誘いだす。一方で〈いまの歌声は〉[10]のようなアリアはどうだ。私たちは双方に心から感謝しなければならない。たがいにまるで水と油だが。ディーリアスは声楽のために書くとき、旋律線にたいする感覚も、言葉にたいする感覚も、どちらも持ち合わせていなかった[11]。彼はたしかにこれらにおいて不器用だったが、無頓着だったわけではない。《去りゆくヒバリ》[12]で私が驚かされたのは、それが歌われる旋律線よりも、ヘンリーの詩の正しい朗誦《ろうしょう》法であるとディーリアスが考えたやり方のほうに、より大きな努力を払っていることだ。

彼にその詩を通して読んで聞かせたことがあった。

去り行くヒバリは静かな空からさえずる
そして西からの、
太陽は、一日の仕事を終えて、
満足に満ちて留まる
古い、灰色の街に舞い降りる、
輝く穏やかな力、
きらめく平和。

煙は立ち昇る
バラ色と金の霞《かすみ》のなかで。尖塔《せんとう》は
輝き、そして変わる。谷では
影が起立する。ヒバリは歌いつづける。太陽は、
祝禱《しゅくとう》を結び、
沈み、そしてしだいに暗くなる空気は
勝ち誇る夜の感触に興奮する
夜は星々をお伴に連れて
眠りという彼女の贈りもの

だから、私もこのように消えなければ！
みずからの役割を果たして、長い一日は終わる
報酬を受けて、そして私の心では
去り行くヒバリが歌っている
私を静かな西へ引き寄せてくれ
日没の華麗さと穏やさ
そして、死——

この詩句につけた彼の音楽を私が弾き終えると、彼はこう言った。「そうだ、これこそ私が望んだとおりだ」

彼はいつも死に近いところにいるように思え、椅子に座って朗読を聞くその姿は死そのもののように見えて、しばしば私はぎくりとしたものだが、彼が死について触れたのはたった一度だけ、それも嘲《あざけ》るような口ぶりだった。彼は青春時代、ノルウェーの海岸で難破しそうになったことがあり、もう万事休すかと思われたとき、ひとりの牧師が二段ベッドの下で、長々と沈痛な祈りを唱えていた。それに苛立ったディーリアスは彼に向かって叫んだ。「こっちを見ろ、友よ。口数を減らしてみな。救われるかそんなに心配なら、君は天国に行くのにあまり乗り気でないというわけだな！」

この出来事をものがたると、彼は感慨深そうにこう付け加えた。「私は食べものや飲みものが味わえて、自分の音楽を聴くことができるかぎり、生きていたいと思う。目が見えないということは私を苦しませない。私には想像力がある。地上で最高の場所を目にしたし、やる価値があることはすべてやった。私は満足だ。私は素晴らしい人生を送った」

死。それが彼に訪れたとき、それはじつに恐ろしいものだった。

9

パーシー・グレインジャーは、はじめて出会ったときからディーリアスの大のお気に入りだった。そのころ、グレインジャーは魅力的な若者で、独創的な発想に満ちあふれ、男たちの集団と同じくらいのエネルギー、アポロさながらの美貌を兼ねそなえていた。二人がひんぱんに会っていたのは戦争前だが、当時のことは私や私の世代の者には知る由《よし》もない。イギリスでの幸福な日々、ディーリアスはまだ健康だった。ドイツではまだ目が見え、友人に支えてもらえば足を引きずって歩くこともできた。後年グレインジャーがディーリアスを人里離れたノルウェーの小さな住まいに訪ねたとき、この年若い友人のヘラクレスめいた力業により、まだ手遅れにならないうちにディーリアスは生涯で最高の風景を目にすることができた。青春時代のディーリアスはちょっとした仕事がすむと、長い散策に出たり、自転車で遠乗りしたり、愛するノルウェーで登山するなど、精力的に休暇を過ごしていた。近くの高い峰まで運んでもらい、聳え立つ山々のかなたに沈む壮麗な夕日をひと目見たいと、ディーリアスはその当時も変わらぬ落ちつきのなさで切望した。いずれ彼が生きる支えとなる記憶の一ページに、その光景を加えたいと願ったのだ。グレインジャーが片側を持ち、ディーリアス夫人と二人の召使がもう片側をになって、棒の上に即席でこしらえた椅子に彼を座らせ、重荷に耐えながら七時間も山道を登ったのである。頂上が近づいたとき、大きな雲がその威力を見せつけるように峰に垂れこめ、嫉妬深く太陽をさえぎってしまい、すべての努力は水泡に帰すかと思われた。ところがまさにその重大な瞬間、「自然はそれを愛する者の心を裏切らないと知って」[1]、かつてその「高い丘」[2]を歌い上げた歌い手の最後の一瞥《いちべつ》をさまたげまいと、雲は自然の命ずるままに流れ去り、夢想家は彼の日没を存分に味わった。それから数分もしないうちに霧がその場にたちこめ、一団は危なげに下山を始めたのだった[3]。

＊　＊　＊

グレインジャーはその年（一九二九年）の六月、グレーに二週間ほど滞在すると伝えてきた。ディーリアスは大喜びした。到着の数日前、彼が一台あるいは二台のピアノ用に「皿盛り（dished up）」[4]した自作の編曲を小包で受け取った。私と彼とでディーリアスに弾いて聴かせたい、との言葉が添えられていた。そのなかには《到着ホームで歌う鼻歌》――駅で恋人の到着を待つあいだに口笛で吹くような曲――や《酔っ払いの船乗り》、《馬小屋の少年のロマンス》、《ひと口サイズのルーム・ミュージック》が数曲、《丘の歌》があり[5]、ディーリアスの《高い丘の歌》の二台ピアノ用編曲のみごとな自筆譜もあった。「ほかにもまだまだある」とのことで、「合唱とピアノ用の楽譜（歌うための）」もあるが、これは私たちには不要だった。これらの編曲にはすべて、「少しだけ大声で」「とても大声で」とか「伴奏するみたいに」「とてもリズミカルに、でも、まとわりつかないわけでもなく」などと奇妙な指示があった。それらが第一級の音楽家の作品であることは明らかで、確実に並はずれた人の手になるものだ。

イェルカとフレデリック・ディーリアス、そしてパーシー・グレインジャー。1923年、フランクフルトにて。グレインジャーは、ディーリアスの《高い丘の歌》の合唱のパート譜を、フランクフルトでの演奏のために用意した。
提供：ディーリアス基金 The Delius Trust

それはうだるように暑い日で、息が詰まるほどだったので、庭師は赤ワインのボトルを手に、庭の隠れ家に退散していた。グレインジャーは、頑丈な体つきとやさしい目をしたスカンディナヴィア美人の妻とともに、下の中庭にやって来た。グレインジャーは寒気がすると言って私たちを驚かせると、すぐに革ゲートル付きの分厚い乗馬用ズボン、厚手のシャツ、大きすぎるセーターを着こんで現れた。彼は四〇より五〇に近い年齢だったと思うが、三〇歳以上にはまったく見えなかった。みごとな、人目を惹く頭部にはやや少年じみたところがあり、私はそのまなざしが好きになった。それにしても彼のふさふさした美しい髪を見たら、この人は本職のスポーツ選手だと思う人もいただろう。予想していたよりも小柄で、動きの敏捷《びんしょう》さはまったく抜け目がないといった感じだった。

激しいスポーツは私の得意とする分野ではないが、それから二週間というもの、学生時代を全部ひっくるめた以上にたっぷり駆けずりまわった。朝は鍛冶《かじ》屋とともに早起きすると、グレインジャーは私をベッドから引きずり出し、ランニングに連れ出した。朝食前の軽い小走りならかまわないが、全速力で走りながら、あらゆる方向から稲妻のように飛んでくる輪を捕えては、それを同じ勢いで投げ返す。この激しい運動を可能なかぎり長く続けなければならないとあっては、私はかつて運動会の日、好きな女の子にいいところを見せようとがんばる学友たちを尻目に、本を手に怠けてばかりいたことを後悔したものだ。この全力疾走は家の外だけにかぎらなかった。彼は部屋から部屋へと突進し、階段は二段跳びで飛び降り、戸口では宙を飛んで駆け抜け、庭の中ほどでディーリアスの車椅子の脇に音を立てて着地した。老人は頭を振りながら、これではたまらんと口にした。

私たちがブルックス家を訪ね、庭を見下ろすテラスに座っていたところ、誰かがすごいジャンプを目撃したと口にした。このテラスの高さくらいだった、と。

「なんだ、そんなのどうってことない」とグレインジャーは言うなり、私たちが何かを言う前に彼は席から飛び上がり、手すりを跳び越えて、視界から消えた！

「あの下に温室がなかったのを神に感謝しなければ」と私はブルックスに言うと、彼もあっけにとられて椅子に座っていた。数秒後、庭から階段を駆け上がってきて、私たちが引き止めなかったら、また跳び越えるところだった。私は気づいたのだが、一緒に夕方の散歩に出るときも、彼はけっして家から通常の方法では出ず、いつも道に面した窓から私たちのいるあたりに跳んで出てきた。ブルックスはやがて彼にあれこれ挑戦を仕かけるようになったが、グレインジャーはなんでもやってのけた。あるとき、いくらなんでもこれは無理だろうという話が出た。家の下のテラスに立ち、そこからテニスボールを家の向こうに投げ上げる。ドアへ続く十数段の階段を駆け上がり、家を通り抜けて反対側の庭に出て、落ちてくるボールを捕まえろというのだ。信じられないことに、彼は三回も成功させた。私はそこで彼の腕をつかんで家に連れ帰った。最後に首でも折らないように。

車椅子に坐ったディーリアスの両脇に立つパーシー・グレインジャー（左）とフェンビー。1929年、グレーにて
提供：ディーリアス基金 The Delius Trust

私はあれほどエネルギーに満ちた人を見たことがない。まさに人間離れしていた。彼は歩いていても、いつもせっかちになり、走り出しそうになった。ディーリアスの乗る車椅子を押しながら走るのを私たちは禁じたが、その理由が彼にはどうにも理解できなかった！　エネルギーに充満していながら、彼はめったに空腹を覚えず、小食で、煙草も酒も飲まず、菜食主義だった。私たちが食事を楽しんでいるあいだ、彼は麦ふすま《ブラン》とシャトー・ド・パン（Château de Pump）――ぬるま湯にミルクを数滴垂らしたもの――のグラスしか嗜《たしな》まなかった。ディーリアスは言ったものだ。「イエルカ、パーシーをオートミールとマカロニで腹いっぱいにしてやってくれ。私たちはもっとましなものを知っているがね、なあエリック？」

　彼が私たちの前で弾いてくれた最初の晩、私はディーリアスの寝室から廊下を通って音楽室まで行き、ディーリアスの準備が整ったとグレインジャーに伝えた。すると驚いたことに、彼は自分の両膝を狂ったように叩いていた。そして顔が紫色になってきたころ、椅子の背にもたれて自分を落ちつかせると、ようやく弾く準備が整った。ショパンのロ短調ソナタ――ショパンの作品中ディーリアスがもっとも好きだった曲――の気迫に満ちた演奏が終わったところで、私は思い切って、さっきの行動について尋ねてみた。彼の返答によれば、あれは舞台に上がる前にかならずやる運動で、一秒につき膝叩き四回、これを一分半続けるのだとか。彼は演奏前にいつも気分を高めなければならなかった。

　私も三〇秒ほど試してみたが、まったく弾けなかった！

私たちがはじめて一緒に弾いたとき、彼は最初の数小節で止めると、こう言った。「フェンビー、君は作曲家だね？」　私は楽譜を書くのは好きだと答えた。でもそれとこれとは同じことなのか？「だと思うよ」と彼は言った。「私の理論によると、君みたいな人は皆が同じような弾き方をする――まったく同じところで同じように弾く。私は何度もそれを見てきた」

グレインジャーは理論の宝庫だった。彼が語る話題（その語り口はしばしば絶妙だった）には、ほぼ決まってお気に入りの理論が持ち出された――じつのところ、ディーリアスの言葉によれば、彼は「理論ではちきれそう」なのだ。私は彼がオーケストラの楽器としてハルモニウムに愛着をいだくのがまったく理解できなかったが、そのうえ驚いたことに、彼はオーケストラの木管楽器がシネマ・オルガンの絶え間ないトレモロを使うことができればいいのにと真顔で語ったのだ。ディーリアス家に滞在するあいだ、彼は自作《丘の歌》を管弦楽用に編曲していたが、これが四度目だった。彼の楽譜のページは修正がつぎつぎに貼り重ねられたため分厚くなり、ディーリアス夫人はこれで家が建つのではないかしら、と言っていた。

グレインジャーは自分の音楽にたいして恐ろしく率直で、ディーリアスは自分から影響を受けていると主張した。だが自慢話はいちども聞いたことがない。ある午後、川船の上で、彼はまったく無頓着な様子で、ビーチャムに「グレインジャー、君の《コロニアル・ソング》はこれまで私が目にしたなかで最悪の作品だよ！」と言われたのだと私に教えてくれた。この魅力的なオーストラリア人の独立不羈《ふき》の精神には敬服しないわけにいかなかった。たとえ彼の主張の大部分が自分とは見解を異にするにしても。あの幸福な日々を振り返ると、私がもっとも強く思い出されるのは、彼の親切さである。これ以上その人について何を言う必要があろうか？

一九二九年八月、エヴリンとグレイスのハワード＝ジョーンズ夫妻は村の小別荘を借りて、隣に住む農婦の婆さんに数フラン払って、日の出前にけたたましく鳴いて彼らを起こす愚かな雄鶏《おんどり》の首を絞めてもらい、二カ月間そこで平穏に暮らした。

グレインジャーとハワード＝ジョーンズという著名な二大ピアニストの演奏には、これ以上ないほどの好対照がみられた。グレインジャーは自作とグリーグの作品を、まるで年少の生徒のような野趣と陽気さで弾いたのに対し、ハワード＝ジョーンズは古典的な統御と自制を保ちながら、立派な先生のように弾いた。ディーリアスは自分のピアノ協奏曲を自作のうちでもっとも好まなかったが、ハワード＝ジョーンズの解釈はかつて聴いたなかで最高だといつも力説していた。

夏の暑さはいよいよ厳しく、朝の七時から夕方の七時まではくつろいで散歩もできなかった。ほぼ毎日、村人に山火事を警報する太鼓と喇叭《らっぱ》がけたたましく響いた。三日のあいだ、私たちはダンテの地獄篇のもうひとつの極限にたどり着いたような心地がした。ディーリアスは苦しみ、仕事は不可能だった。三日目の朝、老庭師は今夜あたり激しい雷雨になるだろうと言い、案の定その晩は土砂降りになり、ようやくひと息つけた。色とりどりに輝く夏の庭を眺め、その静かな心地よさを分かちあうことは、見る人に好ましい効果をおよぼした。この雰囲気こそは、庭の持ち主に霊感を与え、美しく安らかな音楽的思考をもたらしたのだ。

ハワード＝ジョーンズ夫妻にはディーリアスが音楽を聴く気分であればいつでも彼の前で弾く用意があったのだが、彼らにとってそれはそう簡単なことではなかった。彼がいまも楽しんで聴けるようなヴァイオリンとピアノのための作品は、悲しいほど少なかったからである。

あるとき、ベートーヴェンのピアノ・ソナタをめぐって激論があり、ハワード＝ジョーンズが作品一一〇の変イ長調ソナタを「偉大な音楽」と断言すると、ディーリアスは食ってかかった。「じゃあ弾いたらいい！」こうして翌日のお茶の時間のあと、ハワード＝ジョーンズがこのソナタを弾くことになった。ディーリアスと私は窓を開け放った音楽室の下に座って、このリサイタルを聴いた。老人はソナタのあいだじゅう落ち着かず、音楽をたどりながら顔をしかめていた。「ほら聴いて――聴いて」。彼はそう繰り返し言いながら、興奮して指さした（気持ちが高ぶったときだけの仕草）。「聴いて――くだらん――くだらん――聴いて――聴くんだ、君――無内容――無内容だ！」演奏が終わり、ハワード＝ジョーンズは花束を受け取るため、晴れやかに階

1928年のクリスマス、ピアニストのエヴリン・ハワード＝ジョーンズと妻でヴァイオリニストのグレイスがディーリアス家を訪ね、フェンビーは彼らにはじめて出会った。ハワード＝ジョーンズは1915年にディーリアスのピアノ協奏曲を演奏し、それ以来ディーリアスは彼のことを、この作品のもっともすぐれた解釈者として評価していた。
提供：ディーリアス基金 The Delius Trust

段を下りてきたが、努力のお返しにもらったのは、「エヴリン、こんな屑《くず》を練習するために、なぜ時間を無駄にするのか？」のひとことだった。

ディーリアスはハワード＝ジョーンズが好きだったが、彼が宗教について議論を始めたときは例外だった。

「このような素敵な夜に、なぜ彼は宗教について議論したがるのか？」と彼は文句を言い、そのゆっくりと、少しからかうような口調は、辛辣《しんらつ》なユーモア（にこりともせずに口をついて出た）が飛び出すときにつきものの特徴だった。夜の散歩で談論風発したのち、彼はハワード＝ジョーンズにただ「おやすみ」とだけ口にした。彼を車椅子に乗せて道を進んでいくと、めいめい門口に座った農夫は私たちが通るたびに挨拶した。ディーリアスの帽子が斜めになったままなのに気づいて、私は微笑ましく思った。さっき彼が顔から蚊を払いのけようと空しく試みたとき、たまたま帽子に当たって傾けてしまったのだ。

「あいつはランシマン[6]を思い出させる」と彼は愚痴っぽい口調で言った。「ランシマンはグレーに滞在すると、毎週日曜日に私と宗教について議論しに、わざわざ訪ねてきた。……つまり……だから……わかるだろう、私がイエスを苦手にしているのを彼は知っていたのさ！」

八月上旬のある朝、私はハワード＝ジョーンズの小別荘で彼と練習していて、午後ディーリアスがお茶にやってきたら演奏会を催す予定だった。そのとき、ヒルデガルデが果樹園の林檎のような赤い頬《ほほ》をしてとつぜんやってきて、ディーリアスが庭で私を呼んでいるという。待ち切れずしびれを切らしているので、すぐに戻ってこいとのことだ。

　庭のニワトコの木陰に置かれた石テーブルのかたわらで、車椅子に座ったディーリアスを見つけると、彼はまるで何かに取りつかれたような様子だった。彼はいまでは《夏の歌》[7]として知られる作品のまったく新しい開始部を思いついたといい、五線紙と鉛筆を取ってくるよう私に申し渡した。海を見渡す崖の上でヒースの茂みに座っているところを想像するように、と彼は言い、口述が開始された。翌日の午後、私たちはこの開始部を、最初はほどよい速さで、次いでゆっくりと、ピアノで通して弾いてみた。楽譜の細部がすべて思いどおりになったと彼が満足したところで、私は作品全体をさらに二度、通して弾いた。翌朝、彼が庭に運ばれてくるやいなや、作品をふたたび弾かせるため私を呼び、私が音楽室から下に降りて合流すると、彼はこう言った。「おい、これはいい曲だよ！　インクで楽譜を書きあげてくれ」

　彼がこの言葉を発するやいなや、移動式の大型自動演奏オルガンが鳴りはじめた。その日はグレーの祭日だった。町じゅうが興奮で沸きたっていた。女たちは大量の昼食の準備に大わらわで、大テーブルをめいめいの中庭の日陰に置き、男

ディーリアス家の裏のニワトコの木陰からの眺め。1929年8月4日、ディーリアスはこの樹の下で、フェンビーに《夏の歌》を口述した。
提供：ライオネル・カーリー Lionel Carley

たちは玄関先でうろついては噂話《うわさ》に興じ、親戚や隣町の友人と握手をした。宴会が一段落すると村には静けさが戻り、自動演奏オルガンさえも昼休みに入った。やがて子供たちがざわつきはじめ、祭の広場にどっと繰り出した。ささやかな物音から徐々に騒音が巻き起こった——騒がしいフランス人ならではの、コルネットやビューグルの耳を聾《ろう》する咆哮《ほうこう》、声を張り上げて農民たちが高音で歌う俗謡、射的場から何発も轟《とどろ》くライフル銃の射撃音、耳ざわりなキンキンする女たちの声、男たちのがさつな笑いと大声、少女たちの叫び、そして何よりも自動演奏オルガンのはりさけんばかりの大音響。これらの大騒ぎすべてがディーリアス家から一〇〇ヤード以内で巻き起こったのだ！　この騒音のなかでは、ただ楽譜を書き写すだけでも不可能で、そういえば自分も年端のいかない少年とさほど違わない年齢だと気づいた私は、通りに出て、教会を迂回《うかい》して祭りの広場へと向かい、群衆のなかに混じった。

私たちが迎えた次の滞在客は、魅力的で愛想のよいアイルランド人、ノーマン・オニールだった。ディーリアスはかねてから彼のことを親愛の情をこめて話しており、彼らがじっさいに会ってみると、オニールこそは彼がほんとうに愛した数少ないひとりだとよくわかった。ディーリアスの人間関係の大半を特徴づける、感情をあらわにしない、ほとんど無関心な態度は、オニールが話題になるときはまったく消えうせた。毎年恒例となったオニールの訪問を彼がどんなに心待ちにしたか、この友人が愉快に語る最新のロンドン情報をどれほどうれしがったか——老人はちょっとした噂話にはいつも舌鼓《したつづみ》を打ったものだ。オニールのことを考えると、「ノーマンがやって来るぞ」とか「今朝ノーマンから連絡があった」と言うときに、ディーリアスの声ににじみ出た、あのいつになく友好的な雰囲気をどうしても思い浮かべてしまう。それはまるで、彼が人間の正常な心のバランスを取り戻したかのようだった。ほとんどつねにディーリアスにつきまとい、彼を気むずかしく、近寄りがたい存在にしていた神経質な緊張や孤立感が、これらの言葉とともに消滅したように思われた。

とつぜんオニールが悲劇的な死をとげたとき、老人の心は張り裂けそうになった。オニールはディーリアスに心酔していた。ただし盲目的にではなかった。彼は人間ディーリアスを誰よりも熟知していた。作曲家ディーリアスについても同様である。フレッドの音楽は自分にとって、古今のあらゆる作曲家の作品よりもたいせつなのだと彼は私に語っていた。

ノーマン・オニール。1928年。彼は長年ヘイマーケット劇場の音楽監督としてかずかずの付随音楽を作曲し、代表作には《メアリー・ローズ》などがある。1934年、悲劇的な事故で亡くなった。

提供：キャスリン・ジェッセル Katherine Jessel

私個人としては、オニールのことをいつまでも感謝の念とともに思い出すだろう。彼の精神的な支えと助言がなかったら、私がグレーで克服すべき困難は、やがて時とともに手に負えないものとなっただろう。

彼はすべてを理解してくれた。

ディーリアスはいま、仕事はいったん中

断するつもりだと宣言した。もし音楽祭出席のためイギリスへの旅を実行するのなら――彼は直前まで、自分が旅をすることがどんなにたやすい状況にあったとしても、その緊張で死んでしまうと言い張っていた――もしこの健康状態で旅を実行するのなら、出発する日まで完全に休養をとらなければならない。サー・トマス・ビーチャムは、ディーリアスがブーローニュまでの道中と、フォルクストーンからロンドンまでを快適に移動できるよう、グレーに救急車を遣《つか》わすための必要な手配はすべてすませたと手紙に書いてきたが、それでもディーリアスは躊躇《ちゅうちょ》していた。彼に出かけるよう説得するのは、夫人だけでなく私も協力した。「ディーリアス」と私は言った。「ここ数年間、あなたはオーケストラの音を聴いていません。ご自分の音楽を演奏会場で聴いたときの感動を想像してみてください！　やってみるのにじゅうぶんな誘惑ではないですか？」

「そうだ、わかっているよ、君」と彼は返答した。「だが私には体力がない。死ぬときはグレーで死にたいんだ」

とうとう難題を解決すべく、サー・トマス自身がフォンテーヌブローからグレーまで訪ねてくることになり、ようやくディーリアスは提案を真剣に受け止めるようになった。

その日もまたうだるような暑い日で、ちょうどパーシー・グレインジャーの到着を待ちわびているところだった。サー・トマスは非の打ちどころない服装で、片手に帽子を持ち、腕いっぱいの楽譜をかかえて、大きな葉巻を吸いながら足早に中庭へ乗りこんだ。植民地出身の友人[8]とは異なり、まず手はじめに礼儀作法が認める範囲内で服装をゆるめ、タクシーに玄関で九時間待つように指示した。まさしく大人物《グラン・セニュール》の態度で、些細《ささい》なことは気にも留めない様子だった。ほどなく彼は威厳と平静を保ちながら懸案を解決し、ディーリアスはひとことも口にしなかった。使命を達成した彼はワインで活気づき、彼ならではの陽気な朗《ほが》らかさで音楽界のあらゆる事柄、あらゆる人物（彼自身も含め）をからかった。私は彼がそんなことを言うのをめったに聞いたことがない。少しだけなら飲んでいいと忠告されていると彼は言っていたが、ディーリアスがしつこく「もう一杯行こう、トマス」と勧めるので、彼はやおら立ち上がり、足もとを注意深く確かめ、髭《ひげ》をいじくりながら少しだけ考えると、あと一滴なら大丈夫だと決意するのだった！[9]

サー・トマスは無意味に楽譜を持参したのではなかった。彼は音楽祭のために暗譜をしていたのだ。当時の私は、その各ページを埋めつくす青鉛筆の印の意味をほとんど何も知らなかったのだが、ほどなくそれらの印がよい演奏と悪い演奏とを決定的に分かつものであることに気づいた。腕いっぱいにかかえた楽譜のなかに、彼が変更・修正していない発想記号はほとんどなかった。彼のエネルギーと勤勉さはどちらも驚異的だと私は感じた。やがて私たち

トマス・ビーチャム。ディーリアスと最初にロンドンで出会った1907年ごろ
提供：ライオネル・カーリー Lionel Carley

は上階の音楽室に行き、彼は私に向かって全部のオーケストレーションを読み上げながら、《日没の歌》をヴォーカル・スコアで弾いた。私は彼の横で総譜を膝に広げ、オーケストラの細部を記憶に留める彼の精確さに舌を巻いた。

サー・トマスの訪問から数日後、私はグレーを発ち、ロンドンでディーリアスを待つことにした。イギリスへ旅立つ日、昼食時に、彼は私のために乾杯し、この一年の思い出として私にあげたいものがあると言った。彼は夫人を呼んで、それを手渡すように言い、その手を彼女に支えられながら、こう言った。「わが親愛なる青年よ、これを受け取り、私のために身につけておくれ。君は私の人生に新たな一時期を与えてくれた」

私は贈りものを受け取りながら、涙をこらえていた。なぜなら、突如として、食卓の笑い、音楽祭への興奮、来るべき音楽、翌年の帰還——これらすべてを忘れ、これまでの一年間、この不思議な人物をどれだけ身近に感じていたかを実感したからだ。私は箱を開けた。そこには金時計と鎖《くさり》が入っていた。

10

音楽祭のあいだ、私はディーリアスとほとんど顔をあわせなかった[1]。その理由の大半は、音楽祭には追加作業がいろいろあり、私はヘセルタインと、サー・トマスの当時の音楽助手ギブソンを手伝うのに忙殺されたことにある。サー・トマスはリハーサルを終えて出てくると、楽譜を校訂したいと告げた。地方に出向いて指揮することになると、行きの列車で楽譜に印を書きこみ、次の列車の車掌《しゃしょう》にそれを託して私たちに返送し、すぐに作業に取りかかれるようにした。これはひとりでやるしかない仕事——ていねいにやるなら二人で——であり、パート譜から古い印を消し、木管や金管のパートに新しい印を転記する。弦楽器のパート一式が整うまで、写譜屋を呼ぶわけにはいかなかった。あるとき、サー・トマスはクィーンズ・ホールの楽屋で私が欠伸《あくび》するのを目ざとくとらえて、「フェンビー先生、夜勤に仲間入りしたのかね?」と言いながら私に目配せした。そのとおりだった。ギブソンと私は、リージェント通りにある彼のオフィスで毎晩作業していた。耳をつんざくような空気ドリルの恐ろしい音に悩まされた。隣の建物もろとも壊れてしまいそうな振動だった。サー・トマスはといえば、こんどは《人生のミサ》の膨大な楽譜の校訂に取り組むつもりらしい！

それでもときには、リッチモンド・パークでディーリアスと朝のドライヴに出かけ、グレーにいるときと同様、道すがら私は興味を惹くものがあるたびに言葉で描写した。何よりも素晴らしかったのは、演奏会場で自分の音楽に夢中で聴き入る彼を見ることができる喜びだった。

「君が言ったとおりだった、エリック」。最初の演奏会の第一曲が終わったとき、彼は私に言った。「何年ぶりかで耳にするオーケストラの音はなんと素晴らしいことか！　私は来てよかったよ」

ディーリアスは多くの友人や称賛者たちのあたたかいもてなしと親切なふるまいに強い感銘を受けた[2]。

ヘセルタインに妙案が浮かび、ディーリアスがサー・トマスの賓客《ひんかく》として宿泊したランガム・ホテルに、友人のオーガスタス・ジョン[3]を連れてくることにした。ジョンは私たちと演奏会に出かける前に、作曲家の素晴らしいスケッチを電光石火の早業で描いた。

音楽祭が終わったのちも、サー・トマス・ビーチャムが示した熟練の解釈、参加したオーケストラの素晴らしい演奏、音楽祭を華々しく締めくくったケネディ・スコットが主宰するフィルハーモニー合唱団による《人生のミサ》のみごとな歌唱にたいする、ディーリアスの絶賛が止むことはなかった。管弦楽のみの作品のいくつかは、ディーリアスはまるではじめて耳にするかのようだった。

それほどまでに作品の内的な意味が完璧にとらえられ、演奏の中に実現していた。これこそ彼が自分の音楽に望んでいた演奏のあり方——ビーチャムのやり方——だった。ディーリアスがこの演奏会で何よりも望んだのは、自分の音楽が生きつづけるための伝統を築きあげることだった。もし自分の音楽に未来があるのなら——いつもの利己主義にもかかわらず、自作にたいしては不思議と謙虚になることがあった——それはビーチャムが苦心のすえに創り上げた伝統のなかでのみ、生きつづけるだろう。音楽祭で演奏された自作のすべてを懸命に聴いた緊張感は、彼を疲労困憊させた。彼はグレーの静けさが恋しくなり、延期せずに帰宅したいと切望した。「新年早々、君がやって来るのを楽しみにしているよ」。私がいとまごいをしたとき、彼は私に言った。「そのときまで休養をとり、仕事を再開できるようにしておくから」

だがディーリアスの準備が整い、口述筆記が再開されたのは一月末（一九三〇年）になってからだった。私はただちに彼のもとにおもむいたのだが、彼は苦痛にあえいでいて、毎日その時間になると朗読を聞かせるほか、何もできなかった。その間も夫人はなんとか彼を落ちつかせようと努めていた。天候は穏やかで、前の冬のような凍《い》てつく耐えがたい寒さはなく、その代わり大雨が降り、川は怒り狂う奔流《ほんりゅう》と化して、ディーリアス家の対岸の草地は浸水し、モンクールへの街道は通行できなくなった。あたりにはほとんど灯《あか》りがなく、雲が急ぎ足で過ぎていく空は暗く不吉に見えた。私は毎日のように橋のところまで出かけては、少人数の村人たちがたたずむのを眺めた。男たちは黙って考えこみ、女たちはショールを羽織り、水を見つめながら、子供たちが岸に近づかぬよう注意していた。私はすぐさま、郷里のヨークシャーの寒村で荒海を心配そうに眺める漁師たちのかたわらにたたずんでいた時分のことを何度となく思い起こした。

三月末になるとディーリアスの体調も回復し、ヴァイオリンとピアノのための第三ソナタを口述できるまでになった。これは比較的容易な仕事であり、作曲家は驚くほどの速さで口述した。スケッチのさまざまな断片──冒頭の数小節、補助的な主題、第一楽章の第二主題の萌芽、第二楽章の数小節、さらに終楽章の主題群──からなり、これらは戦時下のグレーで大作に集中できなかった時代の所産である。ドイツ軍がパリ近くまで侵攻したことが何度かあり、ディーリアスと妻はグレーから逃れ、彼らがたいせつにしていた絵画、ゴーギャンの『ネヴァーモア』[4]を携えて、昼夜を問わずフォンテーヌブロー街道に群がった避難民の悲しい行進に加わった。家畜運搬車で一夜を明かしたこともあった。

彼らは先の見えない不確かな状況と徐々に近づきながら拡大する銃声に耐えられず、銀器類を庭に埋め、ワイン貯蔵庫につながる石段を手押し車一台分の薪《まき》でふさいで隠し、薪小屋への通路に見せかけると、イギリスへ移り、次いでニューカースルから船でノルウェーに渡って、休戦までそこに留まった。彼らの留守宅はイギリス軍の将校用の食堂として使われた。はるかかなたのノルウェーで、老ディーリアスはチェスタートン氏[5]の詩に出てくるノア老人のように、「食卓につくとよく妻に語った」ことだろう。ワイン庫に立ち入りさえしなければ、兵隊たちが何をしたってかまわない！

グレーでのもっとも晴れがましい思い出のひとつは、ディーリアスがいつもおごそかに執りおこなったワイン試飲の日々だ。私は彼の姿をいまも思い浮かべる。あの敏感な舌でワインを舐《な》めまわし、人々と意見を戦わせ、自説をわがもの顔で披瀝《ひれき》した。たとえ目が見えなくとも、味のよく似たワインの品種を混同するところをいちども見たことがない。彼は自分のワイン庫を自分の音楽と同じくらい誇りにしていた。

ソナタが完成すると、ディーリアスはそれをメイ・ハリソン[6]に送り、その年のイースターにグレーに来て、彼の前で弾いてくれるよう依頼した。

その合間にバルフォア・ガーディナーがグレーを訪れ、今回は彼の若い友人で作曲家のパトリック・ハドリー[7]が同行した。私たちは白ワインを壜《びん》に詰めることに決め、バルフォア・ガーディナーは少年のように熱中しながら丸太の上に座り、注意深くワインを樽《たる》から壜に注ぎ、ハドリーは器具を使ってコルク栓《せん》をし、私はそれを針金で留めた。七〇本のワインはめでたくワイン庫へと運ばれていった。

次にディーリアス夫人が私たちに見つけた仕事は、川に向かって見苦しいほど枝を伸ばした木の枝の剪定《せんてい》である。ガーディナーは枝が水面に落下するときにそれを摑むため、下にボートを浮かべるのが賢明だと考えた。そのために庭の外れの小さな入江のボート小屋からボートを持ってくると言い、ハドリーと私には梯子《はしご》と鋸《のこぎり》を取ってくるよう命じた。戻ってくると、私たちはてっきり彼がボートで作業中かと思ったが、五〇ヤードほど下流で渦に巻きこまれながら、強い流れに逆らってオール一本で格闘する彼の姿を目にしたのである。ボートは冬のあいだずっと使用されず、数本のオールは物置に吊るされたままだった。ボートにはオールが一本だけあったらしく、ガーディナーは木までの短距離なら、それで漕いで行けると考えたのだ。私たちはひとしきり驚いて笑ったのち、彼に向かって私が呼びかけた。流れに逆らってボートを漕ぎ、橋の私たちのいる側から離れないように、と。私たちはできるだけ早く橋に向かい、彼が橋の下を潜るときにもう片方のオールを投げ落とそうという算段だった。そこで私たちは片方のオールを手に、全速力で村道をひた走っては村人たちを仰天させた。ところが恐ろしいことに、私たちが橋にたどり着くと、ガーディナーはすでにその下を通過し、水車場の下流の危険な堰《せき》のほうへ向かっていた。さいわいなことに、あわや一大事というときに、宿屋の主人がたまたま庭にいて、ガーディナーの苦境を見て助け舟を出し、ようやく彼を安全な場所へと曳航《えいこう》してくれた。

ハドリーはガーディナーのボートに合流するというので、私は橋に残り、水流がもっとも弱い、いちばん遠いアーチの下を潜ろうとする彼らの試行錯誤を見守っていた。ついに通り抜けられたのだが、彼らはもうへとへとだったので、こんどは私が岸に降りていって、オールを漕ぐからボートを岸に寄せるよう声をかけた。彼らは私を乗船させ、すべてがうまくいくかと思われたが、速い流れに突入しようとしたちょうどそのとき、私がオールを漕ぎそこなってしまったため、私たちはふたたび下流へ流されて、橋の下を抜けて出発地点に戻ってしまった。しまいに業を煮やした宿屋の主人――優勝した拳闘家さながらのたくましい大男だった――は胸をはだけ、袖《そで》を捲《まく》りあげて、

「外人たち（les étrangers）」について、なにやら嘲りの言葉をつぶやいた。そして彼はオールを握ると、一発で橋を潜りぬけ、三人の乗組員を家まで漕ぎ送った。とうぜんのことながら、ディーリアスはこの椿事《ちんじ》を容赦なくからかった。

言うまでもないが、やっかいな木の枝はそのまま手つかずの状態だった。数週間後、私が車椅子のディーリアスを押して庭を散策していたとき、ものがぶつかる音がして、そのあとさまざまな叫び声と罵声《ばせい》が聞こえた。水際へ行ってみると、枝が落下して、その下にたむろしていた釣り人たちにぶつかり、ばらばらに折れていた。怒り心頭に発したフランス人たちは枝の残骸《ざんがい》、折れて壊れた釣竿、絡まった釣糸の隙間からディーリアスの姿を見上げると、さらに憤激の度を強めた。あいつが悪い。新しい釣竿を弁償しろ、と。だがディーリアスは冷ややかで無関心な口調で、自業自得だと答えた。木に貼ってある注意書き「係留禁止（Défense de stationner）」が見えないのか？　ここは私有の釣場《つりば》だぞ、村の警官（garde-champêtre）が来る前にとっとと退散しろ。それからの光景は見るも無残だった。彼らはその場から退散するためボートを操ろうとしたが、もやい綱《づな》が外れて川下へと漂い出した。釣り人のひとりは麦藁《むぎわら》帽子をなくして怒りに青ざめていた。対岸の葦原《あしわら》に錨泊《びょうはく》していた別の小舟の漁師がそれを見て大笑いし、風を受けて二艇身ほど先を漂流する麦藁帽子を指さしていた。もう釣り人の手には負えなかった。言葉が彼の口を突いて出た。

「おいぼれロイド・ジョージが木の手入れを怠《おこた》らなければ……」

「なんだと？」とディーリアスは応じ、喧嘩《けんか》口調になった。「ロイド・ジョージだと？　私をロイド・ジョージと呼んだな？」

そろそろあいだに割って入る潮時とみて、私は車椅子を急いで方向転換し、怒りをたぎらせる老人を人目につかない場所まで退避させた。

いつものことだが、バルフォア・ガーディナーはグレーに到着したかと思ったら、もう出発の話になった。ディーリアス夫人と私は最寄りの町ヌムールの駅頭で、友人二人に「さよなら《オー・ルヴォワール》」と呼びかけていた。町で私たちは「ナッス（nasse）」、つまり魚取り用の大きな網籠《あみかご》を買い求めた。これをおんぼろフォード車の後ろ側にコントラバスのように括《くく》りつけ、わくわくしながら帰宅した。あふれた川から庭の池に入りこんだ魚たちを一網打尽にしてやろうと私はもくろんでいたのである。だが連中は私が相手にするには頭が良すぎて、捕まったのは水辺の鼠《ねずみ》くらい、あとは二匹の蛙《かえる》が一度だけ網にかかった。母蛙が子蛙を背中に乗せて水面に浮かんでいたのだ。私は籠をゆるゆる水から引き上げ、取出口から大きな蛙を引き出すと、慎重にハンカチで地面に運んでやり、その横に子蛙を置いた。二匹とも怖がるそぶりも見せず、私のなすがままにされ、ぴょんと跳んで生い茂る草むらに姿を消した。ディーリアスにこの話をしたら、彼は頭を振るとこう口にした。今夜はきっと「蛙たちが歌う《ハレルヤ》の合唱」を聴かされて、私たちは一睡もできないだろうね、と。

ガーディナーとハドリーとの会話では、ディーリアスの初期の歌劇《コアンガ》の総譜とオーケストラ用パート譜の話題が出た。それらはもう長い年月ずっと行方不明なのだ。誰もそのありかを突きとめられないと思われたが、ディーリアスはきっとロンドンのどこかにあると確信していた。

「いまこの瞬間にも、どこかの食料雑貨商が楽譜の紙をちぎって、バターの包み紙にしているかもしれん」とディーリアスはほのめかした。それでもハドリーはやるだけやってみると言った。きっとどこかの出版社の倉庫にうっかり放置されたまま眠っているのではないか。数日後、ハドリーはグレーに戻ってきた。オーケストラのパート譜を携えて！　彼は正しかったのだ。だが総譜がどこを探しても見つからなかった。こうなると、なすべきことはただひとつ、見つかった素材から総譜を再構成する作業である。サー・トマス・ビーチャムはこのオペラの抜粋版を演奏したいと公言していたのだ。オーケストラのパート譜を音楽室のそこら一面に広げて置き、召使たちには塵《ちり》ひとつ払い落してはならないとものものしい口調で厳命すると、私はひとりきりでこの大仕事に取りかかった。初めのうちは次の小節で何が起こるのかと興味深々で作業したのだが、数日間かけて延々と働くと脳みそが鈍くなって、この作業の実態はいったい何かと自問自答してしまう——たんなる賃仕事にすぎないのではないか。さいわいなことに、二週間もしないうちに、このやっかいな方法を続ける必要はなくなった。ハドリーが思いがけない幸運で総譜を発掘できたと報せてきたからである。必要とされる新たな総譜は、私がオリジナルの自筆譜から筆写して完成させた。

イースターになるとメイ・ハリソンがやって来て、私たちは新しいソナタを聴くことができた。ディーリアスは明らかに自分の成果に満足するとともに、メイ・ハリソンの音楽性にあふれる解釈にも喜び、この作品を彼女に献呈することにした。「他の二曲のソナタよりも、この作品のほうが若々しく新鮮に感じる」と彼は言った。「いろいろな点で、私はこの作品のほうが気に入っている」

メイ（右）とベアトリスのハリソン姉妹。1920年ごろ。この年、２人はディーリアスのヴァイオリンとチェロのための二重協奏曲をサー・ヘンリー・ウッドの指揮により、ロンドンのクィーンズ・ホールで初演した。

提供：ハリソン姉妹基金
The Harrison Sisters' Trust

その五月、庭はさながらイングランドの小さな街角のようだった。手入れの行き届いた花壇にはパンジー、ワスレナグサ、ニオイアラセイトウ、ライラック、林檎の花が咲き、木々は柔和で落ち着いた緑色を帯びたが、そのとき不意に雪が白く降り積もった。吹雪がこの地に襲いかかり、農民たちは今年のフランスのワインのできは壊滅的だと口にした。

六月上旬、いささかめずらしい訪問客があった。ロンドンからやって来たアースキンというスコットランド人で、ディーリアスの友人によってグレーに遣わされた。催眠術のはたらきで作曲家の視力が回復できるのではないかと期待したのである。当初ディーリアスはこの助言に耳を貸さなかったが、とうとう説得され、試してみることになった。アースキンは二週間ほどグレーに滞在した。けっきょくは目標を達成できなかったものの、効果が持続しているあいだはまさに奇蹟的だった。彼は毎朝ディーリアスを訪ねてきて、一時間以上も二人きりで過ごした。どのような治療だったか知らないが、私が目にしたかぎりでは、二日目にディーリアスが歩行訓練をしているとき、片側を夫人に、もう片側を看護人に支えられて、彼はいつもの距離の三倍を疲れずに歩き、その翌日には玄関の車椅子から居間の椅子まで、いつもなら担《かつ》いで運ばれるところを、同じようにして家のなかを歩いて移動したのだ。わずかな支えだけで歩いたばかりか、居間に上がる二段の段差も越えたのである。一週目の終わりには、彼はハンカチで自分の額を拭《ぬぐ》うことができ、指をしっかり操って胸ポケットからハンカチを取り出して鼻を拭い、アースキンが指し示す場所を間違えずにしっかり触れることができた。驚いたことに、アースキンがそこにいてもいなくても、これらの動作のほとんどを彼は継続してやりとげたのである。夕方の散歩でも、彼は帽子の向きを自分で調整でき、顔にたかった蚊を人差指で追い払った。それまでは誰か代わりにやってあげたことだ。これらすべてはまさに驚異だったが――彼がいかに完全な無力状態にあったか、わかる人はほとんどいないだろう――それでも視力回復の話は出なかった。

アースキンはとても友好的だった。彼は「神に見捨てられた穴倉のようなグレーに、ディーリアスのようなすごい人がいるなんて」予想もしていなかったという。彼はグレーをお洒落な小ぢんまりした湯治場かと想像していたらしい！

彼が打ち明けたところによれば、ディーリアスはそれまでに診たうちでもっともむずかしい患者だったそうだ。初日に彼を催眠にかけるのは容易でなかった。

「ここを去るまでに、私は彼の目が見えるようにするつもりですが、それでも一度につき数分程度しかもたないでしょう。もし彼が六カ月間の治療を受けたならば、恒常的に見ることが可能になるはずです」とアースキンは告げた。

アースキンは音楽にとても関心があり、ディーリアスが私とどのように作業をしたのか、何度も尋ねてきた。彼の考えでは、そこにはおそらくテレパシーが直感と同じくらい、あるいは直感をしのぐほどにかかわっているらしかった。また、技術的な側面はともかくとして、私が何カ月も途切れなく親密にディーリアスと生活していなければ、作曲家が信頼するほどの理解力で仕事が進められたとは考えられない、と彼は確信していた。私も作業をおこなっていて、ディーリアスが口述しようとしたフレーズが、それを彼が口にしないうちに私の頭に浮かんでいたことにしばしば気づいていた。はじめて耳にする音楽で、作曲家が次に何をするのか、かなり推測できることはままあるのだが、それとこれとは完全に同一ではない。そこでは暗示作用がきわめて大きな役割を果たしており、その機能を意識しようがしまいが、頭脳が機敏にはたらいて、新たな音楽がどのように展開するか、その可能性に意識が集中する。それに対し、私がすでに述べたような瞬間においては、あるパッセージを可能なかぎりすばやく書き取っていると、閃光《せんこう》のように、あるフレーズが頭に浮かぶ。そして、その楽句をディーリアスが口述しはじめるのを聞いてびっくりするのである。

新たな作品に取り組む過程で、私自身がディーリアスに負けないくらい没頭していたのは事実である。「なあ君、私の代わりに楽節《センテンス》を仕上げておくれ」と彼はよく言っていた。受動的にただ音符を書き取るだけでは用をなさない（たとえ彼が口述するスピードで書き取れたとしても）。やむをえないとき以外は同じことを二度と口にしないディーリアスのような人の場合、なおさらそうなのだ。

ご記憶だろうが、その前年の早い時期、ディーリアスが数カ月間にわたり、瞬間的だが自分の両手を見ることができたことが、間をおいて何度かあった。だが私の知るかぎり、そのような現象は音楽祭のために渡英する前に途絶えてしまい、話題にものぼらなくなっていた。アースキンがほんの数日間でなしとげたことを考えるならば、一週目も終わるころ、ディーリアスがもういちど自分の両手を見たと聞かされても私は驚かなかった。それは以前と同様、昼寝から覚めたほんの一瞬だった。それは毎日ごく短時間だけで、それ以上にはならず、二週目の半ばになるとアースキンは私にたいし、もう絶望的だとこっそり告げた。

その週末、アースキンは音楽室まで上がってきて、ディーリアスをここに連れてくると言った。「席を外さないで」と彼は言った。「君はそのまま残っていてほしい」

彼の説明では、ディーリアスをピアノの前に座らせ、もういちどその指で鍵盤に触れさせたいのだという。おそらく……やってみればわかるだろう。ディーリアスはもう何年もピアノが弾けないのだとそれとなく伝えたが、そんなことは問題でないと彼は言った。アースキンが何を企んでいるのか私には想像もできなかった。そんなことは馬鹿げていて、大きな間違いだと思えたが、私はそれが言える立場にはない。肘掛椅子を用意していると、アースキンは私を止めた。

「代わりにこれを使おう」と彼は言い、肘掛なしの椅子を選んだ。「彼はここにちゃんと座るだろう！」

ディーリアスは二階に運び上げられ、その椅子に座らされたのだが、支えなしでは座っていることができず、このままでは転げ落ちると私は思った。だがアースキンは彼のそばに行き、彼を安定させ、両肩をそっと支えた。

「私が五まで数えるあいだに」と彼は静かに言った。「あなたは私の支えなしで、この椅子に座れるようになりますが、私が両手を離すと、あなたは前に動くことも、自分の名前を口にすることもできなくなります！　一、二、三、四、五……」。そしてそのあと彼は指先をディーリアスの頭から両肩へとゆっくり下ろしていき、背後に立った。老人は話すことも動くこともできず、ひたすら最善をつくそうとしていた。

「では、あなたの名前を言ってください」。ディーリアスの煩悶《はんもん》が三〇秒ほど続いたのち、アースキンが命じた。老人は自分の名を何度か繰り返し、命じられるままに椅子の上で体を前後に動かした。

「さあ、弾いてごらんなさい！」とアースキンが命じると、ディーリアスは誰の手も借りずに両手を鍵盤のほうに鍵盤に乗せると、意味不明な音のメドレーを開始した。このような厳しい試練のさなかでも彼のユーモアは健在で、彼は頭を私のほうに向けて、「エリック、これが新音楽だ！」と言った。

ここまで見届けると、私はアースキンに近づき、私にはこれでもうじゅうぶんです、と小声で伝えると部屋をあとにした。

ある者は所有し、別の者は所有しない、この恐るべき力は果たして何なのか？　眠りながら目覚めている、この催眠という状態は何なのだろうか？

それが何であれ、たとえ天からもたらされたものでも、地獄に由来するにしても、私がここまで記したディーリアスの病状の全体的改善は、その夏のあいだじゅうずっと維持されたことを明記しておこう。彼が以前よりずっと神経質でも短気でもなくなったのは、誰の目にも明らかだった。私個人としてはアースキンにこれからも感謝の念をいだきつづけるだろう。こうしてディーリアスは間断なく連日、最後の合唱作品に取り組めるようになり、その曲は《告別の歌》[8]と名づけられた。晩年の彼にとって、これほど持続した作業は例を見ないことだった。

《告別の歌》は、そこに内在する音楽的な美点は別として、たとえ肉体がそこなわれても、人間には創造の意志が残り、何をなしうるかを示すモニュメントである。心は勇んでも肉体が弱い[9]と感じるすべての若い作曲家にとって、これは霊感の源となるはずだ。

この曲はウォルト・ホイットマンの詩集『草の葉』から作曲家の妻が選んだ詩句に作曲した、二重合唱と管弦楽のための作品である。はじめの三つの楽章で、作曲家は「黙って過去をたどってゆくこと」や「昔のことを思い起こして物思いに沈む――そのころの愛、喜び、知人たち、航海など」[10]に声を与え、人生の黄昏時《たそがれ》にさしかかった者の心に喜悦をもたらす。大自然の偉大な力につぎつぎと挨拶がなされ、第四・第五楽章では、歓びに満ちた告別の辞とともに、老いた船乗りが「陸地と生」に別れを告げ、速やかに岸を離れて、海図のない、終わりなき死出の旅路をたどる。

最後のピアニッシモの和音のなかで、友人たちの静かな声が響く。「出発せよ！」と。私の知るもっとも暗鬱《あんうつ》な合唱作品である《レクイエム》[11]にくらべ、この作品では死にたいする思いに、はるかに快活な楽想が充てられている。

それから数カ月はなにごともなく過ぎていったが、例外としてベアトリス・ハリソン[12]とその母の来訪があった。その副産物として、来《きた》るべき彼女のアメリカ演奏旅行のために二つの小品が特別に書かれた。チェロ独奏と室内管弦楽のための《カプリスとエレジー》[13]がそれである。

その年の夏、ディーリアスは国際クリケット選手権のイギリス対オーストラリアの試合に格別の興味を示した。午前中、私が昼食のため下階に降りると、私はいつもその日の得点と試合記事を彼のために読み上げた。すべての試合展開はまるで競技場に居あわせた二人の観客のような鋭さで観察され、ディーリアス夫人はいつも、この「二人のヨークシャーっ子」の会合ほど、クリケットの話題をたっぷり聞かされることはないと言っていた。年長者は自慢げに、若かったころはこぼれ球を逃さずに相手を容赦なくやっつけ、野手《スリップ》としても捕球しそこなったことがないと語り、年少者も年長者の言葉を真に受け、自分も変化球《グーグリー》で七得点もあげて、田舎者チーム《スキットル》を打ち負かしたことがあると豪語した。

合唱作品がようやく仕上がり、あらゆる苦役から解放されると、ディーリアスはとたんにかつての完全な無気力と神経質な苛立ちに逆戻りした。私たちが何をしても彼の気には入らず、このような困難な状況下で夫人が幸福そうにかいがいしく毎日を過ごすのに、私は感嘆していた。些細な天候の変化も彼に重大な影響をおよぼした。激しい雷雨があり、稲妻が庭の大木のひとつにひどい傷を残したときなどは、彼の苦痛も昼夜を問わず続き、私たちの心痛もやまなかった。

このような恐ろしい日々に、ディーリアス夫妻はどのようにして絆を保ちつづけることができたのか、それは私にとってつねに解けない謎である。彼女が耐え忍んだ苦痛や辛抱を誰もうかがい知ることはないだろう！

歳を重ねることで何かが起こり、男と女は長く続く苦悩や不幸にたいし、精神的・肉体的な緊張に耐えられるようになるのかもしれない。傷つきやすい若者はそんなことに長くは耐えられない。このような日々を過ごしたあと、私は夜の散歩に出て、心の平衡を保つため自分自身と闘ったことを覚えている。何世紀ものあいだ、パリと南方をつなぐ幹線道路だった広い街道にひとりたたずみながら、私は空想のなかで過去の歴史上の人々を数多く思い浮かべた――カール大帝とその軍勢は北へと進軍する。中世の商人たちは見た目には華やかな商品を携えて行き来する。めいめい杖《つえ》をつき、頭巾をかぶった修道士の一団。ナポレオンはフォンテーヌブローへと急ぎ、バルザックは……バルザックがヌムールに続く道から下ったあたりの城館に滞在したとき、彼はユレー[14]を抜ける小道を歩き、グレーへと続く丘を越えたのだろうか？　私は空想にふけった。静かで涼しい夜中に想像の翼をはばたかせると、ささくれだった神経に生気がよみがえってくる。乗馬がもたらす健全な高揚感で心身が引き締まるようなものだ。こうした省察はすべてを忘れさせてくれた。私は来るべき翌日にそなえて帰宅した。だがそれも長くは続かなかった。晩秋になり、彼らに別れを告げ、荷物をタクシーの後部に括りつけて座席に座ったとき、私はもういちどドアの向こうを一瞥《いちべつ》した。その奥にはディーリアスの世界があり、庭のブナの木の金褐色《きんかつしょく》の上に名残の陽光がちらついていた（まるで《フェニモアとゲルダ》[15]の逢瀬《おうせ》の場面のように）。私は座席に深く沈みこみ、老いさらばえた老人のような心地がした。

11

ディーリアスは新作の合唱作品についてビーチャムの意見が聞きたくてたまらず、私が手稿の総譜を携えて、彼に弾いて聴かせる手筈《てはず》が整えられた。

サー・トマスは魅力的だった。

「美しい！」第一楽章を弾き終えると、彼はこう評した。第二楽章のあとでは「素敵だ！」と言った。作品の末尾の数小節まで来ると、私のかたわらの椅子から興奮して立ち上がり、こう口にした。「ねえ君、これは素敵な音楽だよ。簡潔で率直で、まさしく《去り行くヒバリ》の様式ではないか？　それにしても、君はいかなる秘策を用いて紙に書き留めたんだい？」

「ディーリアスの頭から音楽を引き出すのは並大抵のことではありません」と私は答えた。

「そうだ、そうにちがいない」と彼は言い、顎髭《あごひげ》に手をやった。「君なら閣僚がつとまると思うよ！」

これはビーチャム流の言いまわしであり、私はそのまま聞き流した。

クリスマスは雲で覆われていた。フィリップ・ヘセルタインの悲劇的な死は、彼を愛し、称賛する人すべてにそう感じさせた。ディーリアスはひどく衝撃を受け、その死の悲しい状況に深く心を痛めていた。

「……かわいそうなフィルの恐ろしい悲劇に、私はひどく動揺しています。イェルカも同じです。ほかのことは考えられません」。そう彼は手紙に書いてきた[1]。

寂しく荒れ果てた野原でダイシャクシギの鳴き声を聞いた人は、この才能に満ちた人物の音楽を耳にしたことになる。私が知るもっとも悲しい音楽だ[2]。

それからの数カ月、私はオーケストラのパート譜を校正し、すべての新作について出版社と相談するなど、ロンドンで忙殺されていた。だが私は手紙での連絡は絶やさず、ディーリアス家の看護人たちのふるまいにかんする気がかりな報せに驚き、胸を痛めていた。

この種の人たちは、フランスはおろか、パリでさえまれな存在だった。ドイツ語がすらすら読めないかぎり、フランス人では用をなさなかった。なぜなら声に出して朗読することが少なからず彼らの重要な仕事であり、ディーリアスはフランス語を嫌っていたからだ。イギリス人の看護人は問題外だったらしい。残ったのはドイツ人である。探しに探して、出入国管理当局とのやっかいきわまる交渉の果てに、ようやく新しい候補が見つかっても、どういう思し召しか、とんだ道化者ばかりが派遣されてきた。例外もいたが、ごく少数だった。

この連中とは私も何人も接したが、彼らはいつでも即刻馘首《くび》にできるぞと脅かされており、口やかましいディーリアスが彼らを見ることができないのを、これさいわいと感謝していたものだ。

看護人のなかには、部屋に入る前にしかるべき雰囲気を整えるため、兵隊歩調で台所を四、五回ぐるりと行進する慣わしの者がいた。夜になると私たちの枕もとに自作の演劇脚本を置き、翌朝その感想を求めてきた者もいた。パントマイムの喜劇役者のように転倒してみせる者もあった。

ある晩、このお歴々のひとりがディーリアスをベッドに運び上げるとき、老人は冗談めかして言った。「エリック、ちょっと二階へ行って、私の寝室のドアが開いているか確かめてくれ」。昨晩のこと、こいつは私を上下逆さに持ち上げて運んだのだ。階段では木槌《きづち》さながらに私を振りまわし、私の頭部でドアを押し開けた！」

だから、次のような手紙を受け取っても私は驚かなかった。

グレー＝シュル＝ロワン
一九三一年五月一一日
午前三時三〇分

親愛なるエリック——昼間は時間がなさそうなので、いまあなたに手紙を書いています。眠れないので。新人が来てからというもの、私たちはとてもやっかいなときを過ごしています。彼は異常なほど不安定な人間で、行動も不可解です。それでも、フランスへ連れてくるのにさんざん手間取り難儀したので、どうにか彼とうまくやっていかなければならないと考えたのです。何が起こったと思いますか？　金曜日の昼食がすんだ午後、彼はいなくなり、それから姿を見せません。自室でしっかり昼食を食べ、食器を下げて、それきり見かけないのです！　部屋には身のまわりの品々が残されています。手紙、衣料、乱れたままのベッド、散らかし放題の室内。雨も降っていて、私はフォンテーヌブローでひどい時間を過ごしたところでした。彼はかわいそうなフレッドを嫌っていました。毎週金曜にはたいがい不愉快なことが起こりましたが、その日は格別の出来事はなく、私も彼とはまったく話をしていません。私たちはいたるところを捜索し、グレスピエ氏はヌムールの憲兵隊《ジャンダルムリー》に通報しに行きました。誰も彼が家を出るところを見ていません。ヌムール、ブーロン、フォンテーヌブローの駅でも目撃されていません。私たちは川のことを考えずにいられませんでした。彼はしばしば鬱々《うつうつ》としていたから――他の者には乱暴でした――でも彼は所持金とパスポートは持ち、ブラウスを着替え、オーバーを羽織って出ています。

私たちは哀れなフレッドと一緒に残され、手助けしてくれる人は誰もいなくなりました。女中たちはとても親切で、彼を籐《とう》の椅子に乗せて二階まで運び上げてくれました。私は残りをどうにか片づけ、彼の着替えと食事を受け持ちました。

さいわいにも、私は破局が近いのを予感して、ブルックス夫人に代わりの人《ランプラサン》を探してくれるよう頼むとともに、過去の志願者でよさそうだった人にも手紙を書いたのです。パリのアメリカン・ホスピタルでカナダ人の連絡先も教えてもらいました。その人に来てくれるよう電報を打ったら、昨日の午後から数日間の予定で手伝いに来てくれています。もうひとり、ドイツ人に観光ビザですぐ来てくれるよう頼んでいるところです。そのあと彼を緊急対応《デュルジャンス》で滞在させるつもりです。

こうしたすべてから私がどんなにひどい心労と困難を味わっているか、将来がいかに不確かなことか、あなたにはおわかりでしょう。フレッドも彼の失踪《しっそう》にはいたく衝撃を受け、体調が思わしくありません。天候は昨日までは最悪でしたが、その後にわかに好転し、カナダ人の手助けでフレッドは庭に出て、私と一緒にお茶を飲みました。

男の部屋にはさまざまなパンフレット類、読心術、手相占い、インドのヨガ、医学の本、知力を鍛えて他人に影響を与えて支配するための論文が山と積まれていました。彼は無益にもこれをフレッドに試そうとしていたのでしょう。

哀れなあの男は知性にとぼしく、こうした馬鹿げた理論で頭がおかしくなりかけていたのです。それにしてもどこへ行ったのでしょう？　私はパリのドイツ大使館にも照会しています。

私はいつもあなたのことを思っています。とりわけ、あの小さな栗の木を見に行くときは。いまでは立派な樹に育っています。どうかあなたの近況についても私たちに教えてください。

私たち二人より、心から愛をこめて

イェルカ・ディーリアス

私はとても心配になり、仕事を中断してパリ行きの次の列車に乗ろうかと考えた。電報を打ったが、返事はなかった。そこで少し待つことにしたら、やっと次のような手紙が届いた。

私の親愛なるエリック――懇切《こんせつ》にも電報をお送りいただき、助けに来てくださるというお申し出に、私は心から感謝申し上げます。でもいまは手助けする人がおります。あなたにお手紙をさしあげた翌日、事態は劇的に進展しました。

水曜日にドイツ大使館から推薦された若いドイツ人の医学生から手紙がありました。ここで仕事をしてもいいというので、私はさっそく彼に電話して、水曜の夜に到着することになったのです。

するとと午後四時ごろ、行方不明だった男が戻ってきたのです。恐ろしい風体をして、学校の校長に付き添われて現れました。彼は深く頭を垂れて、内なる声に誘われて荒野に出て、仏陀《ぶつだ》のように苦境を乗り切り、魂を浄化したかったのだと述べました。このように彼の話は脈絡がなく、襲いかかってくるのではないかと誰もが恐れていました（校長はとても警戒し、ポケットに拳銃を忍ばせていました）。でも私はすべて戯言《たわごと》だと思ったので、彼を部屋に連れて行きまし

グレー＝シュル＝ロワン
一九三一年五月一五日

た。彼はそこで「睡眠だ、ああ、睡眠だ！」と言うなりベッドへ沈みこみ、そのまま寝てしまいました。完全に気が狂っているようなので、アンドレを呼んで私たちの寝室には差し錠をしてもらいました。少しすると、彼は体を洗い、白いフランネルを着たテニス好きの洒落者のような服装で、晩餐《ばんさん》のために降りてきました。ちょうどそのとき、新人が到着しました。華奢《きやしや》で小柄な、青白い外見の男性でした。

私は急いで家を飛び出し、もうひとりの男のほうをパリのドイツ大使館まで安全に同行してくれる人を探さなければなりませんでした。とうとう私は「山賊」ことCさんを見つけました。彼は喜んでこの仕事を引き受けてくれました。次にあの男から退去の同意を得て、荷造りさせる必要があったのですが、恐ろしいことに昨晩もまた、彼はふらりと散歩に出たきり、戻ってこないのです。ようやく夕食時に帰ってきたので、私はすぐ彼を部屋に閉じこめました。彼は今朝、「山賊」氏とRさんに付き添われて出ていきました。彼がほんとうに狂っていたのか、そのふりをしていたのか、私たちにはわかりません。でも彼を厄介払《やつかいばら》いできて、ほっと人心地がついたところです。この家にふたたび平穏と調和が戻ってきました。新人の男性は病院で助手を務めたことがあるとか。すべてを理解し、飲みこみがとても早い人です。私たちが必要にせまられたとき、ちょうどドイツ大使館に彼が到着したのは、素晴らしい偶然でした。

私たち二人からの愛をこめて、親愛なる友へ

敬具　イェルカ・ディーリアス

こうして私たちはふたたび自由に呼吸できた。ただし、次の騒動が起こるまでは。

その年の九月一七日、サー・ヘンリー・ウッド[3]がBBCのプロムナード・コンサートで《夏の歌》を初演した。ディーリアスはサー・ヘンリーに手紙を書き、私が彼の前で新作を弾いて聴かせたいとの要望を伝えておいた。私がクィーンズ・ホールの小部屋を訪ねると、彼はパート譜を周囲に広げ、ワイシャツ姿で奮戦していた。それは多くの指揮者が下働きの者にやらせる単調な作業であり、私はその姿を目のあたりにして、かねて聞かされていた評判の完全主義と、疲れ知らずのエネルギーを思い知らされた。翌朝のリハーサルで、私はとても緊張しながらはじめてこの作品を聴いた。なにしろ忘れてはならないのだが、ディーリアスはその楽譜をいちども見たことがないのである。さいわいにも、それはとてもよく響いたと、私は電報でディーリアスに伝えることができた。《夏の歌》はサー・ヘンリーのもとでみごとな演奏に仕上げられ、彼は美しい小品だと思うと語って私を喜ばせた。彼はこの作品がいたく気に入り、そのシーズンの最後にベルファストで指揮する演奏会のプログラムに含めるよう、わざわざ調整したほどである。

この演奏の直後、私はグレーに戻った。そこには体調にあまり変化のないディーリアスと疲れ果てた表情の妻がいた。彼は喜びとともに新作に「聴き入った」と私に語った。

「ねえ君、これはいい作品だ」と彼は言った。「旧作のピアノ協奏曲よりも、この曲をもういちど聴くほうがいいね。あの協奏曲にはもう飽き飽きした。君も知っているだろうが、私はあまり思い出したくない」

このグレー滞在で、《幻想的舞曲》[4]の楽譜が口述により完成し、作曲家はこれを私に献呈してくれた。同時期に書かれたもうひとつの魅力的な小品が《イルメリン》前奏曲である。小管弦楽のためのこの珠玉の抒情詩は、彼の最初期のオペラで、出版も演奏もされなかった歌劇《イルメリン》[5]のうちで、作曲家がとくに好んだいくつかの楽想から生まれたものである。小品ではあるが、この愛すべき音楽を生前のディーリアスがオーケストラで聴けなかったのを、私は残念に思っている。サー・トマス・ビーチャムは近年、コヴェント・ガーデンでディーリアスの三作目の歌劇《コアンガ》を復活上演するにあたり、場面転換の箇所に必要だとして二つの小品を挿入したが、《イルメリン》前奏曲はそのひとつである。オーケストラの団員が新作をはじめて演奏するときの反応を眺めるのはいつもおもしろいものだ。居ならぶ団員の顔を見渡して受ける印象は、たいがいまったくの倦怠《けんたい》と無関心である。サー・トマスがコヴェント・ガーデンでこれをはじめてリハーサルしたとき、そのリディア旋法の数小節に誘われて団員たちが漏《も》らした賛同の微笑と喜ばしい賛辞を、私は忘れないだろう。

両親とクリスマスを過ごすため帰郷する途中、私はロンドンのランガム・ホテルで幸運にもエルガーに会う機会を得た。サー・エドワードは探り出すような様子で、ディーリアスについて、グレーで彼が送る生活について私に尋ねた。そしてフィリップ・ヘセルタインの死を嘆いた。「断言する。私もディーリアスと同じくらい彼の死を悼《いた》んでいるのだよ」

会話のさなか、エルガーが私のポケットをじっと見ているのに気づいた。ふと見ると、彼の交響曲第一番変イ長調のポケット・スコアがはみ出していたのだ。やがて私はそれを取り出すと、こう言った。「ああ、これですか。さっきビーチャムがこの曲をリハーサルするのを聴いていたところなのです」

「君みたいな若者は、この手の作品はあまり好きでないと思っていた」と彼は疑わしげな口調でつぶやきながら、私からじっと目を離さなかった。ついに私はその緩徐楽章の最後のページに彼のサインを頂戴した。

「君は私の《フォルスタッフ》をご存じかな?」と彼はやや温和な口調で尋ねた。私は「知っています。もし申し上げてよければ、いままで書かれた標題音楽の最高傑作だと思います」と答えた。彼は私の言葉など気にも留めず、誇らしげに続けた。「あれは私の最良の作品だと思う。録音したばかりのレコード盤をお聴きになるまで待ってほしい。素晴らしいできだよ!」私がいとまごいをすると、彼は「好きなときにまた会いに来るがいい」と言い、含み笑いしながら、こう付け足した。「ディーリアスに伝えておくれ。私は日に日にフォルスタッフの体格に近づいている、とな!」

その晩、ビーチャムが指揮した《夏の庭で》は絶妙な演奏だった。冒頭の数小節では優美さが保たれ、弦楽が加わった次の小節のオーボエの対旋律のタイミングは完璧だった。この細心の注意を要するオーボエの音形の一六分音符は、実演ではたいがい急いでしまうので、始まったとたんに魔法が解けて、曲の精巧な仕掛け全体に狂いが生じてしまうのだ。そのあとエルガーの交響曲になると、私の心は動かされなかった。第三楽章はあらゆる交響曲のなかでもっとも偉大な緩徐楽章であると感じ、これまで聴いて飽きることはいちどもなかったのに、今回は退屈で感興にとぼしいように思えて、その情緒的な訴えかけに気分が悪くなった。その日の午後、エルガーの前であのようにふるまっておきながら、このような感想をいだくのは偽善者みたいだが、私の神経の状態はまさにそのとおりで、ディーリアスの音楽の世界から一歩外に出ると、奇妙に落ちつかず、不安に感じた。どんな若者でもディーリアスのような人物と長い期間を過ごせようはずがない。私がそうだったように、音楽の価値観を絶えずかき乱されてしまうのだ。あるときは自分にかかわる重要な音楽はディーリアスだけだと感じ、別のときは二度と、一音たりとも聴きたくないと思った。私には自分が病に冒されている自覚はなく、ほどなく神経衰弱で倒れるとは思いもよらなかった。

私が神経衰弱だとディーリアスが知らされたとき、夫人はこう手紙に書いてきた。「愛するフレッドは、私があなたの病気について読み上げると、目に涙をあふれさせていました。彼は心からあなたを愛しているのです」

翌年（一九三三年）の春には私はかなり快復し、三月二二日にクィーンズ・ホールでの「コートールド＝サージェント・コンサート」で初演される《告別の歌》の最終リハーサルに出席できるまでになった。ディーリアスはビーチャム指揮による初演を想定していたが、これは都合により不可能になり、コートールド夫人がグレーを訪問し、目下計画中の来季コンサート・シリーズのプログラムにこの曲を含めるよう作曲家に強く要請したところ、ディーリアスは渋々ながら承諾した。最初の通しリハーサルがおこなわれる王立音楽院までサージェント博士［6］に同行したのは、ひどく心配そうなひとりの若者だった。調律の音が響きわたり、ロンドン交響楽団の背後にフィルハーモニー合唱団がずらりと勢揃いし、客席の学生たちがめいめいスコアを手にしているのを目にすると、私は《夏の歌》の最初のリハーサルのときと同じ心境になったが、あのときと同様、私はあとでディーリアスに新作がうまくいったと電報で伝えることができた。

ひとつだけ気懸かりなことがあった――クライマックスの「ゆこう、おお魂よ！　いますぐ錨《いかり》を上げて！」［7］におけるソプラノのハイCである。これは、他の部分では親密さのために中音域に保たれているが、音楽の進行にしたがって最高音に到達するという例ではなく、静かで瞑想《めいそう》的な楽章において均一に高音が保たれるという作品の例だ。このように長くラプソディックなパッセージで歌手がときどき息継ぎする必要があるということに、ディーリアスが思いいたっていたとは思えない。同様な現象は、《高い丘の歌》のような作品におけるフォルティッシモと指示されたパッセージでも生じている。トロンボーン奏者が息を継ぐのに、ほんの一拍の猶予《ゆうよ》しか与えられていないのだ。ディーリアスの全作品には、このように人間の演奏技術の限界をつい無視してしまう例がいくらでも見出せる。彼と作業中に私は何度も気づいたのだが、とりわけ音楽が活気づいてくると、ディーリアスは音楽を高音へと導く傾向がつねにあった。ときにはクライマックスにいたる前に、頂点を越えてしまうことすらあった！　この欠陥は晩年の彼が片耳に難聴を患《わずら》っていたせいなのか、それとも彼が絶対音感をもたないためなのか、私はしばしば訝《いぶか》しく思ったものだ［8］。

マルコム・サージェントが操舵手《そうだしゅ》となって、《告別の歌》は海での冒険へと漕ぎだした。やがて老いたる船乗りは「はてしない巡航の旅」[9]へと出発する。彼の仕事はまだ終わってはいなかった[10]。

12

私がグレーにおもむくのをディーリアスは「帰郷」と呼んだが、この帰郷はディーリアス家に大きな興奮をかきたてるとともに、私にとってはしばしば心配の種だった。いつも私が出発する直前になると、持参すべき食料品のリストが手紙に同封されてくるのである。私が英仏海峡を渡るのに携えたのは、マフィンとホットケーキ、チーズ類、ヨークシャー・ハムとベーコン、ソーセージ類、ジャム、ウイキョウの実、ご指名ブランドの紅茶などの品々。ある夜などは、ニューヘイヴンからディエップまで大揺れの航海で、船にたちこめる塗りたてのペンキの悪臭を嗅《か》ぎながら、私は牡蠣《かき》を生きたまま運ばなければならなかった！

その年（一九三二年）の八月に私がグレーに着くと、家ではジェイムズ・ガン[1]という陽気な人物が音楽室の上階にスタジオをしつらえ、作曲家の肖像画の制作に取り組んでいた。その絵は翌年の美術アカデミーに出品され、ひときわめだつ位置に展示される予定だという。彼がここに来たのはノーマン・オニールの勧めによるもので、オニールは友人である画家に肖像画を描かせるようディーリアスを説得したのである。ガンの制作には多大な困難がつきまとった。ディーリアスは短時間しか座っていられず、しかもじっとしていられなかった。ガンがイーゼルを固定し、大きなカンヴァスをかかえたまま大またぎで階段を降りてくるやいなや、ディーリアスはもう退出したいと言い出す始末だった！　そのうえに、日光の問題もあり、これは調整不可能だった。画家とモデルはどちらも主導権を取ろうとした。ディーリアスはポーズをとる時間が彼の日常の習慣をさまたげるのをけっして許さなかったため、画家の側が苦労を強いられる場合がほとんどだった。ガンはこの場所にただよう張りつめた雰囲気に意気消沈していたので、私は彼を気の毒に思い、できるだけ彼を手助けした。作曲家の身代わり役として白シャツを着こみ、襟元《えりもと》をゆるめ、いつもディーリアスが膝にゆったり掛けていたチェックの膝掛けの下端から白い靴を少しはみ出させた。

画家ジェイムズ・ガンが描いたエリック・フェンビーの鉛筆画。1932年、グレー＝シュル＝ロワンにて
© ナショナル・ポートレイト・ギャラリー
© National Portrait Gallery

新任の看護人はけっきょくそれほど模範的な男ではなく、すでに辞めようとしていた。とりあえずの代役《ランプラサン》としてパリから遣わされたのは貧相なポーランド人で、ディーリアスの運搬にひどく緊張し、運ばれるディーリアスもそれ以

上に緊張した。そこで哀れな男はディーリアスを危険にさらす前に、私で練習してもよいかと尋ねてきた。息切れして喘《あえ》ぐポーランド人の小男に担がれて急な螺《ら》旋《せん》階段を上へ下へと運ばれ、シャツの折り目ややっかいな膝掛けの確認が終わるまで、長時間じっとしていなくてはならなかったため、すべてが終わると、癇癪《かんしゃく》を起こして、ディーリアス以上にディーリアスらしくなってしまいそうだった。

未完成だった草稿がすべて仕上げられたいま、ディーリアスはまだひとつ、やりたいことがあると述べた。未出版のままの一幕ものの歌劇《赤毛のマルゴー》[2]の楽譜を弾いて聴かせてくれないか？[3] もしかして、そこから何かが生まれるかもしれない。彼がひどい金欠状態にあった一九〇二年、この作品をある作曲コンクール（ソンゾーニョ賞）のために書いたのだが、主要な応募条件にフランス語かイタリア語の劇的な台本を用いることとあり、彼はその手のオペラを忌《い》み嫌っていたのだった。残された時間はわずかしかなかったが、あるフランス人の女性作家が台本を提供してくれたので、彼は「やむなく（faute de mieux）」これを引き受けたのだ。《赤毛のマルゴー》は作曲家が創作力の頂点に立ち、旺盛な活動を華々しく展開しためざましい六年間――《村のロミオとジュリエット》（一九〇〇～〇一）、《アパラチア》（一九〇二）、《海流》（一九〇三）、《人生のミサ》（一九〇四～〇五）――に書かれた事実を思い返すなら、彼が創作力を使いつくしたあげく、物欲しげにこの不運な作品へと後ずさりしたのも、いまとなっては不思議でない気がする。あらためてこの音楽を聴きなおしてみて、ディーリアスの最初の意図は、そこからもとの物語――若いフランス兵をめぐる浅ましい復讐劇。彼はパリの悪名高いカフェで少年時代の恋人と再会するが、彼女は売春婦《フィーユ・ド・ジョワ》として身を売っていた——を破棄することだった。彼は若い友人のロバート・ニコルズ[4]に頼んで新たな物語を書いてもらい、それに沿って楽譜を大きく改訂しようというのである。だが彼はほどなく、楽譜からとくに惹かれる部分だけを抽出し、そこにニコルズが彼のために編んでくれたウォルト・ホイットマンの歌詞をあてはめることにした。《赤毛のマルゴー》の前奏曲はがんらい、かなたの大都会の面影を彷彿《ほうふつ》とさせるが、それが「かつてぼくは雑踏する都会を通って」[5]という回顧的な一行を想起させたところから、作品は少しずつ現在の姿を現していき、ソプラノ、バリトン、管弦楽のための《牧歌》[6]となった。もとのオペラの前奏曲にあたる短いオーケストラの導入部が、バリトンの登場を導き出す。

かつてぼくは雑踏する都会を通って
そのさまざまな光景をぼくの脳裡《のうり》に刻みつけた。
いまぼくの記憶に残っているのは
ぼくへの愛からぼくを引きとめた
ひとりのゆきずりの女だけだ。
日ごと夜ごとぼくたちはいっしょにいて——
ほかのことはみな忘れてしまった。

ふたたびぼくたちはさまよい、愛しあい、別れる
ふたたび彼女はぼくの手をにぎり、ゆかないでと訴える。
日ごと、夜ごといっしょにいてといって。

そして物思いにふけるうち、彼は女性の声を耳にする。
日ごと、夜ごと私たちはいっしょでした。

彼は叫ぶ。

彼女の囁《ささや》きがきこえる。

ふたたび彼女が歌う。

死ぬまでずっとあなたを愛します。
ただあなたに会いたくて待っていたのよ
もういちどあなたに逢えるまでは死ねなかったの。

彼らは「恋人たちの天域」に昇る充足感と厳粛さを熱狂的に歌い上げ、音楽はいよいよ情熱の度合いを強める。

おお広い空間と豊かな大気のある所へ急ごう。
ぼくたちは二羽の鷹。大空高く舞い上がって見おろそう。
自由とぼくらの喜び以外に何がいろう。

しかし《日没の歌》にあるとおり、

酒とバラの日々は、長くは続かない。

別離の恐れが雲のように暗くたちこめる。

美しい眼をじっと見すえながら、その顔は青ざめる。
香りはわが歌。おお永遠不滅の愛よ、
ぼくがどこへゆこうとも

ぼくをして愛をわき立たせる泉にしておくれ。

作品は美しくも胸にせまるパッセージで締めくくられる。

　男：甘きは生けるものの花やいだ頬。
　　甘きはきこえてくる音楽のような声。
　　だが、もっと甘いのは、
　　ものいわぬ眼をもった死者なのだ。
　女：私は舞い上がり、あなたの愛の国にただようのよ、あなた
　二人：すべては終り、すべては永久にすぎ去ってしまったけれど、愛は終らない

ディーリアスがバリトンの最後の一節を口述したとき、私は微笑んだだけで何も言わなかった。数カ月して楽譜が出版されたとき、彼がふと漏らしたひとことにつられて、私はここぞとばかりに指摘した。あのフレーズはひょっとして《日没の歌》から派生したものではないのか、と[7]。すると彼は大いに面くらった。そのことに少しも気づいていなかったのだ。

いとしい君よ、愛は終わらない

このように作曲家はよく似た感情に駆られて、無意識に同じことを繰り返すことがあるのである。

《牧歌》は一九三二年一〇月二日、プロムナード・コンサートでサー・ヘンリー・ウッドの指揮により初演された。独唱者はドーラ・ラベットとロイ・ヘンダーソンだった。

その冬（一九三二〜三三年）の憂鬱な単調さは、ときおり訪れる来訪者――私には少なすぎたが――によって破られた。セシル・グレイとアーノルド・バックス[8]（二人とも寡《か》黙《もく》で内気だったが、話し出すと刺激的だった）、ケネス・スペンス[9]（ディーリアスは一緒にノルウェーを放浪した思い出を懐かしんだ）、そしてデント教授。彼のブゾーニにかんする書物がいよいよ刊行され、私たちは深い興味をいだきながらディーリアスに読んで聞かせた。グレイはとりわけディーリアスの活発な頭脳のはたらきに驚き、スペンスはその驚異的な記憶力に目をみはった。だがデント教授は、前回の訪問から二年間でディーリアスがめっきり老けたのが忘れられないと語った。

もうひとりの来訪者はライオネル・ターティス[10]である。彼はヴァイオリンとピアノのためのソナタ第三番の彼自身によるヴィオラ編曲版を弾きに来た。ターティスも他の人たちと同様、グレーはパリから近距離にあると思いこんでいたが、じっさいにはパリから道なりに三八マイル離れたフォンテーヌブローからさらに六マイル行ったところにある。タクシーの運転手——あの悪党め！——もまた同様の錯覚をいだいたらしい。彼らは村から村へと通り過ぎ、視界の悪い吹雪のなかを難儀しながら走った。哀れなターティスは座席の隅っこで震えながらやきもきし、覗き窓を叩いて不甲斐ない運転手をせきたてた。こうした二時間の苦闘のすえ、彼らはようやくディーリアス家の前にたどり着き、ターティスはヴィオラを両腕でかかえて入ってきたが、じつに惨憺《さんたん》たる光景だった。彼の手は凍えてしまい、これでは弾けやしないと彼はこぼした。それに、あの運転手の奴にしこたま巻き上げられてしまった。それでもしばらくたつと、私たちはどうにか彼の体をあたためることができたので、彼は音楽室に上がり、大芸術家のみがなしうる名演を披露してくれた。ディーリアスがあれほど喜んだ姿はめったに見たことがない。私がもっともだいじにしている宝物のひとつは、この訪問後にターティスからもらった素晴らしい手紙である。彼はリハーサルなしで一緒に弾いた私の演奏を褒《ほ》めてくれた。

それは私が《牧歌》の初演と出版の件で、短期間やむなくグレーを留守にしているあいだの出来事だった。エルガーがディーリアスを訪問したのだ。まだイギリスにいるうちに、サー・エドワードの口から「快活なディーリアスにお目にかかれてうれしかった」と聞かされて、私はいたく興味をそそられた。

ディーリアスは彼らの面会について、私に次のように語った。

「エルガーが来た。とても愉快だった。彼はお茶の時間から七時近くまで滞在した。彼はとても愛想がよく、飾り気がなく、想像していたのとはまったく違っていた。私は彼をよく知らなかったのだ。ロンドンでときたま見かける機会があり、一九一二年のバーミンガム音楽祭で、彼が自分の新作の何か――《ミュージック・メイカーズ》だったと思うが、どのみち私には興味がなかった――を指揮したが、粗雑で月並みだった。同じ音楽祭で《海流》が演奏され、シベリウスが彼の新作、第四交響曲を指揮しに来た――自然にたいする真の感情をもったみごとな音楽だ。私はシベリウスが好きだし、素晴らしい男だよ。ブゾーニの家でよく会っていた。エルガーはシベリウスのレコード・アルバム――交響曲第五番、《タピオラ》《ポヒョラの娘》――を持参してくれた。それなりにみごとな作品だが、彼は音楽を進めるのにいつも同じ手口を使うので、私はいらいらする。彼の大多数の作品は複雑すぎ、考えすぎだ。私にはそうした手法は用がない。かつて私自身もそのような楽譜――「紙上の音楽」――を書いたものだが、私にはそれを燃やす分別があった。私が書いて燃やした音楽の分量を知ったら、君はきっと驚くだろう。その種の音楽を書くのは私の性分にはあわない。イギリス人は流行のあれこれが好きなように、こうした音楽も好むのだ。それがいまではシベリウスで、それに飽きるとマーラーとブルックナーを贔屓《ひいき》にするのだろう。エルガーはヴォルフ歌曲集のアルバムも持参した。蓄音器で一、二曲かけてみたが、私はヴォルフが好きになれない。ヘルベルト・ヤンセンは深い感情をこめて美しく歌い、重々しい声で言葉の神髄をとらえているのだが、それはそれとして、哀れなヴォルフはなんと悲しい陰気な奴だったことか！　アーネスト・ニューマンのような連中がなぜ彼の音楽をあれほど絶賛するのか、私にはまったくわからない！

私たちは音楽について話した。私がエルガーに、君の助力を得て《牧歌》を完成させたところだと言うと、彼は私たちがどうやって仕事をしたのか、とても興味をもち、君のことをいろいろ尋ねた。君に会えなくて残念だと言った。いまは第三交響曲に取りかかって忙しいとも言っていた。

「とはいうものの」とエルガーは付け加えた。「あなたは私の音楽に興味をもたれないでしょう、ディーリアス。あなたは私のような職人であるには、あまりにも詩人すぎるのだから！」

私はあなたの弦楽のための《序奏とアレグロ》には素晴らしい部分があると答え、《フォルスタッフ》にも敬服するが、あなたがあの長々しいオラトリオを書くのに時間と労力を浪費したのはとても残念に思うと伝えた。

「それは」とエルガーは言った。「私のイギリスという環境がもたらす弱点ですな」

「とはいえ、エルガー、あなたの音楽はパリー[11]ほど悪くないよ」と私は答えた。「もしパリーが長生きしていたら、きっと聖書全部に作曲したことだろう！」

私たちは本について語り（彼はたいへんな読書家だとわかった）、共通の友人のこと、わが家の庭で何が育ち、イングランドの彼の庭では何が育たないかも話題にした。彼はクロイドンからパリまではじめて飛行機で旅したのを小中学生のように興奮して語り、もし私がまた訪英するときはぜひ空路を旅するようにと説いた。彼は私の音楽をどれか指揮したいものだ、楽譜を送ってくれないかと言ったので、私は送りますとも、それはこのうえない喜びだと答えた。彼が発つ前に、私たちはシヤンパンをひと壜空けた。彼がこれ以上長くいられないのはとても残念だったが、彼はその晩、若きユーディ・メニューインに会うため、パリに戻らなければならなかったのだ。

「あの少年が私の協奏曲を演奏するときの弾きぶりは驚異的だ」とエルガーは言った。彼がこの若者に惚《ほ》れこんでいるのは、私にもよくわかった。彼は時間のほとんどを私のそばで、私の使用人がいつも用いる粗末な椅子に座って過ごした。イェルカからあとで聞いたのだが、彼は絶えずイェルカに合図を送っていたそうだ——お疲れではないか？——そろそろ失礼したほうがいいか？——とね。もちろん彼女はうち消したのだが。とにかく、私はエルガーがとても気に入った……」

＊　＊　＊

私はいまやグレーでとてもむずかしい立場にいた。すでに音楽は仕上がり、私の使命は達成したのに、ディーリアスは私が彼のもとに残るよう言い張っていたからだ。健常者の家でなら私も仕事ができるので、喜んでそうしたと思うのだが、病人の気まぐれにあわせて人生を曲げられるのは苛立たしいことである。この五年間から得た私の教訓は、若者がみずからの精神を守ろうとするならば、長期にわたって病気と憂鬱の空気のなかで暮らすのは健全ではないということだ。医師たちが私に語ったところでは、ディーリアスが妻に介護されているかぎり、あと一〇年は生きられない理由はないとのことだ。善意からの行動ではあるのだが、ディーリアス夫妻の私への態度は独占欲を強めていき、私が家の外部の人間と交際するのすらひどく嫌がるようになった。幼少期から孤独には慣れていたが、若者といっさいの交友が絶たれたグレーでの悲しい孤立にはもう耐えられなかった。

私の立場をさらに複雑にしたのは、ディーリアス夫人に疲労の色が明らかなことだった。すでにしばらく体調が思わしくなかったところに、酔った自転車乗りと暗闇でぶつかり転倒するという事故が起こった。もし私がとっさに機転を利かせなかったら、通過する自動車に轢《ひ》かれるところだった。このときディーリアスが姪《めい》のペギーに来てもらい、住みこみで夫人の朗読を手伝ってもらうと決めたことで、私はグレーを離れることを決断した。もしも何か深刻な事態が起こったら、すぐに私に連絡するという了解が取り交わされた。

のちに私の両親が次のような手紙を受け取ったことを知らされ、私は大きな達成感に満たされた。

グレー＝シュル＝ロワン
一九三三年七月一二日

親愛なるフェンビーご夫妻――短いご挨拶ながら、エリックをかくも長く私どもに遣わしてくださったことにあらためて御礼申し上げます。彼が私のためになしとげた業績はまったく類を見ないものであり、彼がこの地に留まり、かくもめざましい成果をおさめたのはほとんど奇蹟と申せましょう。

彼が成就した仕事に私どもがどれだけ深く感謝しているか、ご両親様にもお伝えいたしたく存じます。彼はつねに忠実で忍耐強く、それらの美質に素晴らしい音楽の才能が加わって、その仕事をなしとげたのです。もし彼がいなかったらたんなるスケッチにすぎなかったこれら作品のすべてに、いまや生命がもたらされ、出版社の手にゆだねられているのは、じつに輝かしい出来事と申せましょう。

エリックがこれからご自身のお仕事を始められ、偉業を達成されんことを切望します！　私どもは彼を心から懐かしく感じております。

私の妻からも、お二人にくれぐれもよろしくと申しております。

敬具

フレデリック・ディーリアス

ディーリアスとエリック・フェンビー。1932年、グレーの庭にて。ハインリヒ・ジモン撮影（本書78頁参照）

提供：ライオネル・カーリー Lionel Carley

II

私たちはどのように作業したか

ディーリアスが口述によってどのように作曲したのかを示すために、私が現在あるような出版譜を分析しているとは考えないでほしい。仕事のやり方の一端をお伝えするには、実例として選んだ作品の譜面を、言うならばまずは忘れて、ディーリアスが私に口述したとおりに、再度それらを組み立ててみるのが唯一の方法なのだ。だから私はまず創作者、ついで筆記者になった自分を、どちらも想像しなければならない。創作者は何を書き留めてほしいかを知っており、筆記者は次に何が来るのかをほとんど、あるいはまったく知らない。口述のたびにディーリアスが用いた言葉を、そっくりそのまま思い出すのは明らかに不可能だが、私が一部始終を想起するにあたり、じっさいの作曲時に細部をまとめあげる手順とやり方、およびその細部について彼が手短に述べた絵画的な説明の正確さを裏づけるために、私の記憶力はじゅうぶんな役目を果たしてくれた。

口述のやり方はさまざまで、作品によってそうとうに異なった。それはディーリアスが私を呼んで書き留めさせる前に、彼が言おうとする音楽的内容をどのていど、頭のなかで整理し、吟味しているかに左右された。ときにはピアノで彼に弾いて聴かせるまで、その粗案は自分が望むもののごく大まかな思いつき以上のものではなかった。最終的な判定はいつも、ピアノに移したときに聞こえてくる彼の音楽的な意図だった。これから私が述べるただ一度の出来事を例外として、ディーリアスはいつも音楽室で仕事をした。私は鍵盤の前に座り、口述のたびにピアノで弾いてみせ、修正や改訂がないか確認してから楽譜に書き留めた。これを数日にわたり何度も繰り返したが、それはまだよりよい段階へのたんなる踏み石にすぎなかった。ディーリアスがいちどに思いつき、留めておけるのは、せいぜい二、三小節だった。彼が一気にいちばん長く口述したのは、管弦楽曲《夏の歌》の新たな開始部だった。前述したように、お蔵入りになった草稿の《人生と愛の詩》からよい素材が抜き出され、《夏の歌》に組みこまれたのである。ディーリアスはその開始部にまだ満足していなかった。彼はニワトコの樹の下で車椅子に座り、私がまったく新しい開始部を書き留めるのを待ちかまえていた。彼はそれを夜中に思いついたのだという。

それはこのようにして起こった。

「エリック、君かい?」私が庭の小道をやってくるのを聞きつけて、彼はそう呼びかけた。「新作の新たな開始部を書き留めてほしい。君の五線譜を持ってきて、私の隣に座っておくれ……」

「想像してほしいのだが、私たちは崖《がけ》の上のヒースの茂みに座り、海を見渡しているところだ。高音の弦楽器の持続和音は澄みきった空、その場の静寂と平穏を暗示する。四分の七拍子（四拍と三拍)、分割した弦楽器、ニ長調の主和音——A[1]、D、F♯はオクターヴで重ねて、最低音はヴィオラのA線。ヴァイオリンのパートは組継ぎにして(F♯とD)、(AとF♯)、総譜に「レント・モルト」と書き、声部ごとに「ピアニッシモ」。この和音を二小節延ばす」

譜例1は私が書き留めたもので、それに続く譜例は小節ごとに書き留めた総譜の進展具合を示す。

「音楽がしだいに活気づくあたりでのヴァイオリンの音形を覚えているかい」。彼はそれを歌った。

「ここにそれを採り入れて、波の穏やかな浮き沈みを暗示したい。一小節目の五拍目、チェロとコ

譜例1

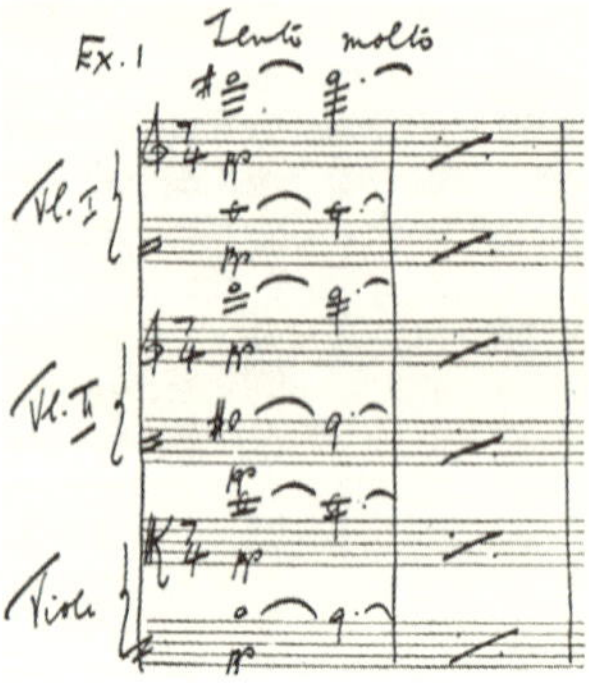

譜例2

ントラバスはオクターヴで四分音符」。彼は歌い、音名を読み上げた。「G♯、A、D、C（延ばして、全音符で）、それを繰り返して」。私がそれを書き留めていると、彼は続けた。「四分音符にはスラーをかけて。ひと弓で、音が上下するたびに、クレッシェンド、デクレッシェンドと記して」（**譜例2**）

「次はチェロに行こう。やはり四分音符で、低いF♯からタタター。延ばして」。彼は歌う。「最後の音は七拍分だ」（**譜例3**）

譜例3

「低弦はどうなったかね？」

「F♯、B、C♯、F♯、七拍ぶんです」。私は歌ってみせた。

「いいぞ。弦の上声部は、どこまで行ったかな？」

「三小節目の頭です」

「ふたたび同じ和音、新しい弓で。第一ヴァイオリンは最後の四分音符でEに下げて、それからAに上げて（五拍ぶん）」。彼は歌った。「タータタタ。第二ヴァイオリンのF♯はずっと保持して」（**譜例4**）

「そして五拍目［三小節目］[2]で、和音を変えて。［第一ヴァイオリンの］AをBに、［第二ヴァイオリンおよびヴィオラの」Dを5度（F♯、C♯）に、それから次の小節［四小節目］でニ長調の同じ和音配置に戻り、その小節ではそのまま保つ。和音が変わったところのヴィオラのF♯は、第二ヴァイオリンのオクターヴで強めて。その小節を通じて全声部を膨《ふく》らませて、次の小節で弱めて」（**譜例5**）

「次の新しい小節［五小節目］では全音符の和音。ヴィオラはC、A。第二ヴァイオリンはF♯のオクターヴ。第一ヴァイオリンはA、F♯。それから、第一ヴァイオリンの上半分以外、すべての声部を全音下げて、それを付点二分音符で延ばす。どう書いたか教えてくれ」

「ヴィオラはB♭、G。第二ヴァイオリンはEのオクターヴ。そして第一ヴァイオリンの下半分は

譜例4

譜例5

G」
「いいぞ」（**譜例6**）
「それでは、第一ヴァイオリンの上半分にCのオクターヴを追加して、ディヴィジ（分奏）と記してくれ。次の和音［六小節目］はヴィオラがF♯、E♭。第二ヴァイオリンがCのオクターヴ。第一ヴァイオリンの下半分はE♭。そしてディヴィジと書いた［第一ヴァイオリンの］オクターヴをB♭に下げて。これを七拍ぶん延ばして」（**譜例7**）
「さて、第一ヴァイオリンの半音階的なパッセージ［四小節目］のあと」。彼は歌った。「タータタター。独奏フルートが、てっぺんのDからAまで全音で一六分音符を駆け上がる。Aは三拍ぶん、そして降りてくる。ティアー、ティアー」。彼はそのフレーズを歌う。「それを小節の終わりまで延

譜例6

譜例7

譜例 8

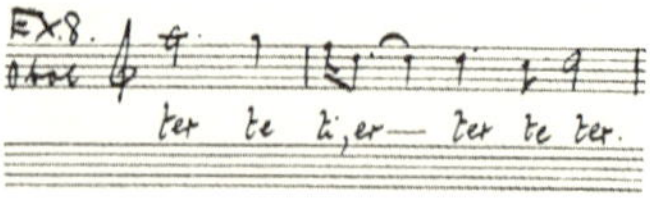

譜例 9

ばす。この「ティアー」の音形は、あとで独奏オーボエに出るパッセージと同じ音価になる」。彼は歌った（**譜例8**）。

「フルートのこの「ティアー」はG♮ですか、ディーリアス？」

「そうだ」（**譜例9**）

「このフルートの音形は、カモメが滑空するさまを暗示している。では最後の小節［六小節目］の四拍目に、ホルンの応答を入れて」。彼は歌う。「そして弦楽は、次の小節［七小節目］の頭の全音符の和音からも［五、六小節目と］同じ進行で。ヴィオラはG、E。第二ヴァイオリンはC♯のオクターヴ。第一ヴァイオリンの下半分はE♮。ディヴィジの上半分はAのオクターヴ」（**譜例10**）

「最後の和音［八小節目］はどうなったかね？」

「ヴィオラはD♭、B♭。第二ヴァイオリンはGのオクターヴ。第一ヴァイオリンの下半分はB♭、上半分はオクターヴのF」

「いや、それは駄目だ！　次の小節

［九小節目］の和音をまず書いてくれ。チェロはディヴィジでC♭、F。ヴィオラはA。第二ヴァイオリンはE♭、第一ヴァイオリンはA」（**譜例11**）
「さきほどの別の和音［八小節目］の配置も変えてくれ。第二チェロはD♭。ヴィオラはGとB♭。第二ヴァイオリンはFとG。第一ヴァイオリンはB♭とF」（**譜例12**）
「その小節の最後の拍で、Fの音［第一ヴァイオリンの上半分と第二ヴァイオリンの下半分］はEに下げて。では次の小

譜例10

譜例11

譜例12

節［九小節目］だ。さきほど君に伝えた和音だが、五拍目でチェロのC♭をB♭に下げて付点二分音符。そして、その他の声部は次の拍で動く――いや、違う。第二ヴァイオリンのE♭が五拍目でD（四分音符）に下がり、二分音符のC♯へと続く」

私はここで、彼がチェロのB♭の上に7から6への和声進行[3]を望んでいると察知した。さらに次の小節［一〇小節目］の一拍目の和音がヘ長調の主和音に関係しそうだったので、彼に助け舟を出してみた。

「第一ヴァイオリンはAから二分音符のGへ、ヴィオラはAからB♭へ、チェロはFからEへ」

「そのとおりだ。それから「強い和音」を小節［一〇小節目］の最後まで延ばす。チェロはAとD、ヴィオラは5度（FとC）をノン・ディヴィジ（分奏なし）で。第二ヴァイオリンはCとF、第一ヴァイオリンは冒頭に出たのと同じ音形で――タータタタ――七拍ぶん延ばして」（歌ってみせる）

（譜例13）

「では前に戻って［七小節目］、フルートの対旋律をオーボエに与えてくれ。そしてホルンの応答のあと、次の小節［九小節目］が始まる。どんなふうにあてはまるか、すぐわかるだろう。最初の音はA（第二間の）だ。そしてホルンの応答を繰り返す（最初の音はB♭）」**（譜例14）**

「書き取ったか？」

「はい」

「それでは、さきほどの第一ヴァイオリンの長い音に進もう［一一小節目］。同じ和音だがチェロ

譜例13

譜例14

はC。ヴィオラはF（第一線）。第二ヴァイオリンはAとD。コントラバスはC以降をチェロのオクターヴ下で。あの波のような音形がここでふたたび出る」。彼は歌う。「そして弦楽の上声部はB♭、F、Aに変えて［一二小節目］。ヴィオラが第四間のF。第二ヴァイオリンは下第二間のB♭。この小節は「ピアノ」と指示し、「ピアニッシモ」でもういちど繰り返す［一三小節目］。チェロとコントラバスはDを小節の最後まで保つ」（**譜例15**）

「さあ、二分の三拍子まであと二小節だ。ヴィオラはDとF♯。第二ヴァイオリンはB♮。チェロは五線譜の下のDと第一間のA。コントラバスは4度で、わかるだろう！　第一ホルンは二分音符を三つ、そして四分音符を一つ」。そのフレーズを歌う。「そして次の小節［一五小節目］で、それを繰り返す。その小節では、ヴィオラが弾いている音［DとF#］と同じ音高でファゴットだけが入る」（**譜例16**）

「ファゴットは最後の拍で、3度で半音下げる。チェロとコントラバスには、さきほどの「強い和音」の直前の小節［九小節目］と同じリズムを与えよう」。彼は歌う。「ターター。ターター。チェロとコントラバスのAのオクターヴは、最後の小節

譜例15

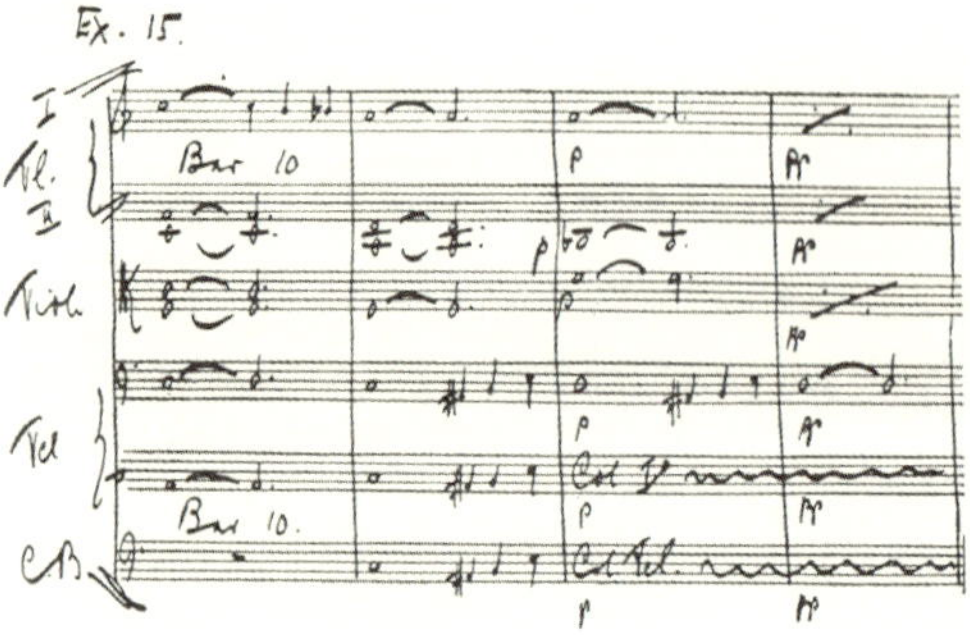

譜例16

［一五小節目］の頭でG♯に下げ、さらに半音ずつ下げて、二分の三拍子の部分の一拍目でF♯になるように、同じリズムで」（**譜例17**）

「最初の小節［一四小節目］のヴィオラのF♯を五拍目でF♮に変えてくれたら、ここを改善できるだろう。F♯からF♮は第二ホルンにも与えて、カモメの音形をふたたびフルートに。でも今回は少し変化させよう。羽ばたきをD（第四線）から始めて最初の「ティアー」（G♯）、そして二度目は上昇する形で」（歌う）

「つまりDとF♯のことですか？」

譜例17

「そうだ。この羽ばたきを最後の小節［一五小節目］でファゴットが繰り返す。B（ホルン独奏と同じ音）から始めて、「ティアー」はE♯からC♯へと下行する」（**譜例18**）

このように作曲家の前で通して弾いて聴かせ、あれこれ細部に改善が加えられたすえに、ようやく完成したパッセージに到達し、最終的に印刷へとまわされることになる。

ここまでの解説を読んで、口述による作曲がゆったり穏やかに進行したという印象をい

譜例18

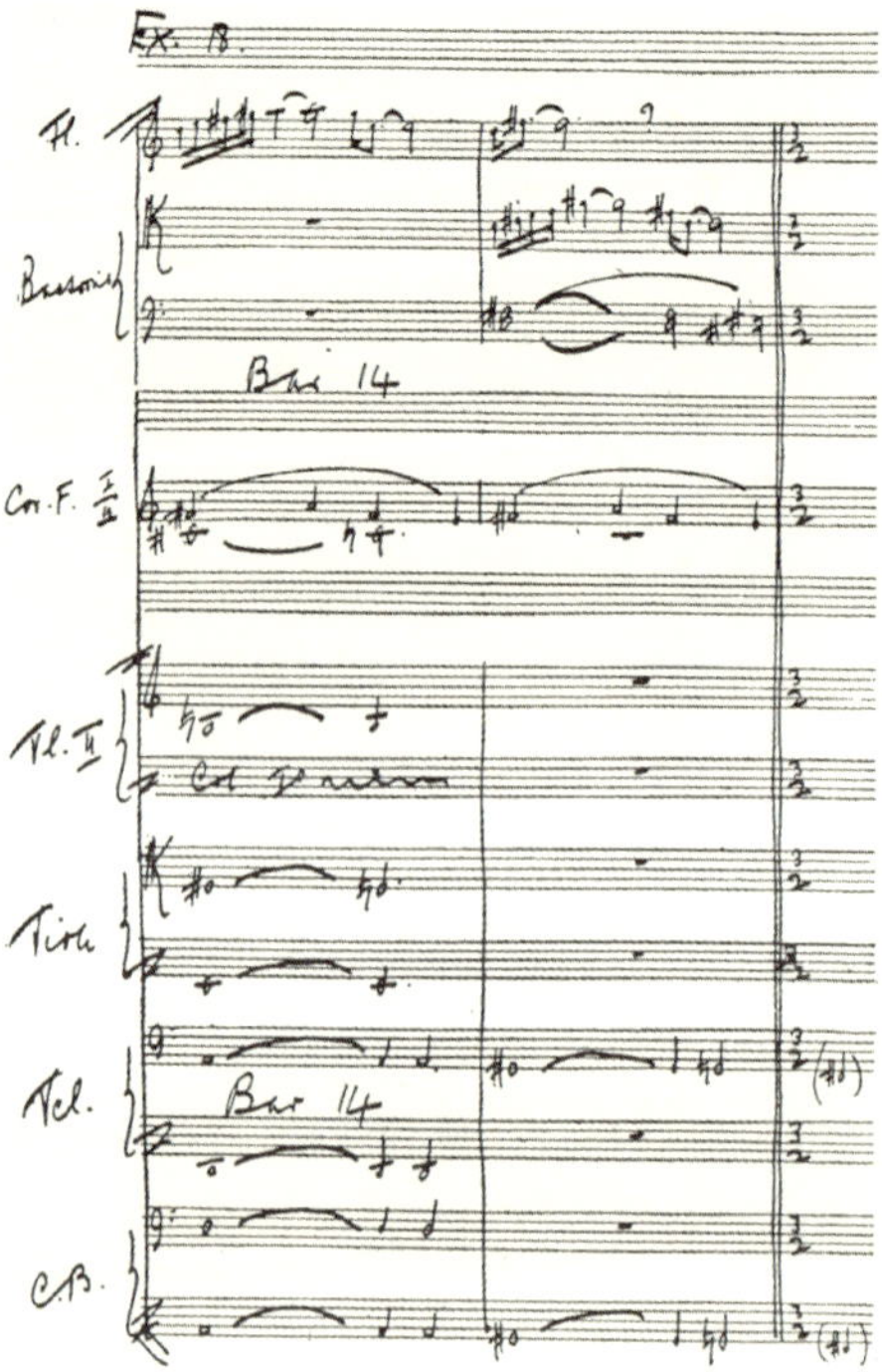

だいてはならない。それどころか、作曲家の口述筆記はすさまじい勢いでなされ——例外が一、二あったものの——、《告別の歌》の最後の数小節など、こみあげる感情はまさに狂気の沙汰で、大きな身体的動作をともなった。彼はじっとしていられずに、肘掛椅子でのたうちまわり、両手を激しく揺り動かすさまは、穏やかな平常時にはおよそ考えられないほどで、ぐっしょり汗だくになったあげく、ついには続行できなくなった。彼は疲労困憊し、その場から運び出された。この《夏の歌》の冒頭は、すべての作業のうちもっともたやすかったものだ。

次にもっと面倒な例を取り上げよう——《告別の歌》の第二楽章がそれである。その管弦楽の導入部（**譜例20**［4］）は、簡略譜のかたちですでに存在していた。最後の二小節にあるホルンの主題は、この短い楽章の展開部で際立った役割を果たすものだが、これは「旧作からのひき写し」である[5]。

詩句を暗記していたディーリアスは、次のように仕事に取りかかった。

「まず君に歌詞を読みあげてほしい。それから最初のところを弾いておくれ」

私は読みはじめた。

I stand as on some mighty eagle's beak,
Eastward the sea, absorbing, viewing (nothing but sea and sky)
　The tossing waves, the foam, the ships in the distance,
　The wild unrest, the snowy, curling caps — that inbound urge and urge of waves,
　Seeking the shores for ever.

何か大きな鷲《わし》のくちばしの上にいるかのようにたたずんで、
東のほうにある海に心を奪われながら、じっくり見る（あるのは海と空のみ）
　激しく揺れ動く波、泡、遠くに見える船
　荒々しい激動、雪のように白い巻き毛のような波がしら――際限なく打ち寄せてくる波、
　永遠に岸辺を求めて寄せてくる波。[6]

譜例20

そして私は冒頭を弾きだした。最後の小節のところで彼は声をかけた。「ではここに続けて――「何か大きな鷲のくちばしの上にいるかのようにたたずんで（I stand as on some mighty eagle's beak）」はハ長調の主和音」。ここで私は頭に浮かんだ和音の配置を弾いてみたが、彼は私の誤りを正した――「いや、最高音はEだ、Cじゃない！――これを延ばして――「東のほうにある海に（Eastward the sea）」――〝sea〟で和音を変えよう。バスはB♭で、最高音はGまで届く。それを延ばして――「海に心を奪われながら、じっくり見る、あるのは（sea, absorbing, viewing nothing）」――〝nothing〟で和音を変えて――イ長調で、「あるのは海と空のみ（nothing but sea and sky）」」。

この部分を弾いたのち、私は書き留めた。

彼はさらに続けた。

「ここで海の「うねり」を暗示するために、ひとつずつ半音を行ったり来たりする――C♯、C♮、C♯、C♮」（彼は歌って音名を呼んだ）。「「激しく揺れ動く波（The tossing waves）」――バスはAをオクターヴで、右手はロ短調。ただし、C♯はそのままで。ここで上昇して――ターターターターター」――

彼は興奮しながらB、A、C、Bと歌った――「そうだ、バスはF――「泡（the foam）」――さらに上昇！」――彼は音名を歌い、私はそこから自分が感じる和音を探っていく。

口述筆記で楽譜に書きこんでいないときも、私は鍵盤に向かって感覚を研《と》ぎ澄まし、彼が音名で呼んだ音をただちに弾いてみせながら、私の音楽的直感と彼の言葉の指示が許す範囲で、可能なかぎり次にくる和音を予測した。

作業の場面に戻ろう。

「そうだ、そうだ、そのとおり！」と彼は続けた。「では左手は半音ずつ上がっていき、「トロンボーン」と書いてくれ。「遠くに見える船（the ships in the distance）」――和音全体が上昇していき――そうだ――次の言葉はなんだ？」

「「荒々しい激動（The wild unrest）」です！」

「金管楽器に強い和音を。バスの最後の音はなんだったか？」

「Bです」

「ハ長調の主和音に上げて――「荒々しい激動（The wild unrest）」の〝unrest〟で和音を変え、あの「うねり」の動きをふたたび、EからE♭へ。バスはA。ホルンの和音に「スフォルツァンド」と書いて。「雪のように白い巻き毛のような波がしら（the snowy, curling caps）」――四分の六拍子の揺れる動きで――ここでC―E♭―G―B［の和音］。内声はそのままで、上声部《トレブル》はCに上がり、バスはAに下がって、それをもういちど繰り返す。また同じことを半音下げ、和音も変えて」

　この時点で、私は不器用にいじくりまわした挙げ句、彼が言うところを正確に理解していなかった。しばらくして、正しい進行に気づいて、慌てて書きなおさねばならなかった。彼はすでに先へ進んでいたからだ。――「際限なく打ち寄せてくる波（that inbound urge and urge of waves）」――バスをF♯に下げて、ロ長調の主和音――いや、F♯に上げてだ、そうだ。F♯を延ばして――バスはA、短調の和音――〝and urge〟――この二つ目の〝urge〟で和音を保ちながら、バスをEに下げる――「打ち寄せてくる波（urge of waves）」――この「波（waves）」で［上声部を］Eに下げて、［内声の］AはG♯に――そうだ――でもC♯でなくC♮を弾いてくれ――「永遠に岸辺を求めて寄せてくる波（seeking the shores for ever）」の〝seeking〟でハ長調に戻り、〝shores〟でGに上がる」。彼はそのあとソプラノのフレーズ〝shores for ever〟を歌い、ここで中断した。

「では最初から全体を通して弾いてみて、その箇所に来たら、歌詞を朗唱してくれ」

　譜例21で、私が弾いたものを察していただきたい（**譜例21**）。

　私が〝shores for ever〟のところに来ると、彼は声を上げた。「では冒頭と同じように、チェロが第一線下のCから上がってきて」――そのフレーズを歌って――「そして第二ヴァイオリンと6度で半音ずつ下がって。バスは四分音符で進み、ソプラノの〝shores〟は二分音符で」（**譜例22**）。

「ここで、最後のフレーズ［〝ever〟の箇所］を弦楽器の四分音符でもういちど繰り返す。内声はそのまま半音ずつ進みつづけて――いやいや、バスは全音下がって。そして冒頭のチェロの主題に入っていく」。彼はここでそれぞれの声部を歌い、その間に私はこの進行をピアノで再現しようと努めた（**譜例23**）。
その日はここまでで精一杯だった。

譜例21

譜例22

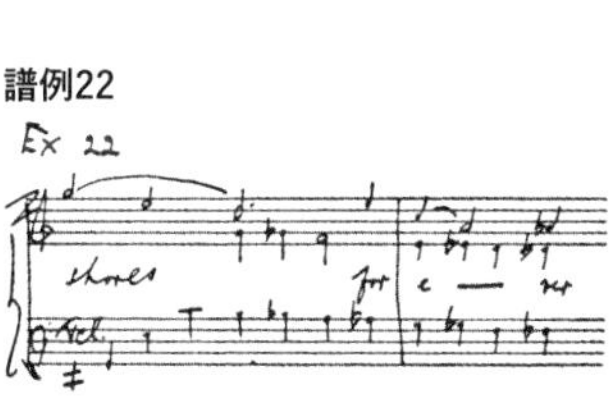

譜例23

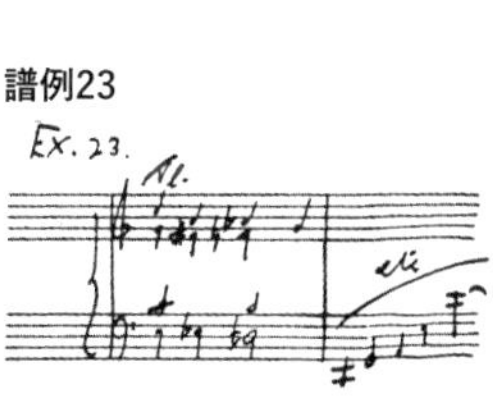

Fl.
etc

Vcl
Cl.

譜例24

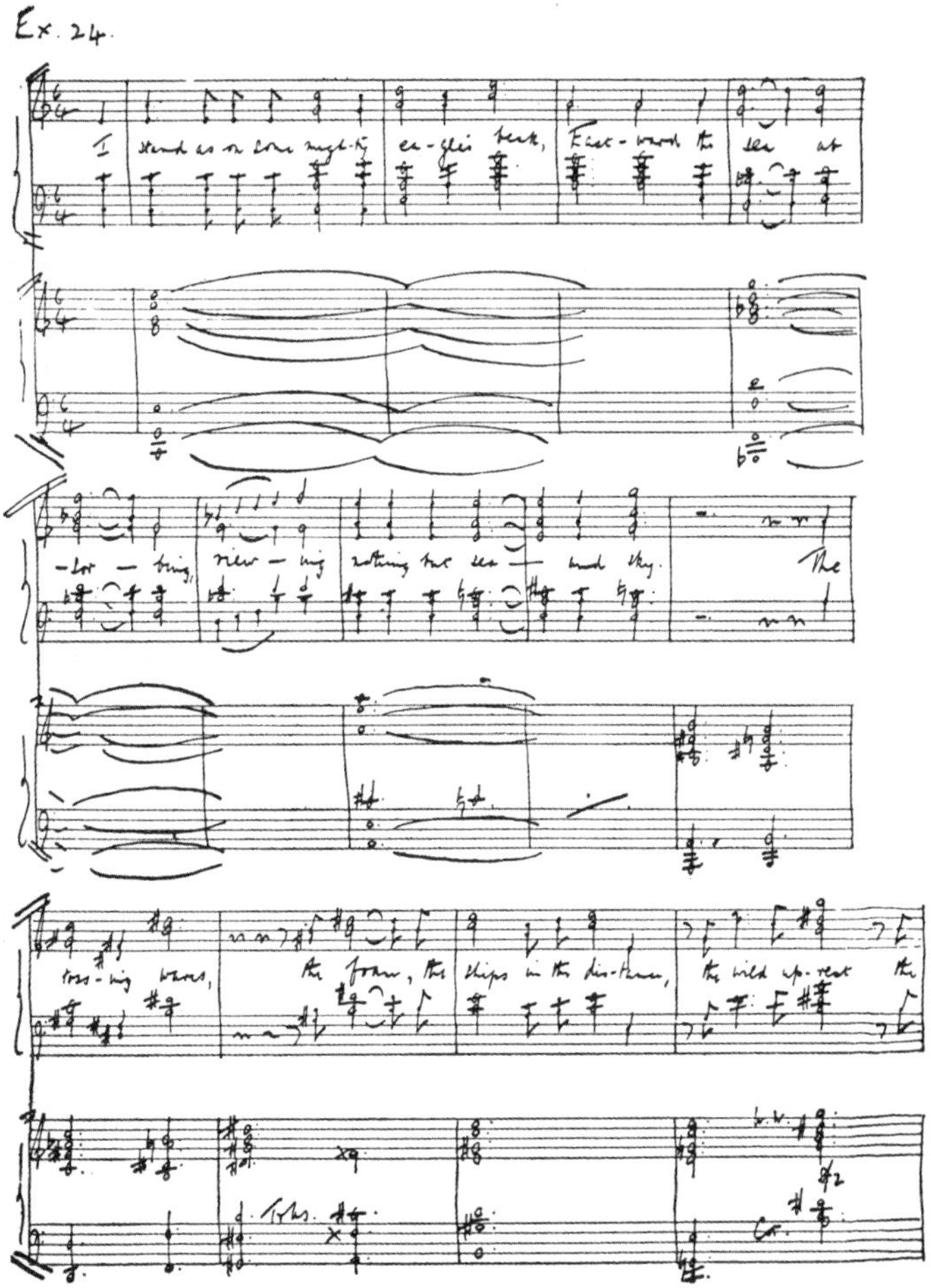
Ex. 24.
I stand as on some migh-ty ea-gle's beak, East-ward the sea ab
-sor-bing, view-ing nothing but sea and sky.
The
toss-ing waves, the foam, the ships in the dis-tance, the wild un-rest the
Trbs.
Cor.

譜例25

これに続く二回のセッションでは、彼は**譜例21**にある大まかな音の集合体から、合唱のパートを具体化し、和声の進行をさらに明確にして、最終部分のスケッチを書いた（**譜例24**）。

私はホルンの主題（導入部の一〇、一一小節目）[7]を彼がどのように扱うのか気になっていたので、彼がその主題を「楽章全体に行き渡らせたい」、まず木管、次いで弦楽で、と言ったときも驚かなかった。フルートの小さな挿入句は、「波がしらの白い色合いを暗示している」（四分の六拍子の二、三、四小節目）。**譜例25**で、それらがはっきりとわかるだろう。

「空（sky）」のところで、彼はあの「うねり」の動きを一小節挿入し（C♯からC♮へ）、その小節のあと、弦楽がホルンの主題を引き継ぐのだと言った。ただし、その前に「じっくり見る（viewing）」から、弦楽はオクターヴで徐々に上昇し、「空」のところで高音のC♯に達しなければならない。これを口述しながら、彼は「激しく揺れ動く波（the tossing waves）」のところでバスを解放し、「泡（foam）」にトランペットのスフォルツァンドを追加したが、それは「色彩に明るい輝きを少し与える」ためだった。「ホルン主題」は**譜例26**のように、ここから弦楽の上声部で発展していく。

これらの大まかな簡略譜のスケッチは用済みとなり、私たちは総譜に着手した。

以上の説明――すなわち《夏の歌》冒頭と《告別の歌》の第二楽章は、音が鍵盤で実現される前に、ディーリアスが私に書き留めさせたい音楽を、前もってかなり正確に知っていた実例として、私がはっきり記憶するものである。彼があらかじめ熟考することなく、いきなり作曲しようと心が動いたとき、何が起こったかについては、私が試みようとしたことが理解可能だとしても、ここに記述したようには容易に説明できるものではない。

以上が、間歇《かんけつ》的に創作力が湧き上がった晩年において、ディーリアスが作曲に取り組んだやり方だった。

このように彼を補佐できたことは、私にとっても名誉なことだった。

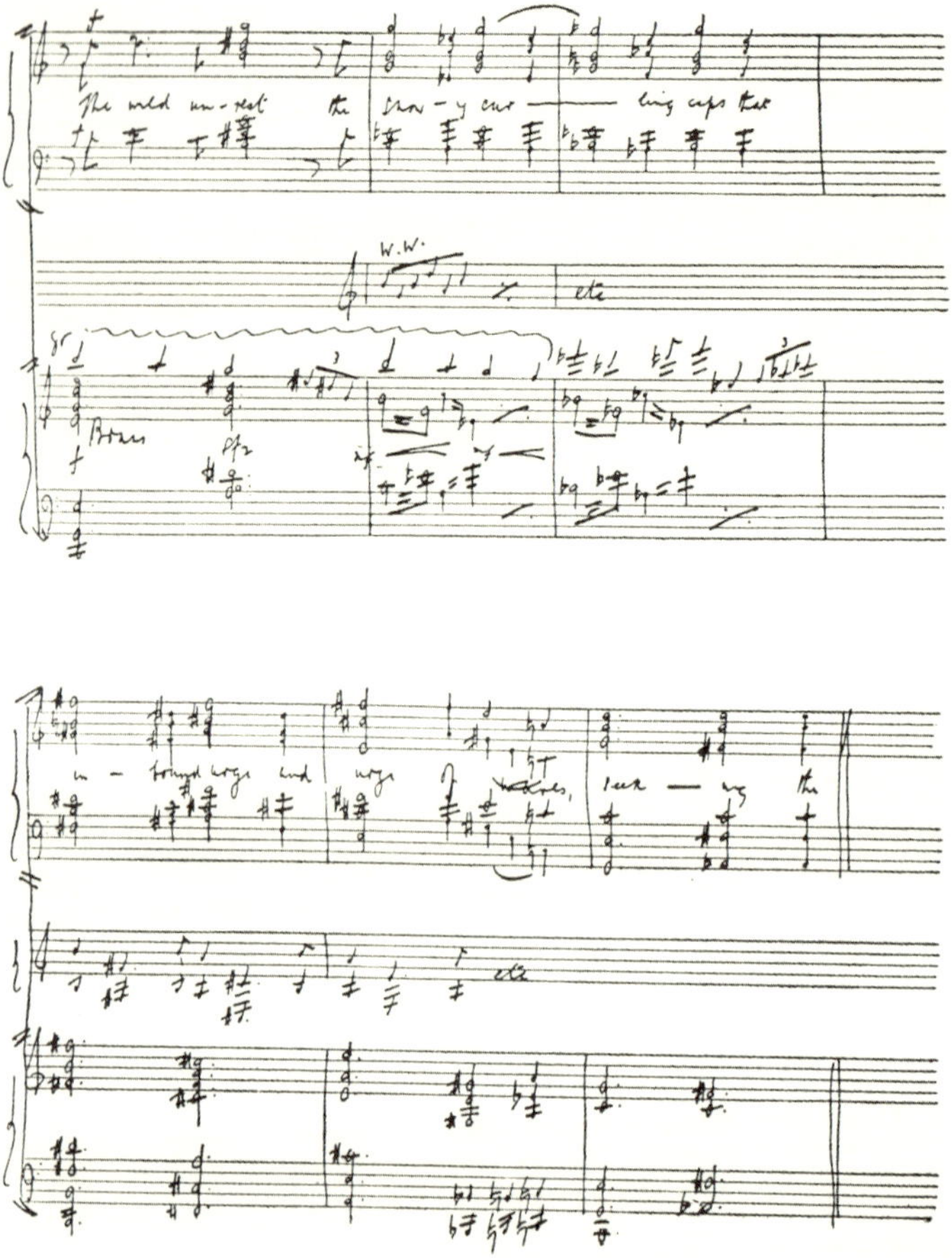
W.W.
etc
Brass
etc

譜例26

Ex 26
nothing but sea — and sky
cresc
the tossing waves
the foam, the ships in the distance
cresc.

III

私が知ったディーリアスの人となり、作曲家としてのいくつかの側面

それが誰であれ、私たちはその人物について何を知ることができようか？　すべてが語られ、すべてが果たされて、まるで開かれた本のように読み取れたはずの人物について、私たちはいかに少ししか理解していないことか。目につく特徴や、些細な発言、ふとした仕草などを綴《つづ》りあわせ、私たちはこれらを手がかりに、自分なりの基準にのっとって、良かれ悪しかれ、あれこれの結論を空しく導き出す。他者との日々の交わりのなかで、人生を構成するおびただしい要素を正しく探りあてる無数のやり方に呼応して、はかり知れない複雑さこそが単純な本質なのだという真理を、私たちはめったに自覚することがない。ときに思い出したとしても、私たちはそれを忘れてしまいがちだし、忘れたがってもいる。

芸術作品の背後に潜む作者について知ることなど不要だと説く人たちがいる。おそらく正しいだろう。親密な交際が功を奏する例は、ごくわずかだからだ。その一方で、芸術作品に接すれば接するほど、それを創った人物に興味がわき、作者の精神のありようや、作品が生み出された状況や環境について知りたくなる。真の価値観が保たれているかぎり、それは自然なことだし、健全な好奇心だろうと私は考える。だがそれは、この神なき時代にあっては、けっしてたやすくない。むしろ、ほぼ不可能だろう。超然とした立場に身を置き、俗世間と自在に交わりつつも想像力の純潔を守りぬくには、絶え間のない、ほとんど超人的な努力が必要だ。

人間はひとりきりでは何も創りだせない。創造の原動力はこの世のものではないのだ。この浮世は「私たちには手いっぱいだ」[1]。そして、この世に存在しないものを霊的に洞察できる者はごく少数だから、私たちの価値観はいともたやすく歪《ゆが》んでしまう。ふたたび言おう。いまでは形となって享受される作品に、生命を吹きこみ、こしらえあげた超人の姿を思い浮かべずに、その芸術作品が味わえる者は、なんと少ないことか。世の人々をして、創造者へのしかるべき称賛と感謝の念を捧げさせよ。凡百の仲間から抜きんでて彼がはぐくんだ能力に、内なる神秘的な原動力を美しい結実へと昇華させた彼の勤勉に、敬意をいだかせよう。だが、彼を神のごとく崇《あが》めさせてはならない。というのも、創造者たちもまた、けっきょくのところ、私たちと同じく人間的な欠点をかかえた、ただの人間にすぎないからだ。いまの時代にはびこる誤った態度に思いをめぐらせ、こうした誤解を糾《ただ》す必要があると考えるのは嘆かわしい。だが、それこそが現実であり、想像される以上にしばしば起こっていることだ。ディーリアスにかんして、多くの人々が口にする馬鹿げた発言を耳にするにつけ、それは私にとって痛々しいまでに明白になった。彼の人となりについて語り出すや、人々はあらゆる分別を失ってしまうのである。

音楽家ディーリアスは人間ディーリアスよりも偉大だった。私たちにとって彼はいまもその音楽のなかで生きているのであり、その人間としての破格の個性によってではない。彼の音楽をその人物とは別ものとして聴くべきだったかどうか、私にはよくわからない。

私が知ったディーリアスの並はずれた人となりは、生まれながらに備わった特質ではなかった（ビーチャムのような人間の場合、持ち前のすぐれた頭脳で、何をやっても成功したことだろう）。むしろそれは、彼の不信心と、芸術を完璧に仕上げるため彼が必要と感じた隠遁《いんとん》生活の成果だった。その知的孤立、非人間的なまでの無関心、周囲を傷つけるかいなかに無頓着な、徹底した真実の追求、「一般大衆」への全《まった》き軽蔑、そしてすべてを覆いつくす自己充足。さらに付け加えれば、傲岸不遜《ごうがんふそん》な利己主義、恐るべき身勝手、あっぱれなまでの気前の良さ（とくに旧友が苦境に陥ったとき）、金銭と名誉へのいずれ劣らぬ無関心、身体能力をほぼ失ったことにたいする高貴な克服。

つまり彼は（もしそうした存在があるとして）真の芸術家だった。何人もそれを否定できまい。何もかもが、すべての人々が彼の生涯の重大事業――すなわち、彼の音楽に従属していた。肝心なのはそれだけだった。あとはどうでもよかった。

彼が首尾よくイェルカ・ローゼンと出会い、結婚したことは、彼にとって、そして私たちにとって幸運だった。さもなくば、私たちは音楽家ディーリアスについて聞きおよぶことはなかっただろう。彼はみずからの人生を秩序づけるような人間ではなかった。それこそ彼女が果たした役割だが、けっして容易な仕事ではなかった。

彼らの最初の出会いはあまり前途洋々たるものではなかった。彼女は彼が作曲家だと知っており、グリーグの歌曲が好きだと彼の口から聞かされていた。彼女は彼に歌を披露しようと申し出た。いざ歌い出すと、彼はたじろいだが、歌が終わると慇懃《いんぎん》にふるまった。その後の人生を決定づけた、二人のあいだに共通の関心があるという発見――ニーチェ哲学へのおたがいに高めあった熱狂――は、他のなにごとにも増して両者を惹きよせた。

彼の円熟期の音楽がそう思わせるように、ディーリアスがいつも田舎の夢想家だったと想像してはならない。彼には世界各地の大都会で過ごした放埒《ほうらつ》で無鉄砲な青春時代があり、地球を半周以上する長旅や、かずかずの色恋沙汰があった。生涯の大恋愛もあったが、何も成就せずに終わった。ライプツィヒでの修学を終えた彼には、自分の国に定住する気はさらさらなかった。それどころか、彼は当時のパリと、そこに暮らす陽気で人目を惹くスカンディナヴィアの学生たちが大好きだった。彼らはディーリアスの歓びに不可欠な存在となっていた。男たちは彼が気に入った。女たちは彼に憧れた。だが、彼は市場の喧騒《けんそう》から離れる必要があるとしばしば感じていた。みずからのなかに沸き起こる創造への気高い衝動――それこそが生きるに値するもので、他の人々から彼を際立たせていた――を、いかなる犠牲を払ってでも守らねばならない。

ライプツィヒ留学に先立ち、彼がフロリダのオレンジ農園で孤独に過ごした三カ月間は、彼にとってひとつの啓示だった。「ブラッドフォードを発《た》ってフロリダへ向かったときは茫然《ぼうぜん》自失だったよ」と彼は私に語った。「あのころの私の精神状態は、君には見当もつかないだろう。フロリダで大自然のなかにたたずみ、眺めているうちに、自分自身を取り戻すすべを少しずつ学んだよ。でも、ほんとうの自分を見つけ出したのは、グレーに落ちついて何年もたってからだ。誰も私を手助けできなかった。瞑想とは、作曲と同様、人から習うものではない」[2]

自然の静けさが彼の荒ぶる魂をはじめてなだめたこの日々から、彼は心の奥底で、自分には差し出すべき何か、人生について語るべき何かがあるのだと自覚した。それも音楽というかたちで、他の何人もなしえないような何ものかが。彼を不思議な力で突き動かしたこの気高い衝動こそは、彼が崇めた生涯で唯一の霊的な存在であり、終生それは変わることがなかった。

これに次ぐ二度目の呼びかけは、彼自身の告白によれば、フロリダへ航海したうぶな少年にくらべると、はるかに複雑な内面をそなえた人物への呼びかけだった。最初の声が彼のなかの男にたいする少年からの呼びかけだったとすると、二度目は、彼のなかの少年にたいする男からの呼びかけとなってしかるべきだ。だが、それは彼のなかの男にたいする、男からの呼びかけだった。呼ばわったのは、ニーチェの超人ツァラトゥストラだった。

大地はいまもなお、大いなる魂たちのためにひらかれている。孤独なるひとりぼっちの者、ふたりぼっちの者のために、いまもなお静かな海の香りが吹きめぐる多くの座がある。
大いなる魂たちのために、いまもなお自由な生活がひらかれている。まことに、物を持つことのすくない者は、それだけ心を奪われることもすくない。ささやかな貧しさは讃えらるべきかな！

国家が終わるところ、そこにはじめて人間が始まる。余計な人間でない人間が始まる。必要な人間の歌が始まる。一回かぎりの、かけがえのない歌が始まる。……（中略）

わが友よ、のがれなさい、あなたの孤独のなかへ！ あなたは、いわゆる世の偉人どものひきおこす喧噪によって、耳をつぶされ、また世の小人どもの毒をもった針によって、刺されつづけているではないか？

森と岩とは、気品にみちた沈黙をもってあなたを迎えることができるだろう。あなたの愛する、あの枝を張った大樹のすがたに、あなたもふたたび似るがいい。それは黙然《もくねん》と、耳をすませて、大海のうえ高く崖に懸《かか》っている。

孤独が終わるところに、市場がはじまる。そして、市場がはじまるところ、そこにまた大俳優たちのまきおこす騒ぎと、毒をもった蠅どものうなりがはじまる。……（中略）

真に偉大なのは創造する力である。大衆にはこのことを理解するちからがない。しかし、かれらは、すべての大がかりな演出者と俳優に対しては感覚を持っている。……（中略）

市場は、もったいぶった道化たちに満たされている、――そして民衆はそうした大物《おおもの》を誇りとする。これらは、民衆にとっては、時代の支配者なのだ。……（中略）

すべての深い井戸が体験することは緩慢である。何が底に落ちたかを知るまでに、井戸は長いこと待っていなければならぬ。……（中略）

のがれなさい、あなたの孤独のなかへ！　あなたは、このちっぽけな、みじめな者どもに、あまりに近づいて生きてきた。目に見えぬかれらの復讐からのがれなさい！　あなたに対して、かれらが加えるものは、復讐以外の何物でもない。……（中略）

毒蠅どもは、神や悪魔に媚《こ》びるように、あなたに媚びる。神や悪魔の前でしくしく泣くように、あなたの前でも泣く。心動かされることはない。かれらが媚びる者、しくしく泣く者だということ、それだけのことだ。

また、親切気《げ》がありそうなふうを見せることもある。だが、それはいつも臆病者の利口さであった。そうだ、臆病者は利口なものだ！……（中略）

あなたは寛大で、公正な気持を持っているから、「かれらが小さな存在だとしても、それはかれらの罪ではない」と言う。しかし、かれらの狭い魂は言う「大きな存在は、すべて罪である」と……（中略）

あなたの前では、かれらは自分を小さく感じる。そのためかれらの低劣さが、あなたに対する見えざる復讐となって燃えあがる。

あなたがかれらに近よると、かれらは口をとざす。そして消えてゆく火から煙が去ってゆくように、かれらから力が抜けていったのに、あなたは気がつかなかったのか？

そうだ、わが友よ。あなたはあなたの隣人にとって、良心の痛みなのだ。かれらはあなたに価いしない存在なのだから。それゆえ、かれらはあなたを憎み、あなたの血を吸いたがるのだ。あなたの隣人たちは、つねに毒蠅になるだろう。あなたの持っている偉大なもの、――それが、かえってかれらをいっそう毒々しく、いっそう蠅らしくしてしまう。

わが友よ、のがれなさい、あなたの孤独のなかへ！　かなたの、荒く雄々しい風の吹くところへ！　蠅たたきとなるのはあなたの運命ではない。……（中略）

あなたがた、「ましな人間」たちよ。わたしによって学ぶがいい。広場では、だれひとり「ましな人間」などを信じる者はいないということを。あなたがたが広場で語りたいなら、いくらでもやるがいい！　だが賤民は目をぱちくりさせて言うだろう。「われわれはみな平等のはずだ」と。

「あなたがた、『ましな人間』たちよ」――賤民は目をぱちくりさせてこう言うだろう、『ましな人間』などは存在しない。われわれはみな平等だ。人間は人間である。神のまえでは――われわれはみな平等だ！」

神のまえでは！――ところが、その神が死んだ。賤民のまえでは、われわれは平等であることを欲しない。あなたがた、「ましな人間」たちよ、広場を去ることだ！

神のまえでは！――ところが、その神が死んだ！　あなたがた、「ましな人間」たちよ。この神はあなたがたの最大の危険であった。神が墓の中に横たわって以来、あなたがたはやっと復活したのだ。いまはじめて大いなる正午が来る。いまはじめて「ましな人間」が――主《しゅ》となる！

おお、わが兄弟たちよ、この言葉がわかったのか？　あなたがたは驚愕《きょうがく》している。あなたがたの心臓がくるめきだしたのか？　目のまえに奈落《ならく》が口をひらいたのか？　地獄の犬が吠えだしたのか？

さあ、しっかりしなさい！　あなたがた、「ましな人間」たちよ！　いまはじめて人間の未来の山が陣痛のうめき声をあげる。神は死んだ。いまこそわれわれは願う、――超人の生まれることを。[3]

動機がなんであれ、現世からの隠遁とは、ほんの短いあいだであるにせよ、人間にとって高みをめざす努力の第一歩であることが多い。

このように内面の大きな葛藤をかかえながら、ディーリアスは荷物をまとめ、田舎で何週間も続けてくつろいで過ごし、自分の仕事のことだけを考えて過ごした。そして、それ以上もう耐えられなくなると、パリにとって返し、人生の坩堝《るつぼ》にふたたび身を投じた。彼は怠惰《たいだ》だったのではない。パリの数かぎりない気晴らしのただなかでも、遠くフロリダで師ウォード[4]から授かった規律正しい仕事の習慣を捨て去ることはなかった。この美徳は、彼のような本性と気質にたいする、もっとも手堅い防御壁として彼を救った。ウォードは敬虔なカトリックでディーリアスより数カ月だけ年長だったが、教え子のありのままの姿——強情で、粗暴で、血気盛んな若者で、少なからず冒険家の気質がある——をよくわきまえており、彼をうまい具合に手なずけた。

挿絵入りのバイロン全集のページをめくっていて、そこに書かれた献辞を見つけたときのうれしい驚きを私は忘れない。そこには「フロリダ州ジャクソンヴィルのトマス・F・ウォードより、ドイツ、ライプツィヒのフリッツ・ディーリアスへ」とあり、くっきりと線が引かれ、目印に押し花が挟まれた次のような一節があった。

乗馬や競争の訓練をする若者は
顔色一つ変えずに不自由に耐えねばならぬ。
食事をしたい時に、苦痛を強いられ、
もっと辛いことには、酒と女を断たねばならぬ。[5]

若き日の思い出を語りながら、彼はあるとき私にこう言った。「ライプツィヒ音楽院で和声学と対位法のクラスに出席するまで[6]、私はウォードの教師としての真価に気づかなかった。私が知ろうとしたことに、彼はよく通じていたばかりか、とても魅力的な男だった。音楽を聴き、それについて語らう素晴らしい機会がもし得られず、グリーグとめぐりあうことがなかったなら、私のライプツィヒでの勉強はまったくの時間の浪費だったろう。私の作曲にかんするかぎり、得るところのあった授業は、ウォードの対位法のレッスンだけだった。彼に学んだ過程——黒人みたいに働かされたものだ——の終わり近くで、伝統的な技法がどれほど役立つかを私にわからせようと、素晴らしい見識で手助けしてくれたよ」。じっと考えこむ様子で、少し間をおいたあと、彼はこう付け加えた。「教えられたことは多くはない。流れの感覚がもっとも肝心なのだ。いったんそれを習得してしまえば、どのようなやり方でもかまわない」

不幸にしてウォードは、彼の教え子が名をなすまで生きることができず、短い晩年を修道院で過ごしたのち、結核で亡くなった。

静かに秩序だった田舎暮らしは、当時まだ三〇代初めの血気盛んなディーリアスの好むところではなかった。しかし、彼は自分自身を見出し、作曲家としての野望をとげたいと感じていたから、それ以外の生活はありえなかった。そのためには、彼が自分の生きる糧《かて》だと誤って信じた多くのものを犠牲にせねばならず、どのみちすべてを一日でなしとげることなどできはしない。グレー＝シュル＝ロワンに定住後かなりたってからも、彼はしきりにパリへ行きたがった。ある作品の総譜に数日間集中したかと思うと、彼はにわかに音楽室から降りてきて、庭で絵を制作中の妻を驚かせると、次の列車でパリに出かけると告げたものだ。彼は変化がほしかったのだ。

もし思慮と理解のとぼしい女性だったなら、ここでひと悶着《もんちゃく》あっただろうが、モンパルナス界隈でおおかた役立たずの連中と夜中まで過ごしたあげく、遊び歩きの空しさに自分で気づくだろうと、彼女には予想できたのである。

ディーリアスは多くの点できわめて恵まれていた。生涯の決定的な時点で、彼がほんとうに必要とする人物と幸運にも出会っている。最初にまずウォードが現れ、彼の芸術に確固たる土台を与え、次にグリーグが友情と実践的な助言で彼を勇気づけた。ライプツィヒを離れてからも、ディーリアスはしばしば彼に楽譜を送り、批評を仰いでいる。そしてイェルカ・ローゼン。二人は息のあった夫婦となり、実質的な安定を得た彼は作曲に専念できるようになった。最後にビーチャム。ディーリアスが才能を開花できるよう、あらゆる手立てをつくしてくれた。

私の見解によれば、ウォードの影響が純粋に音楽的な分野に留まったのは悲劇である。音楽文化の種子とともに、ウォードが少しでもカトリック文化を植えつけたなら、彼の教え子をカトリックに帰依《きえ》させないまでも、せめて信仰者にすることはできたのではないか。信仰さえあれば、彼の音楽に見出せないあの喜びがもたらされたことだろう。最大の欠点とはまさにそれだ。そこにある喜びとは、長い年月をへて伝えられた異教的古代の歓喜の残響――神々の歓喜、世界がふたたびよみがえる以前の、未開の状態にある歓喜である。それはあらゆる喜びを染めつくす悲しみの色に染められており、キリスト教が世界にもたらした美徳――すなわち、希望からは生まれてこない。ディーリアスの音楽には希望というものがない。

「わたしの兄弟たちよ、あなたがたの心を高らかにあげよ!」ツァラトゥストラは《人生のミサ》でこう歌う。「だが脚のことも忘れるな! あなたがた良い舞踏者よ! あなたがたの脚も高くあげよ！　いっそ、逆立ちして踊るがいい！　哄笑《こうしょう》する者のこの冠《かんむり》、この薔薇《ばら》の花の冠。わたしは自分でこの冠を自分の頭上にのせた。わたしは自分で、わたしの哄笑を神聖だと宣言した」[7]。にもかかわらず、彼は歓喜することなく、踊ることもできない。ほんのかすかな微笑の影すら、彼の顔に浮かぶことはないのだ。

詩人と作曲家が醸《かも》し出す詩情がもっとも音楽的に高まるときのめざましい偉大さ、強靭《きょうじん》さ、魅惑的な美に満ちた感動的なパッセージはあるものの、私はこれまで《人生のミサ》の演奏にいつも落胆を禁じえなかった。これは私ひとりだけの感想ではない。何人もが同じような体験をしている。あの曲は《人生の乱雑（Mess of Life）》と呼んだほうがふさわしい、と口さがなく評する者すらいた。

青春時代、ブラッドフォードからはじめてフロリダを訪ねたころから、早くもディーリアスは心の奥底で異教徒だった。もっぱら探偵小説や安手の三文小説で培《つちか》われた若者の心に、拭いがたい印象を残したブラッドフォードでの出来事があった。ブラッドロー[8]が時計を片手にすっくと立ち、神に向かって「さあ神よ、もしおいでになるのなら、二分以内に私を打ちすえ、殺してくれ！」と呼びかけたときのことだ。ディーリアスはその二分間が忘れられなかった。それほど永続的な印象を残したのだ。

それから何年かたったある雨模様の日、徒歩旅行の途中たまたま立ち寄ったノルウェーの友人宅の書斎で、読みものを漁《あさ》っていて、彼はふと一冊の本を手に取った。フリードリヒ・ニーチェ著『ツァラトゥストラはこう言った』――万人向けであると同時に、誰のためでもない一冊だ。彼はこれが読めるていどには成熟していた。「あの本は」と彼は私に語った。「表表紙から裏表紙まで、片時も離さず貪《むさぼ》るように耽読《たんどく》したものだ。これこそ長いあいだずっと探し求めてきた本だった」。この書物を見つけたのは、自分の人生で最大の出来事のひとつだ、と彼は断言した。手に入るかぎり、ニーチェのすべての本を読破するまで、彼は満足できなかった。魂に毒がまわったのだ。

生まれながら音楽の才能にめぐまれ、あふれるような感情の持ち主だった彼のことだ。ときには人が到達できる最高の境地、すなわち瞑想へと導かれることもあった。もしも彼が人間を見下す代わりに、神を仰ぎ見る態度を身につけたならば、どれほど至上の高みへと到達できたことだろうか！　上を見上げるのと、下を見おろすのとでは、なんという違いだろう！「あなたがたは高められたいと願うとき、上方を仰ぎみる。だがわたしはもう高みにいるから、下方を見おろす」[9]とニーチェのツァラトゥストラは語った。この見下す姿勢がディーリアスの音楽を地上に縛りつけたのである。

この音楽が地上的、現世的すぎると感じる人は多い。音楽があまりに神々しく天上的だからといって、それに不平を鳴らす者はいないだろう。音楽に天上的すぎるということはないのだから。創作者の精神に天上的なるものが欠けているのが、音楽にとって災《わざわ》いのもとなのだ。だがいまのところ、ことの真実を判定するには比較する基準がない。ああ、もしパレストリーナが現代に生きていて、現代のオーケストラの声に、このうえない歓喜の音楽を吹きこんでくれたならば、それは、地上にいながら永遠の喜びを味わうという至福をわたしたちにもたらしてくれたことだろう！
もしも偉大なキリスト教の瞑想家たちの歩みにならって、ディーリアスが高く見上げる道を選んだならば、彼は天上の世界を地上にもたらしたことだろう。なぜならば、彼がじっさいにおこなったように、独自の形式感覚の体系の内部に孤立しながら、繊細な筆致で緻密《ちみつ》に音楽を構築することで、ディーリアスはこれまで誰も試みたことのない音楽的至福へと一気に到達する完璧な作曲家になれるはずだったからだ。そのような音楽を、死ぬまでに誰かの作品で聴けるよう、私は祈っている。実現したあかつきには、それは永遠の生命を宿した音楽になるだろう。

多くの現代人が論じるように、音楽の可能性はつき果ててしまったと主張するのは、魂における極度の精神的貧困を告白するにひとしい。高度な領域の精神的探究について、音楽はごくわずかしか語らない。至高の領域となると、ほとんど皆無にひとしい。これは奇妙でもあり、奇妙でないともいえる。奇妙だとする理由は、音楽こそがあらゆる芸術のなかで唯一、天上的なるものの神秘に表現を与えることができ、言い表せぬものを言い表せる唯一の言語だからだ。奇妙でないとする理由とは、私が定義しようと試みている種類の音楽、おそらくディーリアスが卓越していたであろう音楽においては、創造者の魂にすぐれた精神性や資質が求められることはめったにないからである。

音楽を音楽だとは言わないひともいる
それが、髪留めやキッスのことを歌わないのなら

淫《みだ》らな旋律にのせて、「おやまあ」とか
「タイハー、ターハー」とか「泣いちゃうわ」とか
でも、そんな詩でも非難はされない
音楽は神様から湧き出るものだから〔10〕

いささか熱中が過ぎたかもしれない。理想の作曲家像には、隠遁者と同じく行動と熟考の均衡がとれた生活が不可欠だからだ。だが、この詩人は自身のなかに根拠をもっていた。作曲家には、思いのままに活動的な音楽を書いてもらおう。彼らが首尾よくそれをなしとげることが肝要だが、彼らはしばしばより高度な瞑想へとおもむく。それも（ディーリアスがそうだったように）神の御業《みわざ》の中には霊感の源を求めず、偉大なる神秘主義者ヤン・ヴァン・ルースブルック〔11〕の言葉を借りれば「現世で達しうるもっとも高貴かつ実り豊かな観相」〔12〕、すなわち神そのものの瞑想の中に求めるのだ。

ルースブルックはこう語っている。「いつも善を望み、悪を嫌う上位の理性と魂の火花において、神に似せて姿形を作られた人間は根本的に神への志向性をもっている」〔13〕

そして彼はその啓発された知性の照らされた眼を思惟されうる真理に向かわせ、神の崇高な本性と底知れない深い属性——つまり底知れぬ本性には底知れぬ徳と働きが属している——を、

人間的な方法で眺めかつ観るのである。

人は神性のいと高き本性が純粋な単一性、測りえない高さと底なしの深淵、理解しがたい幅と無限の長さであり、暗黒の静けさと広々とした砂漠、一致における諸聖人の安らぎ、ご自分とすべての聖人たちとの永遠に至るまでの共なる喜びであることを眺めかつ観る。またこのほかにも多くの驚くべきことを神性の底知れない海の中に観ることができる。これらを外的に表わそうと思うとき、五官の粗さのために、感覚的比喩を用いざるをえないが、しかし実際にはこれらを、限度を加えるいっさいの方法なしに、一つの測りえない善として内的に観取するのである。したがって、神性のことを外面的に表現するとすれば、表現する人自身の知性が照らされている程度に見合うあらゆる比喩とイメージで表わす以外に方法がない。

この照らされた人はまた神性のうちの聖父の属性を観、聖父が全能の力と主権を有し、万物の創造主であり、保存者にして主動者、始めにして終わり、すべての被造物の原因にして根源であることを眺め観取する。恩恵の小川はそれを照らされた知性に明白に示す。同じく永遠のみことばの属性をも見せる。つまり、みことばが深遠な知恵と真理、すべての被造物の範型にしていのち、変わらぬ永遠の規範であり、また何一つ余すことなく、すべてを見通して洞察し、天国と地上のすべての聖人たちを、それぞれの尊さに応じて浸透し、照らす光であることを示す。

この光の小川はいろいろな方法で区別を認識させるので、聖霊の属性をも照らされた知性に見せてくれるのである。すなわち聖霊が理解しがたいカリタスと柔和、慈悲と寛大、限度を知らぬ忠実と好意、理解を越える大きなあふれる豊かさと、天にあるすべての霊を喜びで満たす底知れない優しさ、すべてを一致に焼き尽くす激しい炎、おのおのの好みを満足させる味わい豊かな湧き出る泉、すべての聖人に用意をさせ、永遠の至福に導く方、深い喜びにあふれる一致において聖父と聖子および諸聖人を抱擁し、相互浸透させるお方であることを悟らせる。

これらのすべては、神性の単純性において部分に分かれていない一つのものとして注視され観取されている。[14]

この「もっとも高貴かつ実り豊かな観相」[15]や「把握できないものを常に求め」、「流れに逆らって泳ぐ……自分において働き、神において何の働きもせずに憩う」[16]こと、さらに「真理を見ること、観想の中にはいる」ことは、聖アウグスティヌスによれば「魂の第七番目の段階で、最高の段階である。否、すでに段階（と言われるべき）ではなく、むしろ、これまでの段階を経て到達される住家」[17]なのであり、ルースブルックはいつになく明晰《めいせき》かつ直接的にこう記している。

ところが神を味わい、自分のうちに永遠のいのちを体験したいならば、何よりも理性を越え、信仰によって神のうちに入らなければならない。

そこに、いっさいの多様性を超越し、すべての自発的働きを脱ぎ去って、イメージに妨げられず、愛によって霊の開かれた裸の状態に引き上げられてとどまらなければならない。なぜなら、愛においてすべてのことを超え、いっさいの考察に死んで不可知と暗黒の闇に入るとき、私たちは聖父の像である永遠のみことばの働きによって変容される。いっさいの働きをやめたありのままの霊に、私たちは悟りえない〈輝き〉を受ける。空気が太陽の光に浸透されるように、この輝きは私たちを包み、浸透する。そしてこの輝きは底無しの注視、底知れぬ観相にほかならない。すなわち、私たちはこの輝きの中で自分が何であるかを見つめており、また私たちが見つめているのは私たち自身である。なぜなら私たちの心、いのち、存在そのものはいっさいの多様性を超えた純一な状態で、神である真理と一致させられているからである。こういうわけで、私たちはこの単純な注視において神と一つのいのち、一つの霊なのである。[18]

もしもディーリアスがこの伝統的なディオニュソス的な意味での瞑想を理解していたら、どんな音楽家になったことだろう！　彼の世代で最大の作曲家になったのは疑問の余地がない。譜面に向かった者たちのうちでもっとも霊感に富んだ存在たりえただろう。私たちの眼前からはかなく消え去る愛らしさを、二度と戻らない束の間の生命の喜びを、彼はこよなき静けさとともに歌いあげた。だが私たちはこの流謫《るたく》の悲哀を忘れねばならない。そして、私たちの定めである歓喜をこそ注視しなければいけない。もしも彼が「神的〈光〉の中で単純な注視において神といっさいのものを区別なしに」[19]観たなら、いかなる静謐《せいひつ》さをもって歌ったことか！　彼は神を信仰せず、仲間の者たちも信頼することなく、自分自身だけを誇り高く信じた。独立独歩の人生をつうじて、彼はみずからの行動において盲目――もっともすぐれた意味での盲目だった。究極の存在である神にたいしてではなく、それじたいで完結した純粋な美への崇拝に、たゆまぬ労力を注いだのである。

こうした見解は、いまの時代にどんな価値をもつかはともかく、かつて無意識のまま共通の信仰心にもとづいてものごとを見ていた一般民衆にとっては、健全で正常なものと思えたはずだ。いまやすべては消滅してしまい、私の意見がどこかで賛同を得られるとは考えられないし、少なくともディーリアス陣営ではありえない。わが頭上にどんな嘲笑《ちょうしょう》が浴びせられるか、私はよく承知している。にもかかわらず、私はこの主張にあくまで固執するつもりだ。老年まで生きたとしても、きっと自説を曲げずにいることだろう。だからといって、私のディーリアスの音楽への称賛の念が減じるわけではないのだが。

グレーでの最初の日々から、私はディーリアスとその人生観を理解しようと必死になった。そこで過ごすあいだじゅう、私は宗教について口にしないよう注意していた。健康をそこなわれた者は、健康についてと同様、宗教にかんしても長々と文句を言うものである。

だが私の立場は容易なものではなかった。時がたつにつれて少しずつ、私の精神の発達に、老人はまるで父親のような興味を示しはじめたからだ。「君がものごとをどのように考えているのか、いつも私に話さなければいけないよ」と、彼はある晩（グレーに来て数カ月後だった）私に言った。車椅子を押しながら、涼を求めて村はずれの丘を登っていたときのことだった。「きっと君の助けになれると思う」

その数日後、彼があるひとことで私の望みをすべて封殺してしまわなければ、私はきっと音楽以外のことも腹蔵なく話していたことだろう。私たちはそのときハイドンを話題にしていた。私は多くの音楽家が認める以上に、ハイドンはずっと偉大な作曲家だったと思うと口にし、《天地創造》の実演が聴きたくてたまらないと言った。私はその楽譜を見たことがあり、楽器法に多くの近代的な特徴があるのに驚き、欣喜雀躍《きんきじゃくやく》したものだ。「ひとつ魅惑的なパッセージがあるのです、ディーリアス」と私は言った。「それを考えるたびに、ああ老ハイドンとじかに知りあえたらなあ、と思ってしまう。この箇所です。「そして神は大きな鯨《くじら》を創り、そしてすべての……」」

「神だと？」ディーリアスは言葉をさえぎった。「神？ そんな奴を私は知らないな！」

それだけではなかった。

その少しのち、別の夕方の散歩のさいに、私たちが何かを話しあっていたとき、彼はこう言った。

「若い天才作曲家がいるとしよう。彼を台なしにしてしまう確実な方法とは、キリスト教徒にしてしまうことだ。彼はけっきょくペロージ[20]の二番煎《せん》じで終わることだろう。エルガーをみてごらん。もし奴が礼拝器具一式を船外に放り出していたなら、偉大な作曲家になれたかもしれないのに。《ゲロンティアス》は吐き気を催す作品だな。もちろん《パルジファル》から多大な影響をこうむっている」

このようなとき、私は口を閉ざしたままだった。

こんなこともあった。私が音楽を書き留めたときのすばやさを特別に喜んだあと、じつのところ私には失望しているのだとほのめかした。私が「弱き者のひとり」[21]なのが残念だ、と。

癇癪が頂点に達したとき、それは青天の霹靂《へきれき》のように私を打ちのめした。ロバート・ニコルズがディーリアスを訪問していた。ニコルズが立ち去る日、庭では二人のあいだでニーチェをめぐって多くの会話が交わされていた。私は黙ったままでいた。その晩、私と二人きりになったとき、ディーリアスはだしぬけに、ライオンのようなありさまで私に向かってきた。「エリック、ずっと考えていたのだ。一刻も早くキリスト教のいかさまから離れるがいい。生命についての伝統的な教えは偽りだ。そのキリスト教の大きな目隠しを捨てて、まわりをよく見ろ、自分の足で立って、一人前の男になれ。私たちは皆この世に送り出されたが、どうしてそうなったか、なぜそうなったかはわからない。私たちにはめいめい個性があり、それぞれ固有の、変化に富んだ天性をもつ。私たちがなすべき仕事は、いかなる犠牲を払っても、自分自身を見つけることだ。誰がなんと言おうとも、自分であることを恐れてはならない。自分自身であれ。それで誰かが傷ついてもかまわない。そのうち周囲も慣れてくるよ。これは人間にとって究極の試練だ――自分だけでやっていく能力が試される。自分自身と向きあい、決まりきったしきたりや、聖職者たちの馬鹿げた発明である道徳上のあらゆるくだらない制約で、人生を狭め、束縛しては駄目だ。性が人生で果たす役割はとてつもなく大きい。卑《いや》しい身体行為から私たちがこの世にやってきたと考えるのは言語道断だ。聖職者の戯言を信じるな。すべてを自分自身の経験から学び、理解しなさい。自分で行動し、発見せよ。物笑いになるのを恐れるな。もし未婚の女の子が私のところへ来て、子供ができたと告げたなら、私はこう答えよう。「そうか、でかしたぞ」と。キリスト教はどうだ。イエスは立派な存在だ——実在していたならば、だが——でも彼が神の子だとしても、その意味がなんであるにせよ、彼の完全性には何の利点ももたない。なぜなら、彼が神だったとすれば、人間には真似のできない不可能な理想をうち立てたことになるのだから。私は、ブランデス[22]が説くように、すべては神話であり、ウィリアム・テルの同類だと考えている。ひとつ確かなことがある——イエスから逃れないかぎり、イギリス音楽はどうにもならないだろう。人間性とは驚くべきものだ。なんでも信じてしまう。現実から逃避できるためならばね。私たちはいずれ気づくだろう、つまるところ、人間とはただの植物同然なのだと。私たちが知る事物の体系とは壮大な空理空論だ。教えてくれ、どんなカトリック信者が、聴くに値する音楽をこれまでに作曲したかを」

「でもディーリアス」と私は言った。「単旋聖歌——カトリック教会のただなかから生まれた、あのロマンティックな音楽はどうなのです？　めったにないことですが、無伴奏で、きちんと理解して歌われれば、いつも私は感動させられます。その感動をおよぼす力は、音楽そのものの本質と同じくらい神秘的です」

「神秘など感じないな」。ディーリアスはきっぱりと答えた。「ただ退屈なだけだ。それに、君は私の質問をはぐらかしている」

「そうですね、ではパレストリーナとビクトリアを考えてみましょう。どちらも私が大好きな作曲家で、二人とも敬虔なカトリック教徒でした」。そう私は訴えかけた。「パレストリーナの《ラウダーテ・ドミヌム》のようなモテットが驚嘆すべき作品だと、あなたもお認めになるでしょう」

「なんだって！　君は奴らの作品を立派な音楽と呼ぶのか？　数学というべき代物だ」と彼は噛《か》みついた。

「ディーリアス、この二人の作曲家が、他のすべての作曲家をあわせた以上に、音楽におけるスノッブ趣味を助長したことは私も認めます。人々がパレストリーナの現代風の演奏に夢中になるのを知っています。連中は座席の下で笑いをこらえきれずにいるか、わけもわからず当惑するか、ほんとうはそのどちらかでしょう。ときにパレストリーナもビクトリアも、老バッハと同じくらい退屈なところがある点も認めましょう」

「私の知ったことか」。あざ笑うような調子でディーリアスは応じた。

「私が言っているのは、彼らが霊感を注いだ譜面のことです。さして語るべきこともなく、たんなる職人として作曲した部分ではなく」と私は続けた。

「いや、君、それは無用の長物だ」。ディーリアスは断定した。「イエスの要素から解放されないままで、良い音楽がありうると、私に確信させることはできない。そのせいで音楽はずっと麻痺しているのだから」

ひたすら一途な信仰に支えられた規律正しい知性がどうして芸術家を害するのか、理解できないと私は抗弁した。あらゆる世代に共通する宗教的な体験や直観を、取るに足らぬものと切り捨てることなどできはしない。だがディーリアスは、芸術家たるもの、「そうした無意味な考えは捨てるのがいちばんだ」とのみ答えた。

そのあとのクリスマスに、ディーリアスは『ツァラトゥストラはこう言った』を一冊私にくれた。次のような言葉が添えられていた。「君にニーチェを紹介するのは、君に新たな視野をもたらしたいからだ。私とてニーチェの所論にすべて同意するわけではないが、彼のなかに卓越した詩人と素晴らしい資質を認めている。私は君にたいし、宗教や信条にかんしてははっきりとさせておきたい。私個人にとって、それらは無用なものだ。人生における唯一の喜び、それは創造の喜びである」

私はツァラトゥストラとはどうも折り合いがよくなかった。読みはじめる前から先入観があった。不幸にして、ニーチェが作曲した音楽を先に知ってしまったからである。彼がいかなる哲学者、いかなる詩人であろうとも、作曲家としてのニーチェにくらべれば、たとえばジョン・バッカス・ダイクス師[23]など、さしずめモーツァルトにも匹敵するはずだ(ダイクスは、この種の事柄にかんしては、絶対的な試金石であるし、また彼に言及せずには、どんなディーリアス論も完結しないだろう)。それ以来、私は奴のことを真剣に受け止めることはできなくなったのだ。

ディーリアスはそのあたりは何も知らなかった。というのも、彼はニーチェの人と作品に心酔していて、私に語りかけるのはまるでニーチェ自身かと思えるほどだったからだ。いまこうして書いていても、さまざまな発言がふと脳裏を去来する。「キリスト教は死について説教している」「私がみるかぎり、人の群れと動物とのあいだにほとんど違いはない。自分を養うために生き、他人からできるだけ多くを奪う。人間はもっとも残虐《ざんぎゃく》な動物だ」「私たちが知る罪とはユダヤ人の発明だ」「同情とは弱さだ。心が逃げ出さぬよう心がけよ。さもないと頭もそのあとを追う」「純潔と呼ばれる状態は、堕落を惹き起こす点で、情欲に匹敵する」。これらの格言は、ディーリアスの口から吐き出されるとなおのこと、若者の耳には新奇で衝撃的に響いたものだ。そのときは知る由もなかったが、すべての表現はニーチェの熱狂的な語り口に由来していた。一字一句違わないこともしばしばだった。ディーリアスから聞かされたのだが、『ツァラトゥストラはこう言った』のページを無作為に開き、一章を選んではときに何週間もかけて考えにふける。その精髄が引き出せたならば、別の章に移って同じことをする。それが長年にわたる彼の習慣だったという。こうして私はようやく、ニーチェが彼におよぼした影響や、私が彼の先例にしたがうのをやんわり拒んだときの落胆ぶりを、いくらか理解できたのだった。

私たち二人のあいだに不快感がただよったのは、癇癪を起したそのとき一度きりだったが、それからも最後まで、私がキリスト教に固執するのを彼は嘲《あざけ》っていた。昼食と夕食のとき階下に降りていくたび、私は集中砲火の危険にさらされた。その日の朗読で何か私を攻撃する材料を見つけると、彼は私が部屋にやってくるさいに合図するよう使用人に命じた。ドアを開けて入る前に、火蓋《ひぶた》は切って落とされた。

ある日のこと、砲弾はこめられていたものの、敵兵は誰にも気づかれず部屋まで侵入した。見張りの歩哨《ほしょう》は朗読しながら居眠りし、砲兵はといえば朗読の声よりも大きな鼾《いびき》をかく始末。気づいた歩哨は驚いて、命じられたとおり大声で合図を送った。

「ディーリアス様、フェンビー様がお見えです！（Herr Delius, Herr Fenby ist da!）」

反応はない。

呼び声はさらに甲高い調子になった。

「ディーリアス様、フェンビー様がお見えです！（Herr Delius, Herr Fenby ist da!）」

「いったいなにごとだ？（Was ist es?）」ディーリアスは欠伸《あくび》をし、ふとわれに返る。

「フェンビー様がいらしてますよ（Herr Fenby ist da!）」

ここで沈黙があり、私は集中砲火の開始を待った。それはオーケストラの管楽器のとつぜんの雄叫びのように始まった。

「一七五五年にリスボンで大地震があった。わずか数分で三万人もの犠牲者が出たそうだ！君はこれついて、どう折り合いをつけるのかい、一羽の雀が地に落ちるのにも心を留めるという、慈愛に満ちた神様と？」[24]

「わかります、ディーリアス。これは難題ですね。これらの出来事の意味は容易に理解しがたいものです」。私は穏やかに返答した。

「ならば、なぜ君はかくも信じるのだ？」と彼は詰問した。

さあ、いまこそ彼を激怒させ、沈黙させるべく一矢を報いて、窮地《きゅうち》を脱するときだ。ジョンソン博士[25]からの引用だ。「キリスト教の真理を否定する人たちについて」彼はこう語っている。「否定的な側に与《くみ》するほうがいつだって容易なのだ」[26]と。

「いまいましいジョンソン博士め!」と言うなり、彼は胸をかきむしるような動作をして、怒りで体を左右にくねらせると、決まって、あの男の知性は「買いかぶられすぎだ」などと毒づいたものだ。この種の言い争いはいつも彼を不安定にさせ、眠るまでおさまらなかったので、私はひどく怯《おび》えていた。

客人のいる席で、彼は罪のない冗談で私をからかう好機を逃しはしなかった。たまたま高名な数人の音楽家が居あわせた場で、ラジオをつけるよう所望したのだが、そのとき流れた作品の曲名と作曲者名について、彼を含めて誰ひとりわからなかった(ラジオから流れてきたのはぞっとするような代物だった。教会に置かれた礼拝器具が悪趣味だと、敏感な人々はそこを煉獄《れんごく》のように感じる。それに似ていた)。彼はだしぬけに言った。「フェンビーを呼んできてくれ。彼ならこの曲が何か教えてくれるだろう。なにしろ天使のことなら熟知しているのだから!」

グレーでの時も終わりに近づいたころ、彼が私に腹を立てた出来事がもうひとつあった。彼は、魅力たっぷりのイギリス娘に私が色目を使っていると考えていたようだった。ソルダネラ[27]という素敵な名をした彼女は、私の親友である父親とともに、たまたまこの村に短期滞在していたのだ。ある午後、彼女と森を散策して戻ると、ディーリアスがたいせつな要件で内密に話したがっていると告げられた。庭を下った先で待ち受けているという。竹藪《やぶ》の角をまわりこむと、ディーリアスは大木の茂みの下で仰向けになり、顔を陽光に向けて休んでいた。かたわらで使用人が林檎《りんご》の木を手入れしていた。私は芝生を横切り、いつものように挨拶した。「お呼びですか、ディーリアス」「エリック」。彼は厳粛に語り出した。そうした話題でもいつもの率直さは変わらず、そこに彼の妻がいてもいなくても口調は同じだった。「君はどうしたいのだ、あの、なんとかいうお嬢さんを。結婚か？」

「いや、ディーリアス」。私は釈明した。「あの娘のことはほとんど知らないのです！」

「そうか、君は結婚してはならないぞ」。彼はいかめしく言葉を続けた。「芸術家たる者、結婚すべからず。彼は風のように自由でなければならぬ。好きなだけおおぜいの女性と戯《たわむ》れてもいいが、そのひとりと結婚はするな。自分の芸術のためだ。致命的なことになる。いいか、よく聞け。どうしても結婚するというのなら、君自身よりも君の芸術を愛する娘と結婚しなさい。人生の永続的な喜びは君の芸術のみから得られる。愛からではない。愛は狂気だ。肉体の魅力はやがて消え失せる。熱烈な情事なんて花火みたいなもの。ぱっと輝いて、それで終わり。もし結婚したら君は馬鹿者だ」[28]

私は彼の忠告に礼を言い、自分の本を取り出すと読書を始めた。

彼が自分にあくまで正直で、他人の気持ちにおかまいなく、思ったままを口にすることは、すでに記した。私は当たりさわりのない態度でのぞむといって、彼によく非難された。自分で意見を言うまえに、相手の意見をまず尋ねるのは彼のやっかいな性癖であり、しばしば人前で気まずい思いをさせられたものだが、そのさいに私の発言が率直さよりも礼儀正しさに傾いていると彼が感じた場合、客人が帰ったあとで手厳しくそう指摘されたものだ。あるとき、友人の演奏家たちがディーリアス作品を収めたレコードのテスト盤を持参し、彼の承諾を求めてきた。例によって彼から意見を求められたが、私は中立的な態度でふるまった。あとで二人きりになったとき、彼はこう言った。「でも、「おいエリック、君はあの演奏がひどいと思っただろう?」「もちろんです」と私は答えた。状況が微妙でしたから」

「馬鹿らしい」と彼は言った。「ひどいと思ったなら、ひどいと言うべきだった」

いつも驚かされたのだが、彼はその本音の錠剤のまわりを慇懃な糖衣でくるんで、敵意を取り除いた。だから誰も気分を害されることはなかった。彼が次に何を言い出すか、いつも固唾《かたず》を呑んで見守った彼の妻と私の苦境を、うまく伝えられるといいのだが!

未知の人物が訪ねてきたときには、彼は最初の数分間は話しかけられないかぎり会話に加わらず、ただ静かに超然と坐っていた。もっぱら訪問者の声色から、頭の中で彼らを品定めしていた。不快な声はいつも彼にひどい影響をもたらし、彼はその無礼者が立ち去るのを待ちこがれた。咎《とが》められたのはたいがい女性だった。

「エリック、あの女をつまみ出してくれないか」。彼女の耳に届かないと判断したとき、彼は私にこう囁いた。「もうこれ以上、あの女の声には耐えられない」

彼がじっと静かにしている姿を、私はしばしば動物園で平然とこちらを見下ろすライオンの静穏さになぞらえた。彼の沈黙は不吉で恐ろしい予感をはらんでいて、ときおり漏らすひとことは、その場に居あわせないかぎり信じてもらえないくらい際立っていた。

どうでもいいことなど彼にはひとつもなく、また他人にもそれを許さなかった。もし退屈すると、それをかなり露骨に表した。友人と夕食をともにしていても、美食と上質なワインで知られるその食卓に、会話が釣りあわないような場合は、やにわに使用人を呼びつけ、まごうことなきヨークシャー訛《なま》りでこう申し渡した。「朗読を始めてくれ！」 客人たちは残りの夕食時、ずっと沈黙のまま過ごさねばならなかった。

あるヴァイオリン奏者が同僚とともにグレーを訪れたときのことは、おそらく一生忘れることができない。彼らは、ディーリアスのヴァイオリンとピアノのためのソナタ第一番を演奏して、作曲者を楽しませようという心づもりだった。彼らの滞在はその演奏時間と同じくらい短かった。というのも、緩徐楽章と快活な終楽章のページをめくる沈黙のあいだに、部屋の隅から声が聞こえてきたのだ。「では、ごきげんよう。さあ、私を連れ出してくれ。それから、イェルカ、その女性と男性にお茶をさしあげておくれ！」

別の機会には、ある高名な弦楽四重奏団が来訪し、ディーリアスがこの分野に残した不満足な成果である弦楽四重奏曲と、ベルナルト・ファン・ディーレンがディーリアスに献呈したばかりの複雑な新作を披露しようとした[29]。リーダーがディーリアスの無関心な様子に困惑し、よい印象を与えられるかどうかを心配して、ベートーヴェンの後期の四重奏曲のひとつを最初に演奏しようと申し出た。

「いやだ、それはやめてくれ」と返答があった。「いやだ、やめてくれ！」彼から嘘つきで詐欺師と判定された者は悲惨な目に遭った。金輪際その人物を許すことはなかった。使用人が彼のグラスになみなみと酒を注がなかったと感じ、ただその理由だけでそくざに彼を忌み嫌うのを私は見た。ディーリアスはグラス一杯が何口に相当するか知っていたのである！

召使たちが彼に食事を与え、服を着せ、あちこち移動させるのを見るにつけ、ディーリアスが一般人をひどく見下しているのとは裏腹に、彼が痛ましいまでに一般人に頼りきっていることに、私は心を痛めたものだ。夕暮れに表通りを歩いていて、あるいは野良仕事からの帰り道に、親切な村人たちとよく出くわしたが、彼は一瞬たりとも止まって口をきこうとしなかった。

「外出中もし誰かが近寄ってきても、何も気づかないふりをして、そのまま先へ行ってくれ」。これは私がグレーに来て最初に受けた指示である。その後、彼が打ちとける姿をいちども目にしなかった。

彼が庭に座っているとき、職人が彼のそばを通ることは許されなかった。電気工がラジオの点検のため不意に訪れたときも、ディーリアスが別の場所に運ばれていくまで、あるいは彼の周囲に衝立《ついたて》が並べられるまで、立ち入りが許されなかった。彼は最後の最後まで独裁者だったのだ。

彼は一般人の趣味をまったく顧みなかった。「愛し、かつ理解してくれる人が少数いればよい」と彼はよく言った。「考慮に値するのは彼らだ。他の者たちは気にかける値打ちがない。イギリスで成功するには第二のメンデルスゾーンたるべし。彼は大衆が欲しがるものを与えた。「おお、主に憩い」[30]

好意的な見方をするなら、彼が一般人を理解できなかったのは、私の知るかぎり、一般人をよく知らなかったからだ。ブラッドフォードの地を離れてから、彼はかなり変わった人々と付きあったらしく、うち数人はまさしく変人だった。彼は普通の人間よりも風変わりな人間のほうを好んだようだ。彼がおもに自己形成期に交友した奇人たちについて、彼の口から話を聞くのはじつに楽しく、内容はしばしば奇想天外だった。ディーリアスは一度ならず、彼の音楽に惹き寄せられたイギリスの魅力的な友人たちが、彼のかつての仲間たち、その多くはさまざまな奇行や奇癖で知られる連中のことをいったいどう思うだろうか、と笑いながら語っていた。波乱万丈の青春時代とは対照的に、彼のグレー時代（一八九七～一九三四年）は、生み出された作品は別として、年を重ねるごとに平穏さを増していき、往年のモンパルナスの悪ガキ（le mauvais garçon de Montparnasse）も旧友たちとは疎遠になり、しだいに伝説的なグレーの隠遁者と化していった。

あらゆる厄介事《やっかいごと》の根源は、私の考えでは、彼がいだいた凡庸《ぼんよう》さへの恐怖心だった。私はよく彼に言ったものだ。もしも彼が半日休暇に、自分に割り当てられた家庭菜園のささやかな温室を歩きまわり、一般人に語りかけたならば、きっとその人のことを愉快な仲間だと思うはずだと。あのシェイクスピアだって、いま私がこれを書いているすぐ階下で、「英雄として生き……英雄として死ぬだろう」と突発的に歌い出すペンキ塗り職人と、本質的には変わりがない。

チェスタートンはそのあたりを簡潔に言い当てている。「一流の偉人は他の人々と平等でいる。

シェイクスピアのように。二流の偉人は他の人々に跪《ひざまず》く。ホイットマンのように。三流の偉人は他の人々の上に立つ。ホイッスラーのように」[31]

したがって、ディーリアスの嗜好《しこう》は、人間にたいしてもものごとにたいしても、一般的なものよりも特殊なものへと傾いた。水よりもシャンペン、全音階よりも半音階、といったふうに。

グリーグの魅惑的な北国の方言やショパンの貴族的で上品な口調のほうが、バッハ、ベートーヴェン、シベリウスの普遍的な語法よりも彼には好ましかった。度を越した人間であり、誰もこだわらない部分にも拘泥《こうでい》する。そうやって全人生を過ごしてきたのだ。煙草《たばこ》を吸うとなれば朝から晩まで喫煙する。ほうれん草が食べたいとなると三食ずっとほうれん草。美しい和声を求めるとなれば、最初から最後まで美しい和声だ。ディーリアスには、ほどほどですますということがなかった。実力と洗練にとぼしい作曲家の場合、こうした半音階の多用は確実に有害だったろう。シュポーアがその例であり、彼にはディーリアスのような力感やしなやかさに欠けていた。力強さと洗練はなかなか両立できない。通常は正反対なものと思われている。相反するようにみえる二つの性質が備わった《人生のミサ》のような作品はきわめて少数であろう。

洗練こそはディーリアスにとっての宗教だった。彼が野卑な言葉を口にするのを耳にした覚えがない。行儀の悪さも無知も、彼には我慢がならなかった。

「なあ君」。ディーリアスはよく言っていた。「人生で戦うべき最大の敵は無知蒙昧《むちもうまい》だ。それはいたるところで醜い顔を曝《さら》け出し、予期しないような場所でも出くわすことになろう。私はもう老人だが、これまでの全生涯は無知との長い闘いに費やされてしまった」

これが私の知ったその人だった。強く、厳しく、誇り高く、皮肉っぽく、神を認めず、完全に唯我独尊の、フレデリック・ディーリアスという人物だった。

晩年の数年間に流布していた、彼の病苦の悲痛な最終段階をとらえた写真ほど、彼という人物の本質を誤って伝えるものはないだろう。これらの写真が公表されたことじたいが嘆かわしい。それを目にした世間の人々が、誤りであり馬鹿げてもいる、伝説的人物像をでっちあげてしまったからだ。私がここで描き出したディーリアスの大まかなスケッチについて、彼と親交のあった少数の人々からは、描写が少々きつすぎると評されるかもしれない。だが、輪郭線は正しいことを認めていただきたい。もしも間違いがあるとしても、私は正しい方向に誤っているはずだ。なぜならば、彼には愛すべき点やある種の魅力もあるにはあったものの、私がこの人から得た印象のうちで最大の特徴は、彼の厳格さだからだ。それこそが私が少しでも知りえたフレデリック・ディーリアスであり、ニーチェだったら「ここにひとりの偉大なる軽蔑者がいる」と評したことだろう。

では音楽家ディーリアスについては、彼の音楽への姿勢については何が言えるのか？

厳密に言うならば、彼の音楽への姿勢については、いかなる姿勢もなかったと明言すべきだろう。彼にとって音楽とは、彼の言葉を借りるならば、ディーリアスならではの個性をとおしてみた「自然と人間性の切実な、変わることのないリアリティ」を表現する唯一の端的な手段である。過ぎ去った過去、過去の理想やしきたりは、客観的な古典派の流儀であれ、主観的なロマン派の流儀であれ、彼がそれらに心惹かれ、興味をいだくことは皆無ではないにせよ、ほとんどなかった。彼はその個性的で特異なやり方で「永遠なる現在」に没頭した。その方法を彼は学習からでなく、実践から見出したのだ。いかなる作曲家も、おそらくヴェルディを例外として、彼ほど無学ではなかった。

ごく初期から、ディーリアスは自分の道をゆっくりと歩んだようだ。こうむったさまざまな影響を避けはしなかったものの、他人の音楽については、顔見知りになる以上に深く知るのは致命的だと確信していた。進歩は異常に遅かった。長い修業時代、私たちが知るようなディーリアス的な特徴を欠き、やがて大成する兆候など微塵《みじん》もない作品ばかり書きながら、それでも先へと歩を進めた彼の勇気に、私はいつも驚嘆させらせる。

シュトラウスなら《ドン・フアン》、シベリウスなら《エン・サガ》をそれぞれ書き上げたのと同年齢に、ディーリアスが依然こつこつと取り組んでいた管弦楽曲には、穏やかな雰囲気にグリーグの影響を、また、より快活な気分の箇所においては《ドン・フアン》の勇壮な第二主題――まずホルンが奏する素晴らしい主題――が彼にかけた魔法を、明らかに見て取ることができる。四〇年もたってなお、彼はその主題が大のお気に入りで、この曲を聴く機会をめったに逃さなかった。《ドン・フアン》を耳にするたび、私はディーリアスのことを思い出さずにはいられない。お気に入りの主題の登場に先駆け、ヴァイオリン群が奏でるG音の保続音のところで、おどけたように頭を傾ける彼の姿を。それからも、その主題が出てくるたび、彼はリズムに乗ってひたすら頭部を揺らすのだった！

ディーリアスは明らかに、自分の仕事に果てしない挑戦を続けたすえ、とつぜんある時点で、持てる能力を十全に発揮するようになった芸術家のひとりだった。彼は三七歳になってようやく、それ以前の段階から飛躍的な進歩をとげ、評価を決定づけるような作品を生み出した。管弦楽曲《パリ——大都会の歌》がそれである。だが、《パリ》（一八九九）も完全に成熟した作品とはいいがたく、もっとも鋭敏な批評家をもってしても、後期の作品は無論のこと、直後に続く輝かしい六年間（一九〇〇〜〇五年）の仕事をも、予見することはまったくできなかった。いかにして彼がだしぬけに自分自身を見出したかは謎である。何か不思議な精神のはたらきか啓示のようなものだと説明するほかない[32]。

それからというもの、彼は自分に確信をいだいていった。彼は作品に無理を強いることなく、まずは直感に、次いで知力に導かれながら、着想といっしょに、無意識に技法が育つようにした。彼はきわめて不利な厳しい条件下に置かれていた。この成熟へといたる困難な時期、彼が自作をオーケストラの実演で聴けたのはわずか二度、二六歳と三一歳のときだけだった[33]。そうした必要不可欠の機会を最大限に役立てるのに、彼は三七歳まで待たねばならなかった。一八九九年にロンドンのセント・ジェイムズ・ホールで開かれたディーリアス演奏会がそれであり、そのための経費は彼が自腹でまかなった。彼が語るところによれば、演奏会が終わると自作の欠点がはっきり自覚されたため、彼は休む暇もなく翌朝早くロンドンを発ち、グレーに戻ったという。《パリ》の草稿を取り出し、いましがた体得した技法上の知見を試さずにいられなかったのだ。

今日そうであるように、若く才能ある作曲家が自作を耳にする機会が、当時もし得られたとして、彼がそれだけ早く自分自身を見出せたかどうか、私は疑わしいと考える。どんなに技術的に優秀でも、内面の成長を早めることはできない。言うべきなにごとかがあれば、人はたとえ不器用であれ、どうにかして伝えようとする。肝心なのは、言うに値するたいせつな何かをもつことだ。「何かをなしうるには」とゲーテは言った。「君が何者かにならねばならない」。このとつぜん「何者かになる」ことこそが、ディーリアスの天才が一気に開花した説明になるように私には思える。

彼は自己の芸術について大いに語る芸術家ではなく、多くの者のように威厳をもって話すこともなかった。音楽の話題が少しも出ないまま日々は過ぎていった。日常の会話からでは、彼が大作曲家だと誰も察知できなかったろう。だが、ウォルト・ホイットマンについて会話していたとき、彼が次のように語ったのを思い出す。「自分が何を言いたいのか正確に理解するのに、じつに長い年月がかかった。そして、それは一気に訪れたのだ」

あれほど、徹頭徹尾どこまでも自分自身であり、音楽界から超然と孤立し、古今を問わず他の芸術家の作品にほとんど関心を示さなかった芸術家を私は知らない。過去の音楽について彼の見解を聞き出すのは容易ではなく、これは彼の前ですべき話題ではないことを、私はすぐ察した。グレーに着いてまもなく、彼の作品のひとつが放送されたとき、私はモーツァルトのピアノ協奏曲を聴くため、ラジオをそのまま点けておいていいか、彼に尋ねたことがある。彼の答えは衝撃的だった。「神々の音楽など私に聴かせる必要はない。そんなものは我慢ならない。とっくの昔に聴き終えている！」　このほか私が覚えているのは、次のようなわずかな発言である。「シューマンのピアノ五重奏曲の緩徐楽章を書くのは天才の仕事だが、第三楽章はまったく霊感を欠いている」。《スコットランド》交響曲を聴きながら、こう指摘した。「メンデルスゾーンはベートーヴェンよりもオーケストラの扱いがなんと上手なことか」。私がベルリオーズを好むと知って腹を立て、卑俗な奴だとこきおろし、私がドビュッシーには感銘を受けないというと驚いていた。《牧神の午後》と《ペレアス》を彼は愛したが、ピアノ曲はお気に召さなかった。ビゼーには熱烈な称賛を惜しまず、フランス最大の作曲家と考えていた。ヴェルディの《ファルスタッフ》は傑作とみなしていた。さらに現代に近づくと、プッチーニは忌み嫌ったが、スペイン楽派（アルベニス、グラナドス、デ・ファリャ）をロシア楽派（ボロディン、ムソルグスキー、リムスキー＝コルサコフ）よりも好んだ。ケネディ＝フレイザー夫人の収集になるヘブリディーズ諸島の民謡のレコードを愛聴した。他の作曲家の音楽にいかに関心がとぼしかったかは、彼の本棚を見れば一目瞭然だ。彼がわずかに所蔵していた総譜を以下に記す。ベートーヴェンの交響曲（多くのページが切られないまま）、《ファウスト交響曲》（リスト）、《トリスタンとイゾルデ》（ワーグナー）、《ドン・ファアン》《ティル・オイレンシュピーゲル》《英雄の生涯》《ツァラトゥストラ》（以上シュトラウス）、狂詩曲《スペイン》（シャブリエ）、《海》（ドビュッシー）、《ダフニスとクロエ》（ラヴェル）、ピアノ協奏曲（ブゾーニ）。

「若い作曲家が勉強しすぎるのは大間違いだ」と彼はつねづね口にした。「才能にとぼしい者は学びすぎるとたいがい自滅する。学習が直感を殺してしまう。考えこむのと同じくらい危険だ」

他人の作品や意図にまったく無関心だった半面、自分と格闘している若い芸術家には、彼はいつも耳を貸す用意があった。若きトレープレフも、彼にたいしては「自分の小説は読んでるくせに、僕のはページも切ってやしない」[34]などと文句は言えなかったはずだ。私がグレーに滞在中も、まったく無名の人々からしばしば楽譜が送られてきた。私がピアノで弾いて聴かせると、期待できそうな場合は、彼はコメントを口述筆記させ、親切な励ましの言葉を添えて送り返していた。見こみがなさそうだと、そのまま無視されたのだが。

「若い音楽家に作曲を教えることはできない」と彼が言うのを耳にした。「か弱い植物にどう育てばいいか教えられないのと同じだ。でも、ステッキをこちら、あちらへと動かして、彼を導くことはできる。われわれの音楽学校で教えている作曲法などは茶番だ。彼らが育てた作曲家はどこにいるのだ？　この杓子《しゃくし》定規で馬鹿げた教育を生き延びた者たちは誰もが同じように書く。だから、こいつはこの学校、あいつはあの学校とお里が知れる。さもなくば、連中は先生たちが注いだ気の抜けたビール、それも水割りにして提供するだけだ。この嘆かわしい現状をもっともよく知るのは、きっと教師たち自身だろう。音楽をたんなる知的な空論か、音の奇妙な組み合わせに貶《おとし》め、雑貨屋の品物みたいに分類できるというのか？　音楽とは魂のほとばしりなのだ。聴き手の魂に投げかけられ、すぐさま訴えかけるものだ。化学のような実験の分析ではない。音楽がわかるには何度も聴かねばならないという言い草を信じては駄目だ。まったくの戯言だ。無能な者が最後に打つ手なのだ。もうひとつ言おう。アマチュア音楽家は音楽の科学的な知識を知らないほうがいい。美しい薔薇を見たら、そのまましだいじに愛でる。その美を判断し、芳香の源を突き止めようと、摘みとって引きちぎりはしない。音楽だって同じことだ」

彼が正しいかいなかの議論はひとまず措《お》くとしよう。記す意味があるかはともかく、もうひとつ付け加えると、彼はいつも私にこう力説していた。もし君が実践的に独学したのでなかったなら、自分の口述筆記者として使いものにならなかっただろう、と。

彼の考えによれば、音楽は単純かつ親密な、魂から魂へとじかに訴えかけるもので、学習よりは直感、頭より心に響くべきものだ。複雑であってはならず、言い換えれば、知性はしかるべき場所に留まらねばならない。複雑になると音楽は動こうとする力を失ってしまうだろう。音楽のはたらきや組み立てを意識してもならない。伝わらなくなるからだ。音楽を自分の創意を発揮する手段と考える作曲家もいるが、そうした態度は音楽にまったくふさわしくない。理性に徹するのはたやすい。だが真に感情的であることはむずかしい。創り出すのではなく、つねに感じるべきだ。深く感じ、楽譜の細部を考えるな。現代音楽の細部の大半は譜面上にしか存在せず、演奏からは聞こえてこない。シュトラウスさえもこの欠陥を免《まぬか》れていない。

《村のロミオとジュリエット》の楽譜は、音符をできるだけ節約することで、細部が無理なく連なった典型例である。装飾的な細部も、形式と同じように、外側から操作するのではなく、音楽の進行につれて内部から必然的に生まれてくるものだ。

彼の作品への敵意に満ちた批評に憤《いきどお》る一方で、彼はそれに動揺することはなかった。さまざまな媒体の記事を彼に読み聞かせるのが習慣になっていたが、好意的でない批評における非難の対象は、ほとんどが音楽の内容ではなく、いわゆる「形式の欠如」なるものだった。批評家の顔ぶれをみれば、案の定というべきだろう。

これは私の持論なのだが、ディーリアスは自分が言うべきことについて、ほぼ完璧に近い形式感覚をもっていた。円熟期の作品では、彼はできるかぎり透明に、豊かな表現力で語っている。そこには「パッセージワーク」も「動機労作」も、無意味な反復もなく、感興に満ちた音楽の流れが緊張感を保ち、装飾的な細部もそこに組みこまれて、彼ならではの建築設計の枠組の一部となる。何かを言おうとして、彼が選んだ以外の方法が可能だったとは私には思えない。

ところどころ、彼がもう少し形式を引き締めれば、魅力的な語法がさらに際立ったのはまちがいない。真っ先に思い出されるのは、ヴァイオリンとピアノのためのソナタ第一番の緩徐楽章である。作曲家が曲を締めくくる数小節前に、実質的に音楽は終わってしまっているのだ。多くの場合と同様、彼の音楽が甘くたゆたうのは、均衡の欠如というよりは、自分が生んだ美から彼が離れられなくなった結果だろう[35]。

音楽が美しさに蹂躙《じゅうりん》されることはない。少なくとも私たちの時代にはそうだ。ある作曲家の作品が美しすぎるといって文句を言うのは心ない行為である。

ときにへまをすることがあるにせよ（かの偉大な作曲家も何度かへまをしているので、ここにおいても彼は偉大な一団の仲間入りだ）、ディーリアスは批評家たちが断定するよりも、はるかに形式感覚に秀でていた。ときにモーツァルトですら形式ばって堅苦しいが、けっしてそんなことはなく、またエルガーがときにそうであったように、脳裏に浮かんだ別の主題になんとか戻りながらも、同時に音楽を前進させなければならず、その不安から聴き手をあおり立てるようなこともなかった。手法はどうであれ、思考を持続させる強度こそがすべての作曲家の目標である。ディーリアスが採ったのはもっとも危険で困難な方法だった。霊感がわずかにそこなわれただけで、機能不全に陥ってしまう。

批評家の言葉を、彼はしばしばもの笑いの種にした。「ビーチャムの《おとぎ話》の名演を聴いたかい?」彼はあるとき、夫人に口述筆記させた私あての手紙で尋ねてきた。「イェルカがある批評家の馬鹿げた表面的な記事を読んでくれた[36]。この作品の拍子抜け《アンチクライマックス》の山場を数えるのに飽き飽きした、だとさ! ノルウェーの農民のおとぎ話をもとにしたバラード《おとぎ話》のような作品で、山場《クライマックス》と拍子抜け《アンチクライマックス》の山場について語るとは! 奴の判断基準(point du départ)は、いまだにベートーヴェンの交響曲で止まっているらしい。想像力がまったく欠如しているよ」

とりわけでたらめな批評を読んだあとで、彼はこう語った。「もしも作曲家がドイツ的な形式に反撥《はんぱつ》し、自分の思考を標準化された流儀にあわせるのを拒んだら、批評家との関係においては致命的だ。いくら言葉をつくしても形式を定義することはできないが、私に言わせれば、形式とは人の思考に精神的調和をもたらす以上のものではない。それは思考そのものに含まれており、既存の何かをあてはめるものではない。ウォルト・ホイットマンを見てごらん。ホイットマンは生涯を費やして『草の葉』を書いた。芸術にたいする彼ならではの貢献だ。余人は書くことができない。私の作品だってそうだ」

ディーリアスとの会話には前置きなどなく、いつも単刀直入に話題の核心に触れた。彼の音楽も同じことだ。「夢のなかのようにさすらう」[37]音楽だが、最良の場合には、まっすぐ一点に凝縮して、シベリウスの音楽がそうであるように、それ自身の世界のなかで響く。彼の生涯の作品を振り返ってみると、その想像力の並はずれた豊かさ、その世界が包含する思考の驚くべき拡がりに、ひたすら驚嘆するほかない。《パリ》の豊饒《ほうじよう》なロマンティシズムの横溢《おういつ》から《おとぎ話》の空想的な浮かれ騒ぎへ、《人生のミサ》の愛する者の歌から《日没の歌》の愛する者の歌へ、《アパラチア》の合唱での甘美な親しみから《高い丘の歌》の歌詞のない合唱での性別や個性を超越した声へ、《夏の庭で》の豊かな芳醇《ほうじゆん》さから《北国のスケッチ》[38]の荒涼たるわびしさへ、《海流》の胸を引き裂く痛切さから《ハッサン》の異国的な華やぎへ。彼がその思考に連なる音楽的素材を、かくも多くの変化で彩ったことこそ、天才のみがなしうる証だろう。

いつも不思議に思うのは、ディーリアスが、歌詞をともなう音楽への感覚をまったく持っていなかったということだ。彼の音楽の中には、鳴り響いている音にたいするきわめて高度な、繊細このうえない感覚を示す証拠がいくらでもあるというのに——たとえば、二重協奏曲[39]の緩徐楽章や、歌劇《フェニモアとゲルダ》の中のいくつかの音画は、私たちに聴く耳さえあれば、理解をもって演奏されたとき、素晴らしい奇跡となる。「感覚」という言葉を私は強調したい。なぜなら、彼にかんするかぎり、音楽とは、音の響きを論理的に感じ取る習慣以外の何ものでもなかったからだ。彼にとって、人生とはすべて感覚の問題だったといっても過言でない。というのも、すでに述べたように、彼は学習を軽蔑し、形而上的な観念とはまったく無縁だった。この作曲家には旋律の才があるとか、あの作曲家が構想の妙に秀でているといった発言を、いちども彼の口から聞いたことがない。いつも不承不承ながら、「そうだ、あの歌は良い感覚を表している」「あのパッセージはいいなんと美しい感覚だ！」と認めるのがせいぜいだった。

良い感覚とは、彼が良い感覚でとらえたものを正確に意味している。そして良い感覚とは生き生きした和声のことである。彼は他人の視点から感じ取ることができず、ひたすら自分自身の感覚に頼った。良い感覚といっても、彼は、モーツァルトの交響曲第三四番ハ長調の珠玉の緩徐楽章におけるやさしい繊細さに見られるようなものとは相容れなかった。また、シベリウスの弦楽四重奏曲の緩徐楽章における、力強く重々しい苦悩——ベートーヴェン的な性質をもった——の中に見出されるようなものも毛嫌いした。ときに瞬発的に駆けだし、ときにゆったり安らぐ緩急自在のみごとな旋律にも、心を動かされなかった。低音部にごく控えめに暗示される和声も、ときに中音域に現れる挿入句もまた同様である。この種の音楽づくりを彼は嫌悪していた。彼にとって、つき動かす力、つき動かされる力とは、つねに作品の和声的な強度で推し量るものだった。

だが、言葉に音楽をつけることに、彼が無関心だったと想像してはならない。彼が詩句に音楽をつけるため、そのフレーズを何度も繰り返し朗唱する——いつもひどく不器用だった！——のを耳にしていた。彼の英語の不自由さにしばしばたじろいでいたにちがいない多くの人々（私自身もそのひとりである）は、彼が次のように語るのを聞いたら驚いたことだろう。「言葉があると、私はもっともよい仕事ができる」。どんな詩であれ、彼が曲を付けるとき、その核心に触れていたことに疑問の余地はないが、英語による朗唱がいかに拙劣だったか、彼が気づいていなかったのも、また確かだと私は考えている。ドイツ語とノルウェー語の歌曲については、私には判断できる能力がないが、英語の場合には、詩句の意味の奥底から作曲家が引き出したムードに対し、歌詞がほとんど不必要な注釈になってしまっている。彼がそれらの歌詞に添えた旋律のアクセントは、詩句そのもののアクセントと完全に食い違っている。もし作曲家が曲を付けるべく与えられた言葉の輪郭や間隔の取り方を完璧に生かそうとさんざんに苦心したうえで、美しい旋律の輪郭や間隔を犠牲にすることをためらうというのなら、それを許すことは比較的容易だろう。だがディーリアスの場合、許すことはできない。なぜなら、詩句に触発された豊かな響きのテクスチュアに、心地よく正確に歌詞を配置することも簡単なはずだったのに、言葉の扱いで愚かしい過ちを犯してしまうからだ。《日没の歌》のように、その他の面では素晴らしい作品でもそうである。

一緒に音楽を聴いているとき、しばしば彼が漏らした発言から察せられたのだが、彼は人間の声を必要な厄介者と考えていた。作品によっては声楽なしには成就しないこともあり、それだけに声は苛立《いらだ》たしい邪魔者だった。彼の合唱作品がラジオ中継されたさい、しばしばマイクロフォンの置き方で、声楽が不必要にめだつとき、彼はこう言い放つのだった。「オルケスター（Orchester）

をもっと大きくできないか？」（彼はいつもドイツ語の単語を用いた）。「合唱団が聞こえるかどうかは、私には大して問題ではない。オルケスターだ――オルケスターこそもっとも聴きたいのだ」。ワーグナーを聴いていても同様だった。「歌手たちはあまり気に留めない。どんな内容を歌っているのかも。ものがたるのはオルケスターなのだ」

彼が声楽の書法の中で理解していたのは、合唱の響きの音色と、和声的テクスチュアのなかで特定の旋律線を効果的に伝えるために必要な、声部の強調や選択の独特なやり方だった。彼は一九〇六年にエッセンの音楽祭で初演された《海流》の初期段階でのリハーサルのことを、しばしば愉快そうに振り返った。彼らはその合唱パートが不必要にむずかしいと考えて、ある知恵者がいくつかのパッセージを書きなおすことにした。じっさいの和声は変更することなく、ただ声部の割り振り方を変えて、歌いやすくしようとしたのだ。あれこれ苦労したあげく、彼は作業をやりとげ、作曲家のために高貴な貢献ができたと確信した。新たな声部書法から筆写譜が作成され、合唱団のメンバー数人を選抜して、その改良版を歌ってみせることになった。憤慨する作曲家に、書法の誤りを気づかせようとしたのである。「連中が歌い終えたとき、私はその男にたいし、全部をもとに戻すよう申し渡した。いかなる変更も認めないぞ！　と。彼は私の音楽から特徴をすべて拭《ぬぐ》い去ってしまったのだ。けっきょくのところ、彼は謝罪して、これは自分にとって目から鱗《うろこ》の出来事だと語った。声部書法を変更すると、音楽の響きがかくも一変するとは信じられなかったのだ。最終リハーサルでオーケストラも加わった合唱の十全な効果を耳にして――当時のドイツでは徹底的なリハーサルがおこなわれていたのだ！――彼はあらためて驚き、合唱のパートは私が書いた割り振りどおりに響くべきだと、彼自身の耳で悟ったのだ」[40]

言葉による音楽に彼が無感覚だった根底には、私の考えでは、ある種の文学趣味の欠如があった。人の本棚はその精神をくっきり映し出すというが、非の打ちどころのない趣味の持ち主だったヘセルタインから何度かもらった十数冊の本を除いては、ディーリアスの精神のなんたるかをうかがわせるような書物はごく少なかった。

私が彼を知っていた六年間、彼が英語で読んでいたものといえば、政治家や芸術家の自伝のたぐい、探偵小説、海にまつわる冒険譚《たん》のあれこれ、といったあたりしか記憶にない。多彩な内容で、話の展開が早ければ、彼は満足した。コンラッドのようにじっくりものがたる作家には忍耐がなかった。英詩については驚くほどわずかしか知らず、私がグレーにいるあいだ、英詩は一行たりとも朗読を所望されなかった。たまには私たちのいつもの読書習慣から外れるのもいいかと何度か思ったのだが、彼はいつも私の提案を退けた。

《人生のミサ》の歌詞は、彼がブルターニュでの休暇中、フリッツ・カッシーラー[41]とともに『ツァラトゥストラはこう言った』から言葉を拾い出したものだが、これはあくまでも例外であり、一八九五年以降のディーリアス作品のほぼすべての歌詞は彼の妻が選んでいた。彼の即興演奏をまず聴いて、そこにただよう悲しげな憧れの感情にふさわしい詩に出くわすと、彼女はその詩句を書き写し、彼の机の上に置いた。彼女の言葉によれば、彼が弾くピアノはとても痛切だったため、心が張り裂けるかと思ったそうだ。モシェレスの孫娘として生まれた彼女は、幼時から音楽や文化にめぐまれた環境で育った。青春時代に即興演奏を数多く聴いたが、ディーリアスの演奏とは雰囲気も手法もまるきり別ものだった。誰もがそれとわかる主題にもとづいて変奏していたが、ディーリアスの場合は主題などなく、和音があるだけだった。興に乗って即興するとき、やり方はいつも同じだった。きわめて静かに、夢見るように始まり、ゆっくりと歩を進め、じわじわクライマックスに達し、そこから次のクライマックスへと、熱に浮かされたように進行する。そして音楽はすさまじい炸裂《さくれつ》へと登りつめる。やさしげな戯れが何度もあり、冒頭と同じような静けさで締めくくられる。

妻が言うところによれば、ディーリアスはひどく下手なピアニストで、自作を衝動的なやり方で弾いたという。彼の瘦《や》せてほっそりした指は、ちょっとした一節すら手際よく弾くことができなかった。テクニックの制約はいつも彼の重大な弱点であり、あちこちの出版社で作品を試奏するさいも、楽譜を見て弾くことができなかった。だが即興となると、まるで別人の指が鍵盤に触れるかのようだった。彼女によれば、そうした即興は独自のやり方で、名手が弾く流麗な演奏に負けず劣らず感動的だった。むしろ彼女の耳にはずっと音楽的に聞こえた。

ディーリアスが弾く即興が聴けたならおもしろかっただろう。彼の作曲がいかに即興から影響されていたか、わかったかもしれないからだ。彼は作品のあらゆる細部をピアノで作曲したが（《夏の歌》の冒頭は例外である）、私の考えでは、彼がしばしば和音を半音階的に機械的に移行させるのも、声部書法に動きがとぼしいのも、頻出する弦楽器に不向きな書法も、彼の音楽に多く見られる単調で退屈な四分音符の進行も、すべて彼の鍵盤楽器におけるテクニックの制約に起因するものであろう。

ディーリアスの音楽は聴けばすぐにそれとわかるが、そこにスタイルはない――一般に認識されているスタイルとは、精密さ、自然な流儀、簡潔なたたずまい、貴族的なふるまい、優美な仕草などが完璧に統御された状態を意味する。このようなスタイルは短距離の安全な飛翔ばかり試みる芸術家たちの特権である。ベートーヴェンのラプソディックな激情に見られるものと同じスタイルの感覚をディーリアスのラプソディックな憂愁の中に求めるのはお門違いだろう。重々しい気質をもった知性がスタイルをまとうことはまれである。

ディーリアスの音楽ほど、説得力のある解釈がむずかしく、多くのリハーサルを要する音楽はない。悪い演奏だと、これほど退屈に聞こえる音楽もない。単純なテクスチュアを束ね、そこに生命を吹きこむには、高度な芸術性と技巧が不可欠である。ディーリアスはいわばクリケット・チームの気のいいメンバーであり、下位打線の一角に位置し、声援と注目を必要とする。膝当てのパッドや打撃用のグローブの装着も、帽子をきちんと整えるのも、誰かに手伝ってもらい、ときには代走者を立てる必要もある。でもそうするだけの価値はある。彼はいつもなんとか得点を獲得する。打球にはまぐれ当たりもあるだろう。ミドル・スタンプの柱めがけて投げられた球を受け身のストロークで打ち返すのが強打者とすれば、ディーリアスはおっとり平然と、バット、パッド、グローヴを総動員しながら、同じような投球を受け、かろうじて守備《スリップ》をかわして境界線《バウンダリー》へと導こうとするだろう。そして、場外に飛ばすはずのボールをずいぶん手前でキャッチされてアウトになってしまう。だが驚いたことに、彼の逸脱行為が他のメンバーの心配の種になることもなければ、彼がチーム全員を合わせたよりも多くの面倒を引き起こすわけでもないのだ。

この音楽は独立独歩であり、その歩みが直感的に把握できなければ、指揮者も演奏家も歌手もディーリアスの楽譜を閉じ、手放してしまったほうがいい。ディーリアスの音楽は習得して味わうものではない。耳にしたとたんに好きになるか、最初からずっと性にあわないかのどちらかだ。おおぜいにアピールする芸術ではないが、少数の人々からはいつも愛され、熱愛される。

ディーリアス作品のいわゆるイギリス的な性格について結論が記せず、私ははなはだ弱い立場にいる。私は自分の限られた体験からしか彼の音楽について語れない。セシル・グレイのような透徹した思索家は、論考のなかでこう結論づけている。「《ダンス・ラプソディ》第一番、《夏の庭で》、そして小管弦楽のための二つの愛すべき小品[42]ほど、まぎれもなくイギリスらしい音楽は存在しない。二つの小品の最初のものは、意外にもノルウェー民謡にもとづいているにもかかわらず。《ブリッグの定期市》の最初の数ページは、霧が地平線をうっすらと覆い、夜明けの芳香が大気にただようイギリスの田舎の夏の早朝を、なんと魔法のように呼び覚ますことだろう！」

それにしても理解に苦しむのだが、私がイングランドの田園地方を歩くとき、ディーリアスの音楽を口ずさむことがめったにないのはなぜだろう。代わりに私が口ずさむのは、エルガーの美しいパッセージなのだ。チェロ協奏曲や弦楽のための《序奏とアレグロ》、弦楽四重奏曲からの一部、《フォルスタッフ》の愛すべき間奏曲、《エニグマ変奏曲》の「W・N」と題された変奏、あるいは第二交響曲の終楽章の冒頭主題。

フランスに帰って、ディーリアスが三〇年以上も歩いた同じ道を散歩する間、私はディーリアスの音楽を頭から追いやることができない。散歩のとき、彼は音楽のことしか考えていなかった。その音楽は、彼が私に語ったように、年を重ねるにつれ彼のなかで熟成していったのだ。散歩のあいだ、私もずっと彼の音楽を口ずさんでいる。夏の日のグレーの庭園、河、森、家の向かいに広がる牧草地、モンティニーへと続く美しく忘れがたい散歩道、ヴィリエとルクローズを囲む豊かな田園、肥沃な褐色《かっしょく》の大地、マルロットへと向かう道で日没のときだけに感じた名状しがたいあの感情。私が思うに、それこそがディーリアスの着想の源であり、イングランドではなかった[43]。サー・トマス・ビーチャムの魔法の指揮をもってしても、その音楽から私はイングランドを「聴く」ことができない。それは私をグレー周辺の田舎へと連れ出すのだ。グレーにいるあいだはずっと、私はホームシックにかかったとき以外、エルガーの音楽のことを考えもしなかった。

ディーリアスの芸術的系譜について、たとえこの種の書物にそれが望まれるにしても、私にはそれをたどるための学識はない。それには何年もかけて深く学ぶことが必要で、それをやってのける若者はまれだろう。これこれの作品の転調はグリーグを連想させるとか、旋律線の輪郭はショパンだとか、流れの感覚がワーグナーだとか。これらはやっかいな囮《おとり》であり、油断すると引っかかってしまう。時間に余裕のある年齢になったら、学者たちが、芸術家がどのていどまで他人の作品から影響され、表現の類似が、どのていどまで精神の無意識的な同質性の所産なのか、示してくれることだろう。だが、おそらくはディーリアスの場合、そのような啓発されたまなざしも、私の観察を上まわりはしないだろう――彼はディーリアスとして始まり、ディーリアスとして終わったのだ。

ディーリアスの音楽にたいする個人的な反応がどうであれ、終始ずっと変わらなかった彼の芸術における誠実さは、誰しも称賛せずにはいられない。私がグレーを訪ねる数カ月前、ポーランドの新聞に寄稿した記事のなかで、彼はこう述べている。「いきなり見解を一変させ、醜悪《しゅうあく》な無調を試みる音楽家は明らかに間違っている。現在の動向は、想像力の欠如によるものか、感情の欠落のせいなのか？　生活のあり方が急変したことに起因するのか、あるいは広報活動、成金趣味、扇情主義、自己宣伝に励んだ結果なのか？　すでに時代遅れにみえるキュビスムや未来派の同類なのか？判断するのはむずかしい。だが私は確信しているのだが、外からの影響や、定められた原理や理論から、美しい音楽は生まれない」

「外からの影響や、定められた原理や理論から、美しい音楽は生まれない」――この言葉こそ、彼という人と音楽家を要約している。

彼はヴェルディの言葉に心から同意したことだろう（ヴェルディは彼と同じく、つねにわが道を行った生まれながらの闘士だった）。ヴェルディはこう言っている。「私は霊感を信じている。あなたは職人芸を信じている。あなたの判断基準を議論の基礎としては認めるが、私は芸術をその完全な表明として求めている。あなたが好むような娯楽、器用な技、制度ではなく。私は正しいのか？　間違っているのか？……深く根ざした信念を曲げて屈服するほど、私の背骨はやわではない。芸術家が真理の意味するところを理解すれば、過去の音楽も未来の音楽もない。写実主義の画家も理想主義の画家もない。古典派の詩もロマン派の詩もない――あるのは真の詩、真の絵画、真の音楽なのだ」

真の音楽を書くには、人は世にもまれな存在、真の芸術家にならねばならない。いかなる時代の芸術家も、ディーリアスほどこの呼称に値する者はいない。人生にたいするその否定的で、いささか陰鬱《いんうつ》な見方にもかかわらず、彼の最良の部分は私たちの喜びのためいまも生きている。高貴な音楽芸術が敬愛されるかぎり、彼の音楽は演奏されるだろう。彼の音楽こそ真の音楽、偉大にして不朽の名声がもたらす栄光である。

Ⅳ
日没

ご記憶かもしれないが、私は一九三三年の夏、必要とあらば戻ってくるという了解のもと、グレーを離れた。私が必要とされるとすれば、それは音楽に関係することではなく、もっと重大な出来事にちがいなく、その恐ろしい予感——それが何であれ——は私の念頭から去ることがなかった。私はどのように終わりがやってくるのか、いつも考えた。ディーリアスは夫人よりも長生きするのか、絶え間のない看病と心労で彼女が急に弱ってしまうのではないか。

ディーリアスは一九三四年一月一二日、エイドリアン・ボールト博士〔1〕の指揮による《幻想的舞曲》の初演に「聴き入って」いた。「空模様は思わしくなかったのですが、フレッドはとても上機嫌で、彼が判断したかぎりでは、よい演奏でした」との判定がくだされた。

その月末、次のような手紙が届いた。

一九三四年一月二三日

フレッドはこのところ一週間近く体調が思わしくなく、私はとても心配しています。……私がパリにいるP博士に電話すると、もし発熱や痛みがないのなら、差しせまった危険はないだろうと彼は言いました。でも、フレッドの看護人も私もとても心配でしたから、私たちはヌムールの医者に来てもらいました。彼がフレッドにとても厳しい食事制限を申し渡したので、私たちは彼をベッドにおとなしく寝かしつけ（ああ、なんてむずかしいこと！）、料理をすべて塩抜きで味付けし、お楽しみの飲みものもなし、魚も鳥肉も、ミルクも駄目ということで……フレッドを知るあなたには、私が直面しているすべてがおわかりでしょう。

ほどなく私は別の手紙を受け取った。

薬、食材、そして病院での診断のため、私は何度もフォンテーヌブローに出かけ、ペギーが辞めてしまったので朗読はすべて私の役目となり、私には手紙を書く時間もないのが現状です。でもフレッドはずいぶん快復し、あの食事制限は続けられない、フレッドは何も口にしないから、と私が医者に訴えたので、私たちは普段どおりに戻り、昨日の昼食に彼はシードルを飲みました。

ビーチャムの演奏会をお聴きになりましたか？　私たちはかなりいい音で聴きました。その日の午後は発動機をもつ人たちにお願いして、理解が得られたので、パン屋さんは電気なしでパンを焼き、Bさんも C さんも家畜の餌《えさ》は手動で与え、肉屋のおかみさんも発動機を消してくれました。これにより、放送をかき乱す雑音の原因の多くが発動機だったことがはっきりしました。《おとぎ話》は、フレッドの考えではとても素晴らしく、かつてこのような演奏は聴いたことがないとのこと。《日没の歌》にもいたく喜びました。全体のまろやかさ、ビーチャムがオーケストラを扱うすぐれた手腕、オルガ・ヘイリーのみごとな歌唱。《楽園への道》も素晴らしく、手もとにあるレコードよりもさらに力強く、さらに情熱的だと彼は感じました。フレッドがこんなに上機嫌で音楽にうなずくのを見て、私はとてもうれしく思いました。

また、三月一二日付の手紙には、次のようにあった。

フレッドは元気です。私たちはいつも以上に朗読に励んでいます。今日はローストポークを脂《あぶら》と皮つきで食べるところです。私がフォンテーヌブローまで買いにいき、フレッドはとても楽しみにしています。これについて、もう三週間も話題にしていたのです。フレッドはいまや食事にとても興味を示し、これはいい兆候だと私は思っています。とはいえ、彼の関心や想像のほうがいつだって食欲よりも大きいのですが。

四月の初め、私はディーリアスが重病だとの噂《うわさ》を耳にして、悪い予感がした。ただちに夫人に手紙を書いた。彼女はすぐ返信をくれた。

一九三四年四月八日

親愛なるエリック――いいえ、フレッドの容体は深刻ではありません。でも私たちはくれぐれも用心しなければなりません。……何よりも深刻なのは、毎日同じころ（午後五時）決まって襲ってくる激痛に彼が苦しんでいることです。常備している鎮痛薬を飲むのですが、服用しないと痛みはひと晩じゅうずっと続きます。とうぜんのことながら、翌朝になると彼は憔悴《しょうすい》しきっています。

何人かの来訪者があり、フレッドが面会しなかったところから、そのような噂が立ったことはあなたにも想像できるでしょう。こちらにお越しいただくにはおよびませんが、来てくだされればうれしいし、言葉にならないほど私には助けになります。一カ月間ほど滞在されてはいかが？　いまいちど、音楽について語ることで、フレッドは決まりきった日常から逃れられるでしょう。彼に尋ねてみましたら、すぐさま答えが返ってきました。「ああ、エリックがここにいてくれるのが、私はいつだって大好きだ」……

すぐにはグレーへ発てなかったため、私は五月に彼らを訪ねることにした。出発日の一週間前には手紙が届き、そこにはいつものようにディーリアスが所望する品々のリストが記されていた。それから二日後、夕方の散歩から戻ると、一通の電報が私を待ち受けていた。それは私を驚愕させた。「到着はいつですか？　私は明日フォンテーヌブローのサン・ジョゼフ診療所で手術を受けます。イェルカ、一九三四年五月一七日」

私はことの重大さを悟ったが、その晩すぐ出発しても何も得るところがないと気づき、翌朝まで待つことにした。案の定、また手紙が来た。

一九三四年五月一六日

親愛なるエリック――残念ながら私は重い病気にかかっています。もうこれ以上どうにもならないところまで来てしまいました。今夜、迎えが来て、フォンテーヌブローの診療所で手術を受けます。お願いです、エリック。どうか一刻も早くこちらへお越しになり、フレッドのそばにいてやってください。もしも許しが出たら、私にも面会に来てほしいのですが、フレッドが何よりもだいじです。もうこれ以上は書けませんが、どうかお願いですから、私たちを見捨てないでください。

愛をこめて

イェルカ・ディーリアス

同じ郵便受けに別の手紙も届いていた。それは近所の人からの報せで、いますぐグレーに来て家の世話をしてほしい、との内容だった。夫人は手術に耐えられないかもしれない、病状はそれほど重篤《じゆうとく》で、もし病院から生還できても、あとは寝たきりの生活になるだろう、とあった。

グレーへと急ぐ道中、私の頭は恐ろしい可能性でいっぱいだった。彼女が亡くなる前にフォンテーヌブローに着けるだろうか？　もし彼女が死んだら、私ひとりでどうやってディーリアスを世話するのか？　私の青春をすべて犠牲にするということなのか？　私は最期まで彼のそばにいなければならないだろう。

そのときは思いもしなかったが、私を呼び寄せていたのはわが友の死の床だったのであり、夫人はそのあと一年も生き長らえることになる。

不思議なことに、グレーに戻ることは何度もあったが、この日がもっとも美しく感じられた。フランス人が使う頭でっかちの巨大な二輪の荷車を曳《ひ》きながら、大きな白い牡牛《おうし》たちが野原をゆったり横切っていた。あちこちで褐色に日焼けした人たちがちょうど花盛りの果樹の下に少人数で集い、パンとチーズを食べながら赤ワインを罎《びん》からぐい飲みしながら休憩していた。別の人たちはつば広の麦藁帽子をかぶり、アスパラガス畑を背にして仰向けで横たわっていた。このような地上の善良なるものに、私の思いはどうしてもなじめず、わずかな注意しか払えなかった。

私は家のなかに入ると、真っ先にディーリアスの部屋へ向かった。階段を昇りかけると、彼の呼び声が聞こえた。「エリック、エリック、君かい？　エリック！」

「来ましたよ、ディーリアス！」と私は叫んだ。

「ああ君、戻ってくれてよかった。どこにいる？　ここへ来て、ここへ来ておくれ！」と彼は大声をあげた。

私はベッドのかたわらに行き、彼が差し出した華奢な手を握り、額にキスをした。彼が子供のように泣いていたのである。彼の横にたたずみながら、私は自分が目にした光景がとても信じられなかった。それまで彼のそのような姿を見たことがなかった。すっかり痩せ細っていたが、それでも六年間見知った彼の面影はまだ残っていた。

「なんという災難だ！」と彼は言った。「イェルカは重病で、私はここにひとり取り残されてしまった」

彼は続けて、看護人が乱暴で不作法なので大嫌いになった顛末《てんまつ》を語ると、同じ部屋に住んで、ずっと側にいてほしいと私に希望した。ヨークシャーの人間ならいつでも困難を切り抜けることができます、すべてがうまくいくでしょう、などと私はつぶやいた。私がそこにいることで、彼は憔悴しながらも満足したらしく、夫人の病気の話題すら口にしようとしなかった。何か朗読でもしてくれないか？

「『ハックルベリー・フィン』をまた読んでみようじゃないか！」と彼は言った……。

これが一時間ほど続いたあと、私が朗読しているところに、ドイツ人の看護人が入ってきて、深々とおじぎをした。ちらと自分の時計に目をやると、私のほうを見て、エドガー・ウォーレスのスリラー小説のドイツ語版を取り出した。彼は老人を驚かせてしまうほどの大声で読みはじめたので、私の努力は水泡に帰してしまった。

エドガー・ウォーレスにマーク・トウェインではまったく釣り合わないと気づいたので、私は本を下に置き、すぐに戻るからとディーリアスに小声で告げると、ブルックス夫人に会うため、教会に駆けつけた。現状を正しく把握しようとしたのだ。手術は成功だったと彼女は教えてくれた。翌朝になれば、私はディーリアス夫人に面会できるかもしれない。ほっと胸をなでおろした。

その晩の夕食後、ディーリアスを起こすつもりで、彼の部屋へ上がった。「ねえ、ディーリアス」と私は言った。「蓄音器で何か音楽をかけましょう」

「それはいいね」と彼は答えた。「《夏の庭で》をかけておくれ」

私は下の階へ行き、ＥＭＧ社の蓄音器の大きな喇叭《らっぱ》を階段のほうに向けて、ジェフリー・トイ[2]指揮のレコードをかけた。

それが彼の聴いた最後の音楽だった。

彼の表情はめっきり明るくなり、私たちは音楽について語りあった。君は最近ビーチャムに会ったかい？　はい、お会いしました、と私は答え、ほんの数週間前にクィーンズ・ホールで聴いた《パリ》の素晴らしい演奏について話した。老人は喜んで、サー・トマスが最近ディーリアス協会のために録音した《パリ》と《おとぎ話》のレコードを聴くのが待ち遠しい、と口にした。

「私の最良の作品にかんして、望むことはただひとつだ」と彼は言った。「トマスにすべてを録音してほしい」

ディーリアスは明らかに、夫人の病状の深刻さを悟っておらず、ちょっとした手術からじきに快復し、帰宅したらすぐ普段の世話を再開できると思っているようだった。私がフォンテーヌブローに彼女を見舞って戻ると、彼はいつも同じ質問をした。「彼女は明日、戻ってこないのかね?」

日に日に私の困難は増加していった。彼女の世話から彼の世話へ、彼の世話から彼女の世話へと、私は行ったり来たりを繰り返したあげく、二週間すると私の心労と不安、責任感は身体が耐えうる限界を超えた。痛みをやわらげるため処方されたピレターヌという薬が彼の体調を悪化させ、食事が喉《のど》を通らなくなり、徐々に衰弱していき、朗読の時間ですら眠れなくなった。いまや私は毎日九時間も朗読し、夜間も大半はそうしていた。朗読で彼の意識を逸《そ》らさないかぎり、彼はずっと苦しそうだった。同じ姿勢で長時間は休めないので、体を動かしてやらねばならず、背中の痛みを引き起こすパジャマの上着の折り皺《じわ》を広げるため、彼を抱き起こす必要もあった。おおぜいの看護人が世話すべき状況だったが、どうせ彼は全員を馘首《くび》にしたことだろう。さすがの彼も、必要にせまられたときは我慢して看護人に接していた。

私はサー・トマスに《パリ》の試聴盤を送ってくれるよう懇願《こんがん》した。すでに送付済みと返事が来たので、私たちはそれが聴けるのをいまかいまかと待ちわびた。悲しいことに、試聴盤はカレーのフランス税関に留め置かれ、それが非売品だと伝えるため何通も手紙や電報を送ったにもかかわらず、ディーリアスが死ぬまで、禁は解かれなかった。

ヌムールの医師と状況を徹底的に相談し、いまでは危機を脱して順調に快復していたディーリアス夫人とも少し話したのち、この医師の同僚で、フォンテーヌブローに着任したばかりの名医を招き、ディーリアスについて意見を求めることになった。だがこれにはいろいろ策略をめぐらす必要があった。ディーリアスは夫人にすべてを頼りきっていて、彼女の承諾がなければ診察に応じないだろうからだ。ここでもまた、彼のような繊細な知性をかき乱さないことが肝心だった。二人の医師と夫人のおかげで、この再発が一時的なものであると彼を思いこませることができたと確信している。彼女が戻ってくるころには快復しているだろうと。それまで私はこうした機会には席を外していたのだが、今回は医師がやってくるとディーリアスはこう口にした。「ねえ君、私をひとりにしないでおくれ」。医師たちが一〇分ほど部屋に滞在し、たがいに目を交わすのを見て、私はその視線から病状が思わしくないときに医師が示す冷ややかな失望を読み取った。ディーリアスはおとなしく従順に、彼らの質問にしっかり答えていたが、視力について質問されると、苦々しい不快感をあらわにした。医師たちは下の階に移り、半時間ほど協議を重ねたすえ、戻ってきて彼らが定めた治療方針を発表した。私を脇へ連れ出すと、フォンテーヌブローの医師は、ディーリアスは長くても三カ月以上はもつまいと告げた。私は一刻も無駄にせず、ただちにサー・トマス・ビーチャムとバルフォア・ガーディナーに事態を報告した。後者は七月にグレーを訪れようと申し出てくれていたので、もしいますぐ来てもらえたら、危機に瀕する私にとって大助かりだと伝えた。彼は寛大にも喜んで同意してくれ、万難を排してグレーに急行してくれた。

その間に、新たな療法が功を奏してディーリアスはかなり快方に向かい、友人が到着するころにはいちじるしい快復をみせた。残念なことにバルフォア・ガーディナーは二日以上滞在できなかったが、もしまた再発したら駆けつけようと親切にも約束してくれた。このとき彼が与えてくれた親愛の情、理解と助言のおかげで、私はひとりでやっていくことができた。

バルフォア・ガーディナーが発った直後、ディーリアスの体調はやや悪化したが、死が差しせまる兆候は少しも感じられなかった。私たちはマーク・トウェインの『西部放浪記』のメキシコの暴れ馬の章にたどり着き、その武勇談について老人は笑いながら冗談を口にした。だが朗読を続けるうち、私は彼がしだいに興味を失っていくのに気づいた。ゆっくりと昏睡《こんすい》状態に陥っていく様子だった。私はすぐ医師を呼びにやった。(ディーリアスが私生活を保つためにとった防御策――電話の設置を拒んだこと――がいまや深刻な障害となった。ヌムールの医師との夜間の連絡手段は、料理人の夫と、彼の調子の悪いオートバイだけだった。この親切な男に頼みこむと――いつも喜んで手助けしてくれた――私はディーリアスの寝室を歩きまわりながら、彼を楽にしてあげることもできぬまま、不安のなかでただ待ちながら耳をそばだてていた。果てしない時間が過ぎたのち、道のほうから轟音《ごうおん》と破裂音が聞こえ、しだいに大きくなる。「ああ、来てくれた!」と独りごとを言うと、彼らを迎えるため下の階へ静かに降りていった。ところが音は徐々に小さくなっていく。彼はこれから出発するところだったのだ!)

医師はモルヒネ注射を持参し、ほどなく症状は治まったが、薬の効力が弱まるにつれディーリアスはふたたび落ちつきを失い、私に朗読するよう所望した。こうして翌朝の八時に医師が再訪するまで、私は朗読を続けた。ディーリアスを生き返らせる方法がひとつある、と医師が口にした。午前中に、夫人を病院から連れてくるというのだ。やがて昼には車椅子の彼女がディーリアスのかたわらに座り、私は部屋に二人だけを残した。ディーリアスが急激に衰弱していくのは明らかだった。もう話す力はなかった。彼が望んだのは、応答をする必要のない、心地よい声の持続音だった。それを止めてはならない。ずっと、いつまでも、途切れなく話を続けるのだ。

私はサー・トマス・ビーチャム、バルフォア・ガーディナー、アーネスト・ニューマンに電報を打ち、ディーリアスが重態だと伝えた。この最悪の状況下でも、親切なオールデン・ブルックス夫妻の行き届いた配慮により、ディーリアス夫人のための優秀な看護人がすぐ見つかった。いまや家の中はさながら小さな病院と化した。看護人が来るたび、ディーリアスは苦痛に喘《あえ》いでいた。医師は四時間おきに訪れた。六月八日、金曜日。その日の夕方、ディーリアスは少し楽になり、夫人がかたわらに運ばれてきた。「イェルカ、うれしいよ！」彼女がそばにいると知らされて、彼は小声でそうつぶやき、かすかに微笑んだ。夜遅く、彼の痛みは激しくなり、顔の造作まで変わってしまった。看護人と私にできたのは、彼がベッドから転落するのを食い止めることだけだった。忘れることのできない、名状しがたい恐怖の一夜がようやく明けると、朝早く、モルヒネ注射器を持参して、医師が二度目の訪問をおこなった。その土曜日の朝六時、ディーリアスはぐっすりと鼾《いびき》をかいて寝入った。それから一日じゅうずっと大口を開けたまま横たわり、鼾まじりの呼吸音が下の庭からも聞こえるほどだった。村の時計が一二時を打った。真夜中である。まだ変化はなかった。呼吸の激しい動きのほかは、一八時間じっと身じろぎもしなかった。

皆は私に少し休むべきだと説き伏せ、私はしぶしぶ長椅子に身を投げ出し、彼が身動きしたら起こすように頼んだ。日曜日の朝四時、私は起こされた。「フェンビー様、彼がまた動いています！」私は彼の寝室に駆けつけた。看護人がもう最期のときが近いと告げた。別の看護人が言った。「話しかけてください」。私はもう駄目と知りつつ、彼の上にかがみこんで呼びかけた。「ディーリアス、ディーリアス、エリックですよ！」 私はそれまで「死」を見たことがなかった。私の頭のなかで、死は医師、司祭、涙と結びついていたが、じっさいに「死」が訪れたとき、これらのお供は誰もいなかった。それから五分とたたぬうちに、彼は死者らしくなったが、パジャマの上着を脱がせたとき、まだ心臓がかすかに鼓動していた。彼の手を握ると、私の手のなかで冷たくなっていくのを感じた。これが最期だった。

私は夫人の部屋へ行った。病身の夫人が私のほうを見ようと、横臥《おうが》した体を起こしたときの苦しげなまなざしは忘れられない。「奥さん」と私は言った。「気を確かにしてください。ディーリアスは亡くなりました！」

彼女は口もきかず、泣きもせず、ただ枕もとに沈みこみ、しばし茫然としていた。ちょうどそのとき医師が到着し、ベッドに横たわる遺骸《いがい》を検死したあと、私に向かってこう申し渡した。「はい、彼は亡くなりました（Oui, Monsieur, il est mort!）」。彼の体を音楽室に横たえることにした。彼の姿を見たいので、連れて行ってほしいとディーリアス夫人が懇願したので、彼女を小さな車椅子に乗せて運んだ。夫をどのように横たえたらいいか、彼女は的確に説明すると、グレスピエ夫人に指示して、庭から薔薇を摘んで来させた。彼女はまもなくバスケットをいっぱいにして戻り、私たちはそれらの花々を彼の周囲に撒《ま》き散らして、彼をそっとひとりにした。時刻は五時半に近く、あたりは白んできた。医師に礼を述べて玄関まで見送ったあと、私は音楽室の亡霊のような静けさにふたたび身を置いた。そして、青二才の分際で彼を手助けしようとやって来たあの日以来、私にとってまるで父親のような存在となった、この尋常ならざる不思議な人物の横にひざまずいた。そして私は祈った。神が私たちの罪をお許しになり、彼の魂をどうか受け入れてくださいますように、と。

朝食をすますと、私はサー・トマス・ビーチャムとバルフォア・ガーディナー宛てに電報を打ち、ディーリアスの死を報せた[3]。それからディーリアス夫人、ブルックス夫妻、私とで彼の埋葬の件で相談した。

ディーリアスは自宅の庭に埋葬されるのを希望していたが、それが不可能だったので、ならばイングランド南部のどこか田舎の教会墓地で眠りにつければいい、そうした墓地は愛するノルウェーの墓地を思い出させるから、と語っていた。ヨークシャー州は荒涼としていて、ロンドンからも遠すぎる、墓参りに訪れる人もいようし、できれば野の花を手向けてほしい、とも。私は彼がそう口にするのを聞いて、とても不思議に思ったものだ。死にさいして魂の消滅を信ずる人が、自分の遺骨の埋葬地についてそこまで考えるものか——ちょっとした思いつきでも——と、じつに不思議な気がしたものだ。

とりあえずグレーの共同墓地への仮埋葬を手配することが決まった。いずれ夫人が移動可能になり、ふさわしい場所がイングランドに見つかるまでの方策である。

その晩、私たちはBBC放送がディーリアスの訃《ふ》報《ほう》を伝えるのを聞いた。それに続いて《楽園の道》から、あの素晴らしい一節が流れた(**譜例**)。

庭を眺めわたし、その音楽に聴き入りながら、私は彼が足を踏み入れた音楽の世界を思い浮かべた。彼が立ち去った後、彼の美しい遺産によってはるかに豊かになった音楽の世界のことを。私はといえば、非情で冷淡で実利主義的な、彼が歌いあげた世界など知る由もなく、欺《ぎ》瞞《まん》と代用品と荒廃の世界しか知らない戦後世代の若者として、個人的な喪失感とは別に、終局の感覚を味わっていた。この人物の死とともに「ロマンスの精神」[4]が失われたかのようだった。

翌日、夫人はパリから石膏職人《せっこう》を呼び寄せ、作曲家のデスマスクと右手の型を取らせた。他に手伝う者がおらず、このおぞましい作業を補佐するのは私の役目となった。そのあと遺体の写真を撮るために写真家が呼ばれ、そうした面々を最後まで見届けると私はほっとした。死にまつわる安手の飾りつけの、なんという恐ろしさ！

その翌日の午後、日がまだ空高い時分、みすぼらしい墓地に彼を横たえた。そこはマルロット街道沿いの、村から徒歩で数分のところにあり、私たちが夕方の散歩で何度も訪れた場所だった。

それまでに私が目にしたもっとも奇妙な儀式であり、あのようなものは二度と見たくない。だがそこには何か——名状しがたい何か——があった。つねにわが道を進み、自分自身に忠実で、生と死にたいして独自の姿勢を貫いたディーリアスという人物らしい何かが。

いかにも葬儀めいた見せかけはいっさいやらないことになっていた。私は戸口に待機した派手な霊柩《れいきゅう》馬車に柩《ひつぎ》が無事に運びこまれたのを見届けると、反対方向のブルックス家へと向かった。馬車はそのまま村の寂しい通りを動き出した。付き添いは馬車のかたわらを前かがみで歩く運搬人たちだけだった。バルフォア・ガーディナー、ブルックス夫人と彼女の妹はすでに出発していた。ブルックス氏、バルジャンスキー、クレンペラー（パリ時代の旧友）[5]と私はブルックス家の車で村を抜け、墓地で先発隊と合流すると、そこで待機した。霊柩馬車が墓地の門を通過すると、後ろに整然と行列すべきだと私たちは直感し、その後につき従った。霊柩馬車は錆《さび》ついた十字架の列に囲まれたあたりに停止した。そこは不気味な色の造花と花輪で飾り立てられていた。柩は馬車から下ろされ、壁ぎわの墓所まで敷地を横切って運ばれた。私たちは何をすべきかわからぬまま、立ったまま控えていたが、運搬人たちは柩を墓の脇の厚板の上に安置し、向き直ると、うながすような様子で私たちに視線を送った。誰かが私の肘《ひじ》をつつき、バルフォア・ガーディナーが「フェンビー、君が行くのだ」と小声で言うのが聞こえた。そこで私は墓のそばまで進み出て、柩を墓穴に下ろすよう合図を送った。これがすむと運搬人たちは脇に下がり、他の人々は緊張し、戸惑いながら、私の立つ場所まで来た。私たちは沈黙したまま少したたずみ、帽子を脱いで墓穴を覗《のぞ》きこんだ。参集者はどんな気持ちだろうかと私は思った。そのあと、私たちはおし黙ったまま、ゆっくりと立ち去った。石工たちが墓穴を埋める準備を始めた。

村人たちのふるまいは申し分なかった。暇つぶしの好奇心や、路上の野次馬見物などまったくなかった。墓地に近づく者もいなかった。彼らはよくわきまえていたのだ。

数日後、ブラッドフォードの市長と市民たちからヒースの花冠が届けられた。ディーリアス家の以前の庭師が二輪の手押し車でそれを墓地まで運び、帽子を手にたたずむかたわらで、彼らの名代として私がその花冠を墓の上に置いた。

私はそれから数週間グレーに留まり、夫人の老いた兄と義理の姉が訪れてくるのを待った。そして夫人が完全に快復したのを喜んで見届けると、イギリスへ帰った。その年のうちに彼女はイギリスを訪問できるほどに快復し、マーガレット・ハリソンの助力を得て、いまもディーリアスが眠るリンプスフィールドに墓所を定めた。とりあえずの予定として、翌年の五月か六月にディーリアスの遺体が運ばれ、そこに埋葬される手筈《てはず》が整えられた。

ところが年が明けて数カ月がたつにつれ、ディーリアス夫人の体調が思わしくないことが判明し、ディーリアスの改葬を前にした数週間というもの、彼女が旅行に耐えられるかも疑わしくなった。しかし夫の葬儀に出席するという彼女の決心は固く、思い留まらせることはできなかった。やむなくパリまで救急車で移送しなければならなかった。けっきょくロンドンまでたどり着いたものの、葬儀に出席できなかったことは、彼女にとって悲しむべき痛恨事だった。

グレーに戻って遺体の掘り出しに立ち会い、ディーリアスの最後の旅に同行するというのが、私が夫人と交わした約束だった。柩は墓地の安置所に置かれているため、私はパリで夫人と別れたのち、単身グレーにおもむいた。翌朝、同乗者がブルックス夫妻に別れの挨拶をし、他の者たちが霊柩車に重い積み荷を乗せているあいだ、私はそのかたわらにたたずみながら、ディーリアスがみずからイギリスの地に埋葬されるのを選んだのは大きな誤りだった、と考えずにはいられなかった。彼のいるべき場所はグレーだ、グレーしかない。

友人たちは私の意見に同意してくれた。

私が振り返ると、人々は道路の中央に立ち、グレーの村を見下ろすマルロット街道を走り去る私たちの姿を見送ってくれていた――この道こそ、彼が元気だったころは好んで散策し、晩年の日々は日没時に車椅子を押されて行くのが大好きだったものだ――私は自分が正しいとわかっていた。

そのときからというもの、奇妙な無関心が私から離れなかった。

フォンテーヌブローを過ぎたとき、時計は九時を指していたので、夜六時にはブーローニュに着けるはずだと私たちは予想した。パリに入る少し手前で西へ折れ、ヴェルサイユを過ぎて、ボーヴェをめざして北上した。車の前列には二人の若者――小柄で太った、陽気で、赤ら顔をした運転手は緑の制服を着ていた。その隣の葬儀屋は背が高く、女々しげな風情、ぴっちりした黒のコートを窮屈《きゅうくつ》そうにまとい、職業的な陰鬱さをただよわせている――が陣取っていて、道中ずっと私の居心地と退屈しのぎに心を配ってくれていたらしい。何か興味を惹く風物を見かけると、葬儀屋の若者はこちらを振り返り、私たちを隔てるガラスのスライド窓を開けて、その特徴に私の注意をうながし、歴史的な背景まで引き合いにして語った。その様子は彼がかつてガイドか何かだったかのようだった。ボーヴェに着くと、彼は昼食にするかと尋ねた。私が賛成すると、彼は大きなホテルに案内し、ここはイギリス人がよく訪れる場所だと言った。私は一緒に昼食をとるのはかまわないが、君たちはあくまで私が招いた客人という扱いだよと応じた。彼らはおいしい料理とワインにありつける小さなレストランを知っていると言い、道端に霊柩車を停めると、大聖堂へと向かう細道に連なる汚い路地へと私を案内した。私たちはそこでレストランを見つけ、中に入った。料理は彼らが請《う》けあったとおり、いや、それを上まわっていた！　フランスで忘れてはならない決まりがある。英米人が食べる場所ではなく、フランス人が食べる場所で食べよ。同行の二人はとても話し好きでおもしろく、彼らの稼業について私は多くを知った。彼らは聞き上手でもあり、とくに英国王の即位二五年祭や、彼らのような連中のロンドンでの生活ぶりについて尋ねてきた。自分たちのような階級の者は、大英帝国の人々の忠誠心や団結心には感心するばかりだ、などと口にした。ディーリアスさんはどういうお方で、何をなさっていたのか？　二人はディーリアスについて聞いたことがなかった。食事のさなか、裏道に駐車してある霊柩車のことが何度も気になって、ちゃんとそこにあるか確かめにいきたいと私が言うと、彼らは大笑いした。私は真面目な口調で、自分には笑いごとではないのだ、と応じた。背が高いほうの同行者が、前かがみになりながら大聖堂の界隈を案内してくれた。この道筋に足を踏み入れることは二度とないだろう。レストランを出たころはまだ外はひどく暑く、彼は相棒が燃料の補給をする間に、狭い道を案内してくれた。広場に出たと思ったら、いきなり目の前に大伽藍《がらん》のファサードが現れた。私がもっぱら思い出すのは、堂内に入ったとき感じた心地よい涼しさである。そういえば、ある日のこと、グレー近くの凍てつくような小さな教会から外のひどい暑さの中に出たとき、私は風邪をひいた、あるいはひいたような気がした。ディーリアスはとうぜんの報いだと私に言った。二度と教会に行くなという教訓になればいいと思ったのだ。

アブヴィルを通り過ぎ、私たちは予定よりも少し早くブーローニュに到着し、波止場へと向かった。ここで係員は汚らしい台帳を調べ、私が持参した死者にかんする書類に目を通し、あれこれ文句をつけたあげく、やっと許可印を捺《お》した。柩はブーローニュの葬儀屋がこしらえた梱包箱に納められ、海峡連絡船に積みこまれた。同行の仲間たちはもう空腹に耐えきれず、私たちはここで別れ

Sunday Dispatch
MIDNIGHT BURIAL OF A GREAT COMPOSER
Sixty People Under Flickering Lamps In A Surrey Churchyard
DELIUS—HIS LAST WISH OBEYED
SERVICE NOBODY HEARD
HOOTING OF OWLS IN AN AGE-OLD YEW
UNDER 2,000,000 —AT LAST
BIG DROP IN UNEMPLOYED
LATEST NEWS
200-MILES JOURNEY
TODAY'S WEATHER

1935年５月26日、『サンデイ・ディスパッチ』紙が伝えたディーリアスの深夜の再埋葬

ることにした。彼らは近くのカフェへ、私は船に乗りこんだ。九時少し過ぎ、他の船客が下船したあとで、柩はフォークストーン港で船のそばに待機するイギリスの霊柩車へと移され、そこから私たちはすぐリンプスフィールドへと直行した。同地に着いたのは真夜中に近く、あたりは漆黒《しっこく》の闇だった。屋根のある墓地門のところで教区牧師が私たちを出迎え、柩は台に安置された。手提げランプに導かれながら、私たちはゆっくり墓地へ向かった。柩は墓穴に下ろされ、教区牧師の祈りが夜の静寂を破った。「絶えざる光が彼らを照らしますように、おお神よ、死者の魂が神のご加護で安らかに眠れますように」。柩はその晩は一時的に板で覆われた。

その日の午後遅く執りおこなわれた葬儀については書かないことにする。本書に興味をもつような方々は皆、あの場にいたか、それについてどこかで読んだだろう。

私にとっては、そのすべてが過ちだった。もしディーリアスの魂があの世から見下ろしていたら、やはりすべてが過ちであり、自分は大間違いをしでかしたと思っただろう。たとえ生まれ故郷であっても見知らぬ場所で見知らぬ者たちと横たわるより、グレーの寒い墓地の壁ぎわで、なじみの農夫たちに囲まれて眠るほうがはるかによかった。

彼の遺骨はリンプスフィールドに埋められたが、その魂は彼の生涯の作品の故郷であり、着想の源泉だった場所、グレーにずっと留まりつづけるだろう。

彼がイギリス、フロリダ、ノルウェーにどのような思いをいだいたとしても、グレーこそが彼の故郷であり、彼の最後の休息場所となるべきだった。

ただひとつ正しかったのは、ほどなく夫人がそのかたわらに埋葬されたことだ。これはかねて彼の望むところだった。そして、それはとうぜんのなりゆきだ。彼女が人生で唯一の目的としたのは、ディーリアスの天才が世に知られることだったのだから。

こうして私たちの友情は終わりを迎えた。ひとりの人物の死。もう二度とあのような人に出逢うことはないだろう。青春とは不思議な時間である。そして青春がもたらすものは、さらに不思議だ。あの手紙を書いたことを、いまどんなにうれしく感じていることか!

Appendix

ディーリアスの作曲法

一九二八年の秋、ディーリアスの自宅で彼と合流するやいなや、私はこの特異な知性の仕事ぶりに直面することとなった。その最盛期に、彼はどのように作曲したのだろうか？　彼に尋ねることなど考えられなかったので、私は夫人に聞いてみた。彼はときどき、弾いたものをスケッチに書き下ろしたようだ――耳と鋭く繊細な判断力によって感じ取られた和音が、紙の上に走り書きされた。ところどころのかたまりは「良い（Good）」と丸で囲われた。これらを使って、彼は新たな作業を開始するか、それが流れるように進まなければ、別の作業を続けた。

彼はまず、特定の和音を、変化をつけずに続けて弾いてみる。これは、じっさいの例である（**譜例27**）。

そして、こんどは同じ和声進行を、音の推進力に変化をつけて繰り返す（**譜例28**）。

こちらは、彼の音の流れの感じ方や、彼がどのようなリ

譜例27

譜例28

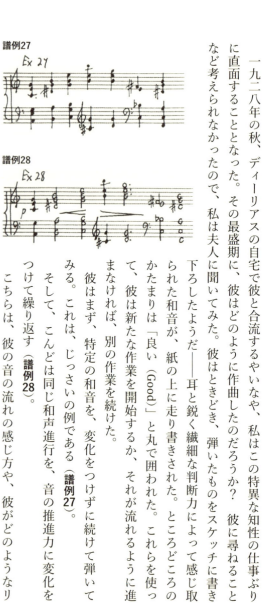

ズムを意図していたかが、ほぼ明確にわかる。これこそ、ビーチャムが最初に魅了されたものであり、彼が最初にきわめようと決意したものだった。

ディーリアスは、キーツのごとく、「我々に対して、はっきりと、押しつけがましい意図をもっている」[1]音楽を嫌った。彼の音楽の多くが、魔法のような開始部と終結部をもっているということは、あるていど、それで説明がつくだろう。それにくらべて、彼の作品の中間部は、説得力に欠けているかもしれない。伝統的な着想の手法を退けることで、莫大《ばくだい》なリスクを彼は背負った。傾聴させるために欠かせない驚きや期待感は、同じようなタイプのテクスチュアの中にはめこまれると、あやふやになってしまうのだ。古典的な対比に慣れた好みや、今日の強引な手法からしてみれば、単調に感じられるのかもしれない。この点についてビーチャムに意見を聞こうとしたのだが、私が受け取った答えは、次のようなものだった。「親愛なる仲間よ、ディーリアスにおいては、つねに何かが起こっている。一方で、たとえばエルガーにおいては、いつまでたっても何も起こらない！チャイコフスキーの交響曲は、リハーサルをしてから五週間寝かせておいても、さらなるリハーサルは不要で演奏できる。しかしディーリアスの場合は、本番当日のリハーサルがあっても、まだリスクが残る！」

話が脱線した。

ディーリアスは三拍子を好んだので、次のような規則的な動きをあてはめるかもしれない（**譜例29**）。

譜例29

譜例30

さらに、基本的な構想の延長線上で、この和声進行を浮揚させるために、アラベスクの遊びを付け加えただろう（**譜例30**）。

この時点で、彼が望むのは、ひらめきに火をつけ、想像力がそれを引き継ぐということだ。ここで、彼は総譜用の紙に手を伸ばす。ディーリアス家もひと息つける。この瞬間から、彼はまちがいなく、ピアノの音ではなく、管弦楽に色づけられた音を聴いていたと思う。ピアノ・スケッチを準備することはめったになく、総譜で作曲するのが、彼の習慣になっていた。最後の合唱曲[2]においても、一楽章を除いて、彼は最終的な響きを口述した。

譜例30のアラベスクを**譜例28**にあてはめてみよう。そこに適切な和声的構想を与えると、ヴァイオリン協奏曲のような作品の源泉と内実がくっきりと浮かび上がる（**譜例31**）。**譜例30**が、《夜明け前の歌》[3]の最後から二番目のフレーズであることは明らかであろう。この段階で、ディーリアスもそのことに気づいていた。

譜例31

この自由なアプローチは、伝統的な基準からみればおおざっぱであるが、彼の意図にとっては申し分のないものであった。ライプツィヒ音楽院の伝統にとらわれた教育法に不満を感じ、独自の孤独な道を見出していったとうぜんの結果であった。これは、彼の個々の作品の音楽的ななりゆきに影響を与えただけではなく、私の考えでは、彼の生涯の仕事の音楽的ななりゆきにも影響を与えた。前の例で示したように、ひとつながりの和声はそれぞれ調的中心音へと収束する[4]。この冒険的な和声進行の本質は、収束の微妙な陰影の中にある。**譜例27**においては、「引力」は中心音であるCに向かっている。これらの一時的な中心音から、半音階的に離脱していく程度に幅を持たせることで、ディーリアスは聴き手の関心を保ちつづけようとした。そしてこれらが順番に、個々の動きにおける主要な調的中心音を確立していく。展望、想像力、そして経験が、変動する雰囲気や速さ、時間軸の内側で、離脱の程度にともなう緊張感を、よりいっそう繊細なものにしていく。それゆえに、色彩の混合というよりもむしろ、純色がみごとな繊細さで並べられたパレットの中で、全音階的和声と半音階的和声のあいだの近接性を自由に取り扱うことによって、ディーリアスはまちがいなく独自の道を切り開いていった。こうした解説から、旋律に関連性がないと推測するのは間違いである。彼

譜例32

にとって和声の最終的な機能は、旋律を生き生きと引き立たせることにあった。ディーリアスほど、旋律の問題に懸命に立ち向かった作曲家はきわめて少ない。作曲家のなかで彼だけが、あるいは私がそう思うだけかもしれないが、高く舞い上がる抒情的散文の中にひそむ陶酔感を、ほんの少しだけ私たちに垣間見せてくれた。その一例は、チェロ協奏曲の上昇する旋律線における控えめな音程の使い方、そして小節内の異なる拍に一六分音符を配していく繊細なやり方に表れている（**譜例32**）。

さらにもうひとつアーチが続けば、不興をこうむるだけだろう――しかし、このひじょうに困難な飛翔への挑戦においても、ディーリアスは大胆さを見せている。

ここまででも、ディーリアスはきっと私のことをけっして許さないだろう。厳格な人だったし、分析を毛嫌いしていたのだから。彼はジョルジュ・ブラックのこの言葉にきっと賛同したはずだ――「芸術において価値のある唯一のことは、説明できないということだ」。

イギリスの画家のなかでも、もっとも魅力的な画家であるマシュー・スミスと庭をのんびり散歩していたとき、ディーリアスは含み笑いをしながら、セザンヌはモネのことを「彼は目にすぎない。だが、なんという目だろう！」と言ったらしいね、と述べた。私もよく、ディーリアスについて、こんなふうに考えたくなる。「彼は耳にすぎない。だが、なんという耳だろう！」

一九八一年版へのあとがき

この一九三六年の回想録を再読してみて、ディーリアスの思い出が忠実に記されているのに驚いた。もし私がいまにいたるまでこれを書くのを躊躇《ちゅうちょ》していたら、真実は思いやりに譲歩していたかもしれず、そのような態度はきっとディーリアスから責められたことだろう。私はアーネスト・ニューマン[1]に勧められて、生々しい印象をすぐ書き留めたのだが、それでよかったのだと思う。あちこち加筆したくなる誘惑を抑えて、説明を要する箇所に注釈を加えるにとどめた。若さにまかせた筆致があるにせよ、私の見方は大筋においていまも変わらない。特別な立場にいたからといって、私の見解が重きをなすわけではない。私が知ったディーリアスという人物、芸術家としての特異な性格を描き出そうと努めたのみである。もし何か価値があるとすれば、ひとえにそれが天才を間近に見た記録だという一点につきる。

私が彼の手となり目となって働いた、驚くべき数年間を顧みると、盲目と身体麻痺という点を割り引いても、ディーリアスほど作曲家らしくない人物は他に例をみないだろう。とても職業的な音楽家とはいいがたい。彼がいかなる才覚で生計を立てることができたか、私には考えもつかない。彼には教師に欠かせない視野の広さをもたず、知識の掘り下げも嫌っていた。一八八六年、二年間のアメリカ滞在後、ヨーロッパへの旅費を稼ぐために、ディーリアスはヴァージニア州の裕福な煙草農場主の娘たちにヴァイオリンを教えたが、これは彼の教育能力でなく、魅力的な人柄の賜物《たまもの》だったと私は確信する。これに加えて、オーケストラについての小冊子[2]の出版という奇妙な事業があり、知られるかぎりこの二つが彼の教育における試みである。ディーリアスは直感に導かれた感情によって自分の道を探り、見出した人物であり、芸術家には知識よりも想像力が重要だと信じていた。頭脳が果たす役割は観察と選択だった。小賢《こざか》しい事務仕事を彼は忌《い》み嫌った。幼い少年が自作の小品を彼に送ってきたことがある。私がそれを弾いて聴かせると、彼はしばらく黙りこんで、こう言った。「この子には才能がある――だが、どこかの教師が彼を捕まえ、勉強漬《づ》けにして、その想像力を窒息《ちっそく》させてしまうだろう」

ディーリアスが演奏家だったとしても、彼が生活していけたかは疑問だと思う。演奏技巧に無関心というより、そもそも演奏そのものに興味がなかった。当初ヴァイオリンを習ったが、作曲への衝動を満たすためにあきらめた。鍵盤のテクニックが自然に身についていたが、ライプツィヒ音楽院で「正しい」指づかいを強要されて台なしにされた、とみずから主張していた。私が彼を知ったときには、もちろん肉体的に一音たりとも弾けない状態だった。たとえ審査員になっても（一九〇七年に一度だけこの仕事を手際よくこなした）、そうした面で決断をくだせない性格だったし、くだらない課題曲を罵倒《ばとう》し、時間の浪費だと参加者を叱《しか》るのがせいぜいだろう。さいわいなことに、彼は恵まれた成長期を過ごした。父からの仕送りが途絶えると、伯父からの支援があり、渡りに舟とばかりに遺産を相続し、そしてささやかな世襲財産をもつ妻が、彼の音楽のために彼にすべてを譲った。彼らはグレー＝シュル＝ロワンで質素に暮らし、彼が名声を得てからもその生活を続けた。

ディーリアスは強い確信に支えられて特異な態度を貫く人だった。その確信のひとつをめぐって彼と妻とは絶えず口論していた——それは自分の音楽の将来である。イェルカはそれを切望するあまり、指揮者たちにおびただしい手紙を書き、出版社を厳しく叱責《しっせき》し、彼女の人生の唯一の目的を果たすべく、あらゆる働きかけを絶やさなかった。妻がみずから「雷の手紙」と呼んだそれらの書簡をディーリアスは知らないはずだったが、うすうす勘づいていて、それが表沙汰になると強く叱りつけた。だが誰が彼女を責められようか？　彼女は当初から経済的に彼の面倒をみており、彼のために絵画制作を犠牲にし、彼に仕事ができる理想的環境を整えた。一方のディーリアスといえば、どうみても出世第一主義者ではなく、最終的に認知されるのを望みながらも、事態をなりゆきにまかせて満足していた。彼には破棄された契約に責任の一端があり、自分の作品の管理に不向きなのも自覚していた。もし指揮者たちが彼の作品を演奏したければ、彼のほうから働きかけずとも彼らはそうするだろう。彼は暗黙のうちに自分の音楽が生き残ると信じていたが、それは音楽そのものの力によってだろう。広告代理店をとおして楽譜を世に送り出すような凡庸ないまのありさまを、彼ははたしてどう考えるだろう！

彼は新しい音楽に無関心だったわけではない。むしろその反対に、彼は若い作曲家たちを深く気にかけ、『ラジオ・タイムズ』誌上で彼らの作品の初演情報に印をつけるよう、私に頼んだほどである。生来の才能が現れはしないかと、彼は高出力のラジオを熱心に聴き入っていた。彼の評言は冷ややかだったが、ときに興味深く、自身の音楽とかけ離れた他人の表現を寛大に受け容れるのをみて、頑強な拒絶を見慣れた私は心癒されたものだ。なかでも彼が高く評価したのは、ウォルトンのヴィオラ協奏曲、《ファサード》、《ベルシャザールの饗宴》、ランバートの《リオ・グランデ》だった。ソラブジのピアノ曲《香り高い庭》では、その「真に感覚に訴えかける美」に魅了された。近隣の電波妨害がラジオ放送を台なしにするというので、発電装置は停止するよう要請された。演奏会の神聖な時間帯には、パン屋はパンを焼かぬよう懇願され、車庫は扉を閉ざされ、近所のアメリカ人たちには最新式のトイレを流さないよう、丁重にお願いしたものだ！　私がいたころには、これがディーリアスと村との交際範囲のすべてだった。

　私がつねに驚かされ、彼が亡くなってからもそれを思うと驚きを禁じえないのは、彼が若い作曲家たちを気づかっていたわりに、自分自身とその音楽の将来について、最後まで考えもしなかった事実である。彼はもう何年も生ける屍《しかばね》のような状態だったのに、ほんの小さな紙切れに、フランスの法律にしたがい、資産はすべて妻に遺すよう記して満足していた。その書類はすっかり古くなり、彼の署名の立会人は全員すでに亡くなっていた。

　亡くなる数日前になって、私への感謝の念を表そうと、私に一〇〇〇ポンドと自筆譜のすべてを遺す旨《むね》、別の遺言補足書を口述し、遺言執行人に親友の作曲家バルフォア・ガーディナーを指名した。この補足書のもっとも重要な条項は、彼の切なる願いをはっきり定めていた。すなわち、彼の印税をたくわえて、それを用いて年次演奏会を催すこと、その演奏会では彼の作品一曲とともに、まだ世に知られない若い作曲家たちの作品を取り上げることだった。残念なことに、バルフォアが法的な手続きを終える前にディーリアスは亡くなってしまった。

その後のなりゆきはこうである。サー・トマス・ビーチャムはイェルカを説き伏せ、私は受け取るはずの自筆譜の代わりに、ディーリアスのグランド・ピアノ、彼の蓄音器、彼の蔵書類と一〇〇ポンドを相続し、演奏会の構想は放棄すべきだと主張した。それは非現実的な計画だと彼は言い切った。その代わりとして、印税はディーリアスの全作品の録音と楽譜編纂《へんさん》に充てるよう、イェルカに強く勧めた。彼女は同意し、こうしてディーリアス基金（The Delius Trust）が設立された。ビーチャムは彼の弁護士フィリップ・エマニュエルを呼び、銀行の管財人とともに任にあたらせ、共同の音楽顧問にフレデリック・オースティンを任命した。ガーディナーと私は無視された。現在の顧問はサー・トマス・アームストロング、フィーリクス・エイプラヘイミアン、ロバート・スレルフォール、そしてノーマン・ミラー少佐が共同管財人である。これ以上に確固たる基金は他に類をみず、長年これほど役員たちの無私の奉仕が注がれた基金もないだろう。価値がはかり知れないディーリアス資料は、レイチェル・ロウ・ダグモアによる予備調査をへて、基金がアーカイヴを設立し、ライオネル・カーリー博士がその名誉キュレーターとなった。もしもバルフォアが憤《いきどお》って――ビーチャムとイェルカ双方にたいして――手を引かなかったならば、ディーリアスの死の床での希望が無視されても、彼はきっとグレーの旧宅を保存し、作曲家の記念館として後世に残そうとしたにちがいない。しかるべき有望な若手作曲家が学び、仕事する場所になったかもしれない。

もうひとつ、空前絶後の好機を取り逃がしたのも惜しまれる。一九六二年にブラッドフォードでディーリアス生誕一〇〇周年記念音楽祭が催されたあと、一〇〇周年記念委員会が出資し、ブラッドフォード市の全面協力を得て展覧会が催された。そこでは画家、音楽家、作家との多彩でコスモポリタン的な交友や、作曲家としての幅広い業績を示す品々など、ディーリアスの生涯を視覚的に偲《しの》ぶ記録物が、多くの出品者から借り集められ、来場者の観覧に供されていた。それらの一部はその後、ロンドンのフェスティヴァル・ホールでも、当時の館長のはからいで展示された。彼はこの展覧会を、パリで催されて評判となったプルースト展の次に高く評価するほどだった。当時これが恒久的な展示につながるかもしれないと空しい期待をいだいた人々もいたが、ブラッドフォードでは地元の人気がもっと集まる別の展覧会のほうがすでに優先されたため、その可能性はあえなく消えた。私は長いこと、自分にできたかもしれないことを悔やんできた。早々とあきらめてしまい、適切な方法を探らなかったではないか、と。だが最近はもう確信がもてなくなった。けっきょくのところ、音楽こそが彼の魂のありかなのだ。

これまでの二〇年で、ディーリアスの音楽の注目すべき特質が明らかになった——広く英語圏のいたるところで、さまざまな領域の人々のあいだに、音楽と作曲家の双方への愛着をかきたてる力がそれである。こうして、一九六二年のブラッドフォードの生誕一〇〇周年記念音楽祭に集った若い聴衆の熱狂から、英国のディーリアス協会（The Delius Society）が設立された。協会の目的は彼らの関心を共有し、孤立した愛好家たちを支えることにある。同様の目的で、それ以前から活動しているのが、フロリダ・ディーリアス協会（The Delius Association of Florida）である。こちらはディーリアスの誕生日ごとに、毎年、ディーリアス音楽祭をジャクソンヴィルで催している[3]。創立者のひとりヘンリー・L・リッチモンド夫人の寛大なはからいで、セント・ジョンズ川に面したソラノ・グローヴにあるディーリアスのプランテーション・ハウスがジャクソンヴィル大学の構内に移築復元され、もとの立地場所はそのまま保全された。この大学の音楽学部が毎年授与するディーリアス作曲賞は、ディーリアスをもっとも喜ばせるものだろう。やっと彼の「切なる願い」が完全な成就へと動き出したのだから。

ユニコーン＝カンチャーナ社によるロイヤル・フィルハーモニー管弦楽団の録音セッションで、ディーリアスが口述した作品を指揮するエリック・フェンビー。1981年３月、75歳の誕生日直前に

© The Times/News Syndication

　本書に登場する人々のうちで、いまなお存命なのは少数である。サー・トマス・ビーチャムの死とともに、多くの人々はディーリアスの音楽の消滅は食い止

められないと感じた。これが意味するのは、たったひとりの人物が独占的に、比類のない音楽語法を手中に収めてきたということである。書かれた記号の中で、みずからに生命が吹きこまれるのを待っている芸術においては、前代未聞の現象だろう。なるほど一九二〇年代後半から四〇年代半ばにかけて、ビーチャムのディーリアス理解はまさに天下無敵だった。彼の魔法の一端はいまもその録音のなかに生きているが、その効力もいまや翳《かげ》りをみせ、新世代のディーリアス愛好家たちはそれらを好まないと公言する。晩年になった彼は、自分が半世紀近く営々と築き上げた伝統は、どうやら他の指揮者たちにはなんの印象もおよぼさなかったようだ、と私に向かって慨嘆したものだ。そんなことがありうるだろうか？　ビーチャムはビーチャム、真似のできない唯一の存在だ。だが、あとに続く擁護者たち、サー・ジョン・バルビローリ、サー・マルコム・サージェント、スタンフォード・ロビンソン、ユージン・オーマンディ、バーナード・ハーマン、ルドルフ・ケンペ、サー・チャールズ・グローヴズ、メレディス・デイヴィス、ノーマン・デル・マー、ジョン・プリッチャード、ヴァーノン・ハンドリーらは、ディーリアスへといたる道筋がけっしてひとつではないことを示している。

第二次世界大戦が勃発《ぼっぱつ》し、バルフォア・ガーディナーがディーリアスの家を処分してまもなく亡くなってからというもの、私はもうあの場所に戻りたい気持ちにはならなかった。一九六七年、私と妻はディーリアス協会の委員たちとともにグレーに誘われた。じっさいの変化を目のあたりにして、私は悲痛な思いに駆られた。アメリカ人小説家オールデン・ブルックスは、ディーリアスの近隣の友人として、教会の向こう側に三〇年以上も暮らしていたが、彼もこの地を離れ、亡くなっていた。彼はディーリアスの家で生まれたチャドウィック家の娘のひとりと結婚した。チャドウィック[4]は外見がエルガーと似たアメリカの画家で、グレーが画家たちの楽園としてにぎわった時代、ここに住み着いたのだった。たったひとりだけ生存者がいた。彼の長女――ルイーズ・クールム夫人――である。彼女の優雅な家で、私たちは昔の思い出話をした。その彼女もいまでは亡くなっている。

二週間後、私は思いがけなくグレーを再訪した――こんどはケン・ラッセルと一緒に。BBCのヒュー・ウェルドンの依頼で、ディーリアスの映画を制作するのに、もとの舞台が撮影にふさわしいかどうか確かめるため、週末を過ごしたのだ。私たちは家の新しい持ち主メルル・ドービニェ夫人とお茶をいただいた。彼女は自分の家の玄関先で映画が撮影されるのを警戒している様子だったが、ひと目見て彼女が心配する理由は何ひとつないとわかった。私が居住した一角は取り壊され、音楽室は寝室に変わり、離れとスタジオも改装されてしまい、イェルカの豊饒《ほうじょう》な庭は大きく手が入れられた痕《あと》が明らかだった。その瞬間から、私は変化を受け入れた。ディーリアスの伝説は終わり、その舞台もまた同様だった。私たちが歩いた村の道沿いには、家々の煙突にテレビのアンテナが立ちならび、道端には現代的なスポーツ・カーが停まっていて、私は太古の亡霊を鎮《しず》めたように、ようやく大きな安堵感をいだいた。

ディーリアスの音楽を書き留めようと苦闘していたとき、私はまさか映画の場面としてそれを観

「高い丘」をめざして。本書をもとに製作されたケン・ラッセルのテレビ映画『ソング・オブ・サマー（*Song of Summer*）』（1968）では、俳優のマックス・エイドリアン（椅子に座っている）がディーリアス、モーリン・プライアーがイェルカ、デイヴィッド・コリングズがパーシー・グレインジャーを演じた。

© BBC

る日が来ようとは予想もしなかった。ケン・ラッセルの映画は、心を乱されるほど現実そっくりだった。私は映画の撮影にはかかわらなかったため、テレビ放映時にこの映画をはじめて観た。私を演じたクリストファー・ゲイブルが、どうか自分の気持ちに配慮して、撮影現場に立ち入らないでほしい、と私に懇願していたのである。だが、とうとう私はスタジオに呼ばれた。ディーリアスがベッドに座り、パーシー・グレインジャーと私が音楽室で、二台ピアノ用にパーシーが編曲した《高い丘の歌》を弾く場面の音楽を録音するためである。私が現場に着いたとき、ラッセルは私がディーリアスと初対面する場面の「リテイク」に没頭しており、マックス・エイドリアンもまだ満足していない様子だった。私はスタジオで待つようにと案内されたが、ちょうどそのとき、あの落ちつき払った、忘れようもない挨拶が聞こえてきた。「入りたまえ、フェンビー！」数週間前、エイドリアンが科白《せりふ》や仕草をディーリアスそっくりに演じられるよう、ラッセルの提案で私はディーリアスの真似をしてみせた。

だが、それは私には強烈すぎた——その声、その抑揚、膝掛けがかけられ、大きな衝立に囲まれて座り、ゆっくり歓迎の手を差し伸べるディーリアスのその姿。私はあの重大な瞬間をふたたび体験し、恥じることなく言うが、涙を禁じえなかった。あとでマックス・エイドリアンの口から聞いたのだが、彼がこれまで演じたあらゆる役柄のうち、ここまで役になりきって、抜け出せなかったのははじめてだという。

ディーリアスとの交友から、私は次のような確信をいだいた。精神こそが最大の関心事であること。芸術的手腕と技術——技術過多にならず、手の内で制御できるていどの——こそが、人生においても、芸術においても本質であること。芸術において、人は学ぶのでなく「おこなう」べきだ。欠点は実践をへたあとで指摘し、修正すべきもので、前もって説明すべきものではない。真にたいせつな人とは、人生をより美しくする新たな方法を見出す人のことである。フレデリック・ディーリアスとは、まさにそのような人であった。

ロンドン、一九八一年

E・F

ディーリアスとフェンビーの遺産

《シナラ（Cynara）》　バリトン独唱と管弦楽のための
一九二九年に完成し、一九三一年に出版。アーネスト・ダウスンの詩にもとづいたディーリアスのオリジナルの草稿は一九〇七年のもので、「汝の影はさしおりて　シナラ（Then falls thy shadow, Cynara）」[1]以降が中断されていた。完成した作品は、フィリップ・ヘセルタインの思い出に捧げられた。

《去り行くヒバリ（A Late Lark）》　テノール独唱と管弦楽のための
一九二九年に完成し、一九三一年に出版。もともと一九二四年にスケッチされていたが、「だから、私もこのように消えなければ！（So be my passing）」までしか完成していなかった。

《夏の歌（A Song of Summer）》　管弦楽のための
一九二九〜三〇年に作曲され、一九三一年に出版。《人生と愛の詩》（一九一八）にもとづく。ディーリアスは、その楽譜をもとにエリック・フェンビーとはじめての作業をおこなったのち、そこから最終的に残す部分を決定した。

ヴァイオリン・ソナタ第三番

メイ・ハリソンのために一九三〇年に作曲され、一九三一年に出版。一九二〇年代前半に書かれた断片的な下書きが使われた。

《告別の歌（Songs of Farewell）》 二重合唱と管弦楽のための

一九二九～三〇年に作曲され、一九三一年に出版。一九二〇年代前半に、イェルカ・ディーリアスによって（彼女にこの作品は献呈されている）、ウォルト・ホイットマンの詩が選ばれ、いくつかのスケッチが残されたが、《ハッサン》の委嘱《いしょく》に集中するために放置された。

《カプリスとエレジー（Caprice and Elegy）》 チェロと管弦楽のための二つの小品

一九三〇年にベアトリス・ハリソンのために作曲され、翌年に出版された。

《イルメリン》前奏曲（Irmelin Prelude） 管弦楽のための

一九三一年の秋に作曲されたが、一九三八年まで出版されなかった。ディーリアスの初期の歌劇《イルメリン》（一八九二）の第一幕と第三幕の前奏曲に現れる楽想にもとづく。

《幻想的舞曲（Fantastic Dance）》　管弦楽のための

一九三一年の終わりに作曲され、一九三三年に（パート譜のみ）出版。エリック・フェンビーに献呈された。以前書かれた断片的な下書きから完成された。

歌曲《暁《あかつき》の星よ、お前が消える前に（Avant que tu ne t'en ailles）》

ディーリアス最後のヴェルレーヌ歌曲。かなり以前にスケッチされていたが、一九一九年ごろに作られた草稿（グレインジャー博物館所蔵）は未完成である。一九三一年の終わりに口述で完成し、エリック・フェンビーの清書にイェルカ・ディーリアスが歌詞を書き込み、一九三二年に出版された。

《牧歌――かつてぼくは雑踏する都会を通って（Idyll: Once I passed through a populous city）》

ソプラノ、バリトン、管弦楽のための

この最後の作品の歌詞は、ウォルト・ホイットマンから選ばれ、初期の歌劇《赤毛のマルゴー》（一九〇二）から翻案された音楽にあうように、ロバート・ニコルズによって集められた。口述により一九三二年に完成し、一九三三年にヴォーカル・スコアが出版された。

歌曲〈春が来るままに（Let springtime come then）〉
（《七つのデンマークの歌（Seven Danish Songs）》の第四曲）

管弦楽の手稿譜をピアノ伴奏の出版譜と一致させて、一九二九年の音楽祭で演奏可能なように、管弦楽稿のための八小節の結尾が、一九二九年にディーリアスによって口述された。このページのファクシミリは、フェンビーの著書『ディーリアス』（Eric Fenby, *Delius*, 1971）の三六頁に掲載されている。

フェンビーの手稿によるディーリアスの全作品、およびフェンビーによるディーリアスの作品の編曲の一覧表は、ロバート・スレルフォールの論文「エリック・フェンビーの手稿におけるディーリアス」（Robert Threlfall, "Delius in Eric Fenby's Mss," in *Composer*, no.31 [1969]: 19–21, no.57 [1976]: 33–35）。また、同著者による『フレデリック・ディーリアス作品目録』（Robert Threlfall, *A Catalogue of the Compositions of Frederick Delius*, 1977）も参照のこと。

グレー＝シュル＝ロワンの自宅の音楽室で、イバッハ製ピアノを弾くディーリアス。
ピアノの上にはロダンのブロンズ像、壁にはゴーギャンの油彩画『ネヴァーモア』
（イェルカ夫人による模写）が飾られている。

提供：ディーリアス基金 The Delius Trust

❖——注

エリック・フェンビー略伝

1 ［訳注］クリストファー・パーマー（Christopher Palmer, 1946-1995）はイギリスの作曲家、研究家。シマノフスキの評伝や、ミクロス・ローザ（ロージャ）、ディミトリ・ティオムキン、バーナード・ハーマンらハリウッドの作曲家にかんする評伝や論考を残した。ディーリアスについても以下の著作がある。*Delius: Portrait of a Cosmopolitan*（Duckworth, 1976）。

2 ［訳注］フェンビーの名「エリック（**Eric**）」が「フレデリック（Fred**eric**k）」のなかに含まれているということ。

3 ［訳注］一九八一年の本稿執筆時の年齢。フェンビーは一九九七年二月に亡くなったが、九〇歳の長寿を全うした。

4 ［訳注］ＥＮＳＡ（Entertainments National Services Association）は第二次世界大戦中、イギリスで兵士に娯楽を提供した組織。

5 ［訳注］エイドリアン・クラフト（Adrian Cruft, 1921-1987）はイギリスの作曲家。

6 ［訳注］ノース・ライディング教員養成校（North Riding Training College）は現在ではハル大学のスカーバラ・キャンパスになっている。

7 ［訳注］ＯＢＥ（Officer of the Most Excellent Order of the British Empire）は大英帝国勲章の第四位。

8 ［訳注］その後、フェンビー夫妻はふたたびスカーバラに戻った。

9 ［訳注］「英国作曲家組合（The Composer's Guild of Great Britain）」は一九四四年創設、ヴォーン・ウィリアムズが初代会長を務めた。現名称は British Academy of Songwriters, Composers and Authors という。

10 ［訳注］ けっきょくこの著作は完成されず、出版にもいたらなかった。

I フレデリック・ディーリアスの人生における間奏曲

1

1 ［訳注］ ウィリアム・シェイクスピア「ソネット六六番」、西脇順三郎訳、『シェイクスピアV』（世界古典文学全集45）、三四二頁。
2 ［訳注］ ディーリアスとともに、エルガーが一九三四年に亡くなる。おそらく没後まもなく書かれた文章である。
3 ［訳注］ エルガーのオラトリオ《ゲロンティアスの夢（Dream of Gerontius）》。
4 ［訳注］ ヴァイオリン協奏曲（一九一六）。
5 ［訳注］ 《人生のミサ（A Mass of Life）》（一九〇四〜〇五）。
6 ［訳注］ フリードリヒ・ニーチェ『ツァラトゥストラはこう言った』、氷上英廣訳（ワイド版岩波文庫）、第三部より「第二の舞踏の歌」（下巻一四九〜一五一頁）。
7 ［訳注］ 同前、一五一〜一五三頁。
8 ［訳注］ 同前、一五一頁。
9 ［訳注］ 「天の猟犬（The Hound of Heaven）」はイギリスの詩人フランシス・トムソンの詩の題名。逃げても追いかけてくる神の存在を謳《うた》ったもの。
10 ［原注］ のちに知ることになるが、この返事を含む、すべての手紙は、ディーリアス夫人の代筆であった。
11 ［訳注］ 《海流（Sea Drift）》（一九〇三〜〇四）。
12 ［訳注］ 一〇シリングは、現在の価値ではおよそ七〇ポンド（一・四万円）にあたる。

13 ［訳注］ サー・トマス・ビーチャム（Sir Thomas Beecham, 1879–1961）はイギリスの指揮者。ディーリアスの作品を高く評価し、かずかずの演奏をつうじてディーリアスの音楽を紹介した。

14 ［訳注］ ヘンリー・バルフォア・ガーディナー（Henry Balfour Gardiner, 1877–1950）はイギリスの作曲家、音楽教師。

2

1 ［訳注］ アレクサンドル・バルジャンスキー（Alexandre Barjansky, 1883–1946）はロシアのチェリスト。

2 ［訳注］ イバッハ（Ibach）はドイツで最古のピアノ・メーカー。

3 ［訳注］ 《おとぎ話――むかしむかし（Eventyr［Once Upon a Time］）》（一九一七）。

4 ［訳注］ スカーバラ（Scarborough）はノース・ヨークシャー州のバラ（borough＝自治区）のひとつ。北海に面している。

5 ［訳注］ フィリー（Filey）はノース・ヨークシャー州スカーバラの街。

6 ［訳注］ クレセント通り（The Crescent）はフィリーの海沿いにある通り。

7 ［訳注］ グリスソープ（Gristhorpe）はノース・ヨークシャー州スカーバラの村。

8 ［訳注］ ハンマンビー（Hunmanby）はノース・ヨークシャー州スカーバラの村。

9 ［訳注］ 《人生と愛の詩（Poem of Life and Love）》（一九一八）。

10 ［訳注］ フィリップ・ヘセルタイン（Philip Heseltine, 1894–1930）はイギリスの音楽評論家、作曲家。作曲のさいには、ピーター・ウォーロックという筆名を用いた。

3

1 ［訳注］チェロ協奏曲（一九二〇～二一）。

2 ［訳注］チェロ・ソナタ（一九一六）。

3 ［訳注］《春はじめてのカッコウを聞いて（On Hearing the First Cuckoo in Spring）》。小管弦楽のための二つの小品（一九一一～一二）の第一曲。

4 ［訳注］静寂主義（Quietism）。キエティスム（クワイエティズム）とも訳される。心の平安や静寂を重んじる、キリスト教神秘主義の一派のこと。

5 ［訳注］《ブリッグの定期市――イギリス狂詩曲（Brigg Fair: An English Rhapsody）》（一九〇七）。

6 ［訳注］レヴェラーズ（The Revelers）は一九二〇～三〇年代に流行ったアメリカの五人組の音楽グループ。

4

1 ［訳注］「逆症療法（対処療法）」とも訳される。熱には解熱剤を処方するというように、症状と逆の作用をする薬を用いて治療する方法。

2 ［訳注］「同種療法（類似療法）」とも訳される。ドイツ人の医師ザームエル・ハーネマンによって提唱された。その病気に似た症状を引き起こす薬を患者に少量与えて治療する方法で、代替治療として流行した。

3 ［訳注］第一次世界大戦中、イギリス陸軍兵士に付けられたあだ名。

4 ［原注］この旋律は、ト短調に移調されて、ヴァイオリン・ソナタ第三番（一九三〇）の第二楽章に出てくる。口述を導入せざるをえなかったこと、またその制約が、音楽表現に新しく新鮮な単純性を生み出したと、数年のあいだ、私は考えていた。しかしこれを認めながらも、またヴァイオリン・ソナタ第一番（一九〇五／一四）の曲線美にもかかわらず、いまでは第二番（一九二三）が、このジャンルにおけるディーリアスのもっとも独創的な貢献だと思う。あの瞑想的な部分におけるヴァイオリンの美しい歌には永遠に飽きることがない。

5 ［訳注］楽曲の中で、主題とは無関係に、音階や装飾的な音形が展開する副次的な部分。

5

1 ［原注］フォンテーヌブローのアメリカ人音楽学校の学生たちから、コンサートを開いてくれるという申し出があったとき、ディーリアスは彼らのピアノを運ばせて、川の横に広がる草地で演奏させた。私はそのなりゆきを、家の屋根の上から報告するように指示されたのだ！

2 ［原注］コローはグレーの古い橋の美しい絵を描いていて、村役場にはその銅版画（反転複製）がある。

3 ［訳注］オールデン・ブルックス（Alden Brooks, 1882–1964）はアメリカの小説家。

4 ［訳注］ジェイムズ・エルロイ・フレッカー（James Elroy Flecker, 1884–1915）はイギリスの詩人、劇作家。

5 ［訳注］劇付随音楽《ハッサン（Hassan）》（一九二〇～二三）。

6 ［訳注］パーシー・グレインジャー（Percy Grainger, 1882–1961）はオーストラリア生まれのピアニスト、作曲家。

7 ［原注］しかしグレインジャーは、この本をはじめて読んだのちに、私宛てに書いた一九三六年の手紙の中で、「私は、《ハッサン》の総譜を書くのを手伝ったわけではない。彼がバレエのセクションに、あと三分ほどの音楽を欲しがったので、私はこの部分を作曲し、楽譜にした（ディーリアスの主題を使用したかどうかは、思い出せない）」と説明している。このセクションは、出版された楽譜では、〈全員の踊り（General Dance）〉と題されている。アンダンテ・モデラートがディーリアスの書いた部分。アレグロはグレインジャーによるもので、彼はたしかに友人の「主題」のいくつかを取り入れている。

8 ［訳注］エヴリン・ハワード゠ジョーンズ（Evlyn Howard-Jones, 1877–1951）はイギリスのピアニスト。一九二

○年代を中心に、自国の作品を数多く演奏した。妻グレイス（Grace Howard-Jones）はヴァイオリニスト。

9［訳注］歌劇《村のロミオとジュリエット（A Village Romeo and Juliet）》（一八九九～一九〇一）。

10［訳注］一六世紀イギリスのイエズス会殉教者ロバート・サウスウェル（Robert Southwell, 1561-1595）作詞のキャロル。

6

1［原注］一九二八年から二九年にかけて。

2［訳注］ハンス・ハイム（Hans Haym, 1860-1921）はドイツの指揮者。早くからディーリアスを擁護した。

3［訳注］歌劇《コアンガ（Koanga）》（一八九五～九七）。一八九九年にパリで私的に上演された後、一九〇四年、ドイツのエルバーフェルト州立劇場で、公的に初演された。

4［訳注］ジューズ・ハープ（Jew's harp）は口琴のこと。

5［訳注］ノーマン・オニール（Norman O'Neill, 1875-1934）はイギリスの作曲家。

6［訳注］《川面の夏の夜（Summer Night on the River）》。小管弦楽のための二つの小品（一九一一～一二）の第二曲。

7［訳注］管弦楽のための幻想曲《夏の庭で（In a Summer Garden）》（一九〇八）。

8［訳注］《楽園への道（The Walk to the Paradise Garden）》。歌劇《村のロミオとジュリエット》の間奏曲。

7

1［訳注］《パリ——大都会の歌（Paris: The Song of a Great City）》（一八九九）。

2［訳注］《ダンス・ラプソディ（Dance Rhapsody）》第二番（一九一六）。

3 ［原注］ ディーリアスは一九三三年にやっと、フル・オーケストラ用の組曲を作成するよう私に依頼した。原曲の総譜は、一本ずつの木管に、ホルン二本、打楽器、ハープと弦楽合奏という編成であった。ビーチャムが一九三四年二月に初演した。

4 ［訳注］ ロジャー・クィルター（Roger Quilter, 1877–1953）はイギリスの作曲家。

5 ［原注］ ハインリヒ・ジモンは《フェニモアとゲルダ（Fennimore and Gerda）》の世界初演（一九一九年一〇月、フランクフルト）について好意的な批評を書き、それからディーリアスとの一生の友情を得た。ジモンはヒトラーの反ユダヤ的な迫害から逃れてアメリカへ行ったものの、彼の影響力の大きさを恐れたナチスによって、一九四一年五月、ワシントンDCで暗殺された。《告別の歌（Songs of Farewell）》が完成した日に、ディーリアスと私の有名な写真（本書一五八頁）を庭で撮ってくれたのは、彼だった（ディーリアスは、カメラの前ではいつも恥ずかしがったが、このときは説得させられた）。

6 ［訳注］ フェッルッチョ・ブゾーニ（Ferruccio Busoni, 1866–1924）はドイツで活躍したイタリア人作曲家。ピアニスト、指揮者としても活躍。

7 ［訳注］ エドワード・ジョゼフ・デント（Edward Joseph Dent, 1876–1957）はケンブリッジ大学の教授を務めたイギリスの音楽学者。『フェッルッチョ・ブゾーニ』（一九三三）を上梓。

8 ［原注］ ブゾーニの父親である老フェルディナンドはクラリネット奏者で、ゲルダはブゾーニの妻、ベンニはブゾーニの長男で芸術家だった。ディーリアスは、ブゾーニの迷信的な性格をおかしく話してくれた。あるときなど、四人の小人が姿を現さなければ、友人たちを前にして家でピアノは弾きたくない、と言って聞かなかったそうだ。

9 ［訳注］ ディーリアスとブゾーニはライプツィヒで出会った。

10 ［訳注］ ピアノ協奏曲（一八九七）。一九〇六年に第一楽章を改訂。

11 ［原注］ 「オールド・ラズベリー」とは、作曲家のアーネスト・ジョン・モーラン（Ernest John Moeran, 1894–1950）のことだ。目的地に着く前に、タクシーから降りてしまい、タールが塗りなおされた道路に頭から転倒し、明らかにそのせいで、顔に怪我をしてしまった。

12 【訳注】アントニー・バーナード（Anthony Bernard, 1891-1963）はイギリスの指揮者、ピアニスト、作曲家。

13 【訳注】Philip Heseltine, *Frederick Delius*（1923）.

14 【訳注】《アパラチア――古い奴隷の歌による変奏曲（Appalachia: Variations on an Old Slave Song）》（一九〇二～〇三）。

15 【訳注】弦楽のための《エアとダンス（Air and Dance）》（一九一五）。

16 【原注】私は彼の後期の様式にあまりに深くかかわりすぎていたために、《アパラチア》において、彼が世紀転換期における同時代の作曲の傾向からどのていどまで孤立していたかを正しく評価することができなかった。

17 【訳注】ベルナルト・ファン・ディーレン（Bernard van Dieren. 1887-1936）はオランダの作曲家。

18 【訳注】アーサー・ジョゼフ・ヘセルタイン（Arthur Joseph Heseltine, 1855-1930）はイギリスの画家。

19 【訳注】東屋のようにしつらえられた蔓棚のこと。

20 【訳注】セシル・グレイ（Cecil Gray, 1895-1951）はイギリスの音楽評論家。『音楽の歴史（*History of Music*）』（一九二八）を上梓。

21 【訳注】サー・リチャード・テリー（Sir Richard Terry, 1865-1938）はイギリスのオルガン奏者。

22 【訳注】弦楽四重奏曲（一九一六）。

23 【訳注】マシュー・スミス（Matthew Smth, 1879-1959）はイギリスの画家。

24 【訳注】フィリップ・ヘセルタインは、一九三〇年にガス中毒で亡くなった。

8

1 【訳注】《日没の歌（Songs of Sunset）》（一九〇六～〇七）。アーネスト・ダウスンの詩による。

2 ［訳注］《ロマンス（Romance）》（一八九六）。

3 ［訳注］《ハイアワサ（Hiawatha）》（一八八八）。

4 ［訳注］アーネスト・ダウスン（Ernest Dowson, 1867–1900）はイギリス世紀末の詩人・小説家。

5 ［原注］《シナラ》の口述筆記が成功するかいなかは、ディーリアスにとっても私にとっても正念場だった。もし実演でよい音楽に聞こえなければ、彼はもう作曲をあきらめただろう。クィーンズ・ホールのリハーサル時、ディーリアスの隣の席におずおずと座ったとき、彼があらかじめ妻に、彼のジャケットの裏地に三枚の五ポンド紙幣を縫い付けておくよう頼んでおいたとは、私はまったく知る由もなかった。「エリックへのご褒美だ。もし演奏がうまくいったらね」。私はそれらの紙幣を頂戴し、サー・トマス・ビーチャムはこの新作を手にした。初演の独唱者はジョン・ゴスだった。やがて出版を前に、冒頭の数小節を引用した終結部が付け加えられた。

6 ［訳注］《シナラ（Cynara）》（一九〇七／二九）。

7 ［訳注］ウィリアム・アーネスト・ヘンリー（William Ernest Henley, 1849–1903）はイギリスの詩人・批評家。

8 ［訳注］《去り行くヒバリ（A Late Lark）》（一九二四／二九）。

9 ［訳注］ヴォルフの《ゲーテ歌曲集》の第一曲〈竪琴弾きの歌Ｉ――孤独に身をゆだねる者は（Wer sich der Einsamkeit ergibt）〉。

10 ［訳注］ロッシーニの歌劇《セビーリャの理髪師》第一幕第二場の名高いカヴァティーナ〈いまの歌声は（Una voce poco fa）〉。

11 ［原注］これは《去り行くヒバリ》を仕上げたさいの私の実感である。彼のオペラにも印象的な声のフレーズはあるものの、むしろディーリアスは合唱作品で感情が頂点に達した箇所で、心に残る旋律的断片を用いている――《海流》の〝Wonderful, causing tears〟や、《人生のミサ》の〝Eve descended. Forgive me that the even is come〟など、例は枚挙にいとまがない。

12 ［訳注］原文には《シナラ》とあるが、前後関係から《去り行くヒバリ》が正しいと判断し、そう訳出した。

1 [訳注] ウィリアム・ワーズワースの「ティンタン・アビーから数マイル上で詠んだ詩」(一七九八)の一節。

2 [訳注] 《高い丘の歌(Song of the High Hills)》(一九一一〜一二)のこと。「高い丘」とはノルウェーの山々をさす。

3 [原注] スカンディナヴィア的な気分はグレーのディーリアス家にも満ちていた。ムンク、グリーグ、シンディング、イプセン、イェンス・ペーター・ヤコブセンがしばしば話題になり、ノルウェーの週刊紙が木曜の昼食時に定期的に読まれた。その結果、私も《アラベスク(An Arabesque)》(一九一一)と《フェニモアとゲルダ》を、《村のロミオとジュリエット》よりも前に知り、愛着を覚えたものだ。もちろん《楽園への道》は例外であるが。

4 [訳注] 「皿盛り(dished up)」は「編曲」を意味するグレインジャー特有の言いまわし。

5 [訳注] 《到着ホームで歌う鼻歌(The Arrival Platform Humlet)》《酔っ払いの船乗り(The Drunken Sailor)》《馬小屋の少年のロマンス(The Stable-boy's Romance)》《ひと口サイズのルーム・ミュージック(Room-music Tit-Bits)》《丘の歌(Hill-Song)》

6 [原注] ジョン・F・ランシマン(John F. Runciman, 1866-1916)はイギリスの批評家・音楽学者。一八九四年から没するまで『サタデイ・レヴュー』紙の音楽批評を担当した。著作は『古い楽譜と新しい読解(*Old Scores and New Readings*)』、パーセルとワーグナーの評伝ほか。

7 [訳注] 《夏の歌(A Song of Summer)》(一九二九〜三〇)。《人生と愛の詩》の素材をもとに、フェンビーの口述筆記で完成させる。

8 [訳注] 「植民地出身の友人」とはオーストラリア生まれのグレインジャーをさす。

9 [原注] のちにビーチャムはジョージ・バーナード・ショーの演劇における真の感情の欠如について素晴らしい論述をおこなった。ディーリアスもそれに同意した。ディーリアスは一度ショーと昼食をともにしたことがあり、そのときショーは自作について次のように説明した。「ディーリアス、私は文学界のリヒャルト・シュトラウスなのだよ」

その夏、ビーチャムはフォンテーヌブロー滞在中にディーリアスを何度か訪ねた。あるとき、庭でお茶を飲みながら、ディーリアスはポーランドの新聞に現代音楽事情についての記事を明日提出しなければならないが、体調が悪く口述がままならないと話した。ビーチャムはやおら葉巻に火を点けると、この論題についての彼自身の見解をみごとに述べると、私にそれを読み上げるように言った――ディーリアスはしきりに頷いていた――一字一句の変更も要しなかった。サー・トマスの機転のおかげで、この記事はディーリアスの名で掲載された。

10

1　**［原注］**　一九二九年のディーリアス音楽祭では、オーケストラと合唱による演奏会が四公演（一〇月一二、一八、二四日、一一月一日／クィーンズ・ホール）、室内楽の演奏会が二公演（一〇月一六、二三日／エオリアン・ホール）おこなわれた。

2　**［原注］**　ディーリアスが長年にわたり外国で「離れて暮らす」生活に固執した（ビーチャムはその原因の一端はイェルカ夫人にあると考えた）ため、親しかった友人や近親者とも必然的に音信が途絶えていた。その結果、音楽祭の期間中、ランガム・ホテルの彼の居室では午後、連日のように「法廷が開かれ」ていた。新旧の友人たちが面会に押し寄せ、旧友ではサー・ヒュー・アレンやサー・ウィリアム・ローゼンスタイン、最近の友人にはハーバート・ハウエルズの姿があった。親族に会うのに彼は消極的だった。「エリック、私に似通った客は部屋に通さないように」。少し前に記したリッチモンド・パークでのドライヴはキュナード夫人が手配してくれたもので、彼女はディーリアスがロンドンにいるあいだ、彼女の幅広い社交界の輪に彼を引き入れようとするのが常だった。

3 ［訳注］ オーガスタス・ジョン（Augustus John, 1878–1961）はイギリス（ウェールズ出身）の画家。英国絵画のポスト印象主義を代表する。

4 ［原注］ ゴーギャンの絵画『ネヴァーモア（Nevermore）』は現在ロンドンのコートールド・ギャラリーに所蔵されている。戦時下で印税が入らなくなり、ディーリアスはやむなくこの絵を売却した。イェルカはその代わりに原寸大の模写を描き、音楽室の暖炉の上にもとの絵と同じ位置に飾った。

5 ［訳注］ ギルバート・キース・チェスタートン（Gilbert Keith Chesterton, 1874–1936）はイギリスの作家・詩人。「ノア老人」は彼の詩『ワインと水』（一九一四）に登場する人物。

6 ［訳注］ メイ・ハリソン（May Harrison, 1890–1959）はイギリスの女性ヴァイオリニスト。二歳年下の妹ベアトリスとともにディーリアスと親しく、彼のヴァイオリン・ソナタ第三番（一九三〇）はメイのために書かれた。姉妹は彼のヴァイオリンとチェロのための協奏曲（一九一五〜一六）の初演者でもある。

7 ［訳注］ パトリック・ハドリー（Patrick Hadley, 1899–1973）はイギリスの作曲家。代表作はカンタータ《丘（The Hills）》（一九四四）。

8 ［訳注］ 《告別の歌（Songs of Farewell）》（一九二〇／三〇）。

9 ［訳注］ 新約聖書『マタイによる福音書』26—41の「心は勇んでも肉体が弱いと何もできない」による。

10 ［訳注］ 以上は《告別の歌》の歌詞からの引用。三浦淳史訳による。東芝ＥＭＩのＬＰ対訳より。

11 ［原注］ 《レクイエム》（一九一三〜一四）では、既存の宗教を拒むディーリアスの毅然たる人生観が音楽的に表現されており、デンマーク語の合唱作品《アラベスク》に次いで、彼の特徴がよく出た称賛すべき傑作として、次世代の人々から評価されるかもしれない。

12 ［訳注］ ベアトリス・ハリソン（Beatrice Harrison, 1892–1965）はイギリスの女性チェリスト。本章注6を参照。

13 ［訳注］ チェロ独奏と室内管弦楽のための《カプリスとエレジー（Caprice and Elegy）》（一九三〇）。

14 [原注] ユレー（Hulay）はグレー近くの小さな集落。

15 [訳注] 《フェニモアとゲルダ（Fennimore and Gerda）》（一九〇八～一〇）はディーリアス最後の歌劇。ヤコブセンの小説『ニルス・リューネ』にもとづく。

11

1 [原注] その一方で、ディーリアスは老母の死を報せる電報が届いたときには、ほんのひとことこう語っただけだ。「変な女だった！ 私の音楽には関心がなく、もう何年も音信不通だった。ケルンに住んでいるというので会いに出かけたが、ついに姿を現さず、釈明や謝罪もなかった。変な女だよ！ さあ、朗読を続けてくれ」

2 [訳注] ヘセルタイン（ピーター・ウォーロック）の代表作である歌曲集《ダイシャクシギ（The Curlew）》（一九二〇～二二）をさす。

3 [訳注] サー・ヘンリー・ウッド（Sir Henry Wood, 1869–1944）はイギリスの指揮者。

4 [訳注] 《幻想的舞曲（Fantastic Dance）》（一九三一）。

5 [訳注] 歌劇《イルメリン（Irmelin）》（一八九〇～九二）。全曲の初演は一九五三年におこなわれた。

6 [訳注] サー・マルコム・サージェント（Sir Malcolm Sargent, 1895–1967）は、イギリスの指揮者。

7 [訳注] 《告別の歌》の歌詞からの引用。三浦淳史訳による。東芝ＥＭＩのＬＰ対訳より。

8 [原注] その当時、私は絶対音感をもっており、ディーリアスのイバッハ製グランド・ピアノがおよそ半音下がっていて苦労した。これは私の口述筆記にも問題を引き起こしたほか、訪問した器楽奏者たち、とりわけライオネル・ターティスに負担をかけた。私にできるのはターティスに弾いてくれるよう説得することだけだったが、担がれたディーリアスが足から先に音楽室にやってくると、ターティスはヴィオラをケースから出して、おとなしく半音下に調弦した。それればかりか、ターティスはディーリアスの第三ヴァイオリン・ソナタの彼によるヴィオラ編曲版を弾き終えると、第二番も弾いてみましょうと提案し、ディーリアスをいたく喜ばせたものだ！　いまや老境に入った私はもう絶対音感をなくしてしまった。

9［訳注］《告別の歌》の歌詞からの引用。三浦淳史訳による。東芝ＥＭＩのＬＰ対訳より。

10［原注］ディーリアスは翌一九三三年二月にラジオ放送でようやく《告別の歌》を聴くことができた。

12

1［訳注］サー・ハーバート・ジェイムズ・ガン（Sir Herbert James Gunn, 1893-1964）はスコットランドの風景・肖像画家。文中のディーリアスの肖像画は、現在はブラッドフォードのカートライト・ホール・アート・ギャラリーに所蔵されている。

2［訳注］歌劇《赤毛のマルゴー（Margot-la-Rouge）》（一九〇二）。台本はベルト・ガストン＝ダンヴィル（「ローゼンヴァル夫人」の筆名で執筆）。

3［原注］長年このオペラの自筆譜が行方不明だったため、一九八〇年ディーリアス基金は私に委嘱して、一九〇二年にラヴェルがディーリアスのために作製したピアノ・スコアに、新たなオーケストレーションをほどこすことになった。［訳注］フェンビーが仕上げた管弦楽版《赤毛のマルゴー》は初演され、レコード録音もされたが、やがてディーリアスの自筆譜の存在が確認され、こちらのオリジナル版による初演もおこなわれた。

4［訳注］ロバート・ニコルズ（Robert Nichols, 1893-1944）はイギリスの詩人、劇作家。第一次世界大戦の戦争詩人として知られ、一九二一〜二四年には東京帝国大学で英文学講師を務めた。

5［訳注］以下《牧歌》からのホイットマン詩の引用は三浦淳史による。東芝ＥＭＩのＬＰ対訳より。

6［訳注］《牧歌――かつてぼくは雑踏する都会を通って（Idyll: Once I passed through a populous city）》（一九三二）。初演後に《前奏曲と牧歌（Prelude and Idyll）》に改訂。

7 [原注] I—8の九一頁を参照。
8 [訳注] アーノルド・バックス（Arnold Bax, 1883–1953）はイギリスの作曲家。
9 [原注] ケネス・スペンス（Kenneth Spence）はパブリック・スクールの校長だった人物で、ディーリアスとはノルウェー徒歩旅行で知りあい、毎年のようにグレーを訪ねた。
10 [訳注] ライオネル・ターティス（Lionel Tertis, 1876–1975）はイギリスのヴィオラ奏者。
11 [訳注] ヒューバート・パリー（Sir Charles Hubert Parry, 1848–1918）はイギリスの作曲家。

II 私たちはどのように作業したか

1 [訳注] 以下、フェンビーの原文に即して、音名を表すのに、英語音名を採用している。
2 [訳注] 以下、読みやすさを考慮して、小節数や、音名、楽器名を［ ］内に適宜補足している。あわせて、各譜例にフェンビーが記入している小節番号を参照のこと。
3 [訳注] 数字付き低音で、低声部にたいする和音の配置を示す。とくにこの箇所では、チェロのB♭にたいして、上声部の第一ヴァイオリンがA（長7度上）からG（短6度上）へと移行する動きを示唆していると考えられる。
4 [訳注] 原著ではなぜか「**譜例19**」が欠落している。邦訳もそれにしたがった。
5 [原注] 同じ主題は《ハッサン》第五幕の前奏曲にも出てくる。この作品にとりかかったころ、ディーリアスは《告別の歌》の構想を練りはじめていた。したがって、ある意味では、《ハッサン》がこの主題やその他の動機を初期段階の《告別の歌》から借用したとみるほうが、その逆であるよりも可能性が高い。
6 [訳注] 《告別の歌》の邦訳は三浦淳史による。東芝EMIのLP対訳より。
7 [訳注] **譜例20**（導入部）の「最後の二小節にあるホルンの主題」がこれに相当する。**原注5**にもあるとおり、《ハッサン》第五幕の前奏曲と同一の素材である。

III　私が知ったディーリアスの人となり、作曲家としてのいくつかの側面

1　[訳注]「この世は私たちには手いっぱいだ（The World is too Much with Us）」はウィリアム・ワーズワースの詩（一八〇六）の題名。

2　[原注]ディーリアスは一八九七年初頭アメリカを再訪し、夏に帰還するとフォンテーヌブロー近傍のグレー＝シュル＝ロワンで、イェルカ・ローゼン宅に定住した。女性画家のイェルカはやがて彼の妻となる。この家は彼女が同年に購入したものだった。

3　[訳注]フリードリヒ・ニーチェ『ツァラトゥストラはこう言った』、氷上英廣訳（ワイド版岩波文庫）。引用されている箇所は、上記邦訳では以下の三カ所に相当する。「大地はいまもなお……」以下は第一部の「新しい偶像」（上巻八二～八三頁）、「わが友よ、のがれなさい……」以下は第一部の「市場の蠅」（八三～八八頁）、そして「あなたがた、「ましな人間」たちよ……」以下は第四部の「「ましな人間」について」（下巻二五三～二五五頁）。

4　[原注]トマス・F・ウォード（Thomas F. Ward, 1856–1912）はジャクソンヴィルのオルガン奏者。ディーリアスは彼から和声学と対位法の基礎を教えられた。

5　[訳注]バイロン卿の長詩「ホラティウスの指針（Hints from Horace）」の一節。『バイロン初期の諷刺詩』（東中稜代訳、山口書店）。

6　[原注]入学は一八八六年八月。ライプツィヒ音楽院で彼が師事したのはライネッケ、ヤーダスゾーン、ジットだった。

7　[訳注]ニーチェ前掲書。引用されている箇所は、邦訳では第四部の「「ましな人間」について」の17と18（下巻二六九頁）に相当する。

8 ［訳注］ イギリスの政治家で無神論者であったチャールズ・ブラッドロー（Charles Bradlaugh, 1833–1891）のことと思われる。

9 ［訳注］ ニーチェ前掲書。引用されている箇所は、邦訳では第一部の「読むことと書くこと」（上巻六四頁）に相当する。

10 ［訳注］ トマス・ベイトソン（Thomas Bateson, 1570–1630）のマドリガル《そんな詩でも非難はされない（Let such rhymes no more disgrace）》（作詞者不詳）。

11 ［訳注］ ヤン・ヴァン・ルースブルック（Jan van Ruusbroec, 1293–1381）はフランドルの聖職者、神秘主義者。文中の引用はその著作『霊的婚姻』による。

12 ［訳注］ 『ルースブルックの神秘の書』（ヨハネ・ウマンス訳、南窓社）より、「霊的婚姻」第三部第三章（一四四頁）。

13 ［訳注］ 同、「霊的婚姻」第一部第一章（二三頁）。「神に似せて姿形を作られた」という表現は、ルースブルックの原文（翻訳の該当箇所）にはなく、フェンビーによる補足と推測される。

14 ［訳注］ 同、「霊的婚姻」第二部第一章（八七～八八頁）。

15 ［訳注］ 同、「霊的婚姻」第三部第三章（一四四頁）。

16 ［訳注］ 同、「燦めく石」第二章第三節（二一二頁）。

17 ［訳注］ アウグスティヌス『魂の偉大』（茂泉昭男訳、『アウグスティヌス著作集』第二巻、教文館）、一八五頁。本文の文体に合わせて一部変更した。

18 ［訳注］ ルースブルック前掲書、「燦めく石」第二章第三節（二一〇～二一一頁）。

19 ［訳注］ 同、「霊的婚姻」第三部第三章（一四四頁）。

20 ［原注］ ロレンツォ・ペロージ（Lorenzo Perosi, 1872–1956）はイタリアの聖職者、作曲家。新約聖書によるオラトリオ三部作《キリストの変容》《ラザロの蘇生》《キリストの復活》など宗教音楽を多作したが、いまでは完全に忘れられた。当時は少なからぬ人気を博していた。

21 ［原注］「弱き者」とは明らかに、ディーリアスの異教的な《レクイエム》（一九一三〜一四）に登場する「弱き者（weaklings）」のこと。悲嘆と恐怖に駆られて、夢物語にうつつを抜かしたあげく、偽りの住まいを建てた。
22 ［訳注］ゲーオア・ブランデス（Georg Brandes, 1842-1927）はデンマークの文学史家、批評家。
23 ［訳注］ジョン・バッカス・ダイクス（John Bacchus Dykes, 1823-1876）はイギリスの聖職者・讃美歌作曲家。
24 ［訳注］文中に出る神と雀の喩えは『マタイによる福音書』10—29にある。
25 ［訳注］サミュエル・ジョンソン（Samuel Johnson, 1709-1784）はイギリスの文筆家。かずかずの警句で知られる。
26 ［訳注］James Boswell, *Life of Samuel Johnson*（1791）からの引用と思われる。
27 ［原注］ソルダネラの父フィリップ・オイラーは独自に農地開発と農場経営を手がける事業家。彼は一九三〇年前後グレーに滞在し、近くで農場をいとなんだ。私を介してディーリアスと知りあい、その著作『寛大な大地の子ら（*Sons of the Generous Earth*）』（一九六三）では一章をディーリアスに捧げている。ディーリアスの死後、ソルダネラとその母は、三カ月のスウェーデンでの休暇に私を連れ出してくれた。
28 ［原注］これらの癇癪はイェルカの面前ではよけいにひどくなり、彼女は明らかに苦しんで顔をそむけていた。
29 ［訳注］ファン・ディーレンの弦楽四重奏曲第三番作品一五（一九一九）はディーリアスに献呈されている。
30 ［訳注］メンデルスゾーンのオラトリオ《エリヤ》第二部のアリア〈おお、主に憩い（O rest in the Lord）〉のこと。
31 ［訳注］チェスタートンのエッセイ「ホイッスラーのウィットについて（On the Wit of Whistler）」の一節。
32 ［原注］セシル・グレイとバルフォア・ガーディナーはともに、ディーリアスの成熟した創作力の発現が、一八九〇年代に彼が感染した梅毒と深くかかわっていると確信していた。私は無邪気にも彼の病の正体に少しも気づかず、（ケン・ラッセルの映画に描かれたとおり）ディーリアスが死ぬ直前にフランス人医師からそう明かされて、電撃的なショックを受けた。作曲家自身からも妻からも、私のいる前でその話題がいちども出なかったのは確かである。
33 ［原注］自己形成期に彼がオーケストラの実演で聴けたのは、《フロリダ組曲（Florida Suite）》（一八八八年に）、

《頂にて（Paa Vidderne）》（一八九一年と九四年に）、劇音楽《国民議会（Folkeraadet）》（一八九七年に）のみだったことが、今日では判明している。

34 ［訳注］チェーホフの戯曲『かもめ』第四幕、トレープレフの科白。神西清訳。

35 ［原注］ある日、彼が苛立って動揺している姿を見た。「バックスがヴァイオリン・ソナタ第一番を一部カットしたいと言ってきた。彼はこの曲をメイ・ハリソンと録音するところだ。ピアノで私に説明してくれ」。じっくり黙って考えたのち、彼はきっぱり断る旨、口述筆記させた。だがこうした批評は一方的なものではなかった。バックスの何度目かの訪問を受けたあとで、彼は言った。「バックスは好きだ。来てくれてうれしい。あの若者が集中したら、よい作品が書けるだろう。彼の形式はゆるすぎる。もっと集中しないと」。メイ・ハリソンはこう評した。「変だわ！　バックスとリハーサルしていてもっとも印象的なのは、彼の形式にたいする情熱なのに！」

36 ［原注］この批評家とはコンスタント・ランバート（Constant Lambert, 1905–1951）である。

37 ［訳注］引用箇所は《告別の歌》第一曲の冒頭二行目の歌詞。ホイットマン『草の葉』より。

38 ［訳注］《北国のスケッチ（North Country Sketches）》（一九一三～一四）。

39 ［訳注］ヴァイオリンとチェロのための二重協奏曲（一九一五～一六）。

40 ［原注］ときには彼が協奏曲の独奏部の改訂を許可することもあった。サモンズによるヴァイオリン協奏曲の改訂、ウィザーズによるチェロ協奏曲の改訂がその例である。指揮者がフレージングを変え、理由があって印刷譜の強弱を変更しても異を唱えなかった。とはいうものの、ビーチャムについてすら、彼は私に注意を与えた。「彼が勝手に音を変えないように気をつけろ！」

41 ［訳注］フリッツ・カッシーラー（Fritz Cassirer, 1871–1926）はドイツの指揮者。

42 ［訳注］《春はじめてのカッコウを聞いて》《川面の夏の夜》のこと。

43 ［原注］同様に、もう少しあとになって、私は《アパラチア》のパッセージをとおしてフロリダにも心を奪われた。

Ⅳ　日没

1　［訳注］サー・エイドリアン・ボールト（Sir Adrian Boult, 1889–1983）はイギリスの指揮者。

2　［訳注］ジェフリー・トイ（Geoffrey Toye, 1889–1942）はイギリスの指揮者。

3　［原注］ビーチャムは何か手助けになろうかと歌手のドーラ・ラベットを派遣してくれた。彼女が到着したとき、私は音楽室にいて、彼女が部屋の戸口にたたずんだ光景を覚えている。その姿はこの家から遠く隔たった別世界のことを懐かしく想起させた。ラベットはスタジオの長椅子に横たわったディーリアスの亡骸《なきがら》を、涙ながらに見下ろしていた。彼の死の避けられない結果として、その私的な世界は一夜にして公的な場と化した。日曜日に彼の庭に参集した人々の数は、私が隠遁生活をともにした数年間の訪問客をゆうに上まわっていた。

4　［訳注］「ロマンスの精神」とは詩人・批評家エズラ・パウンドの同名の著作（一九一〇）に由来する語。ラテン系諸言語の源流である中世ロマンス語の精神をさす。

5　［原注］もちろん指揮者のクレンペラーとは別人。

Appendix　ディーリアスの作曲法

1　［訳注］キーツが一八一八年に親友のJ・H・レイノルズに宛てた書簡にある言葉。『キーツ書簡集』（佐藤清選訳、岩波文庫）、八九頁。

2 ［訳注］《告別の歌》（一九三〇）をさす。
3 ［訳注］《夜明け前の歌（A Song Before Sunrise）》（一九一八）。
4 ［原注］ただし、どの部分においても、調を特定できるということではない！

一九八一年版へのあとがき

1 ［訳注］アーネスト・ニューマン（Ernest Newman, 1868–1959）。イギリスの音楽評論家。
2 ［原注］この二四ページの小冊子は『オーケストラの解剖学と生理学（*Anatomie et Physiologie de l'Orchestre*）』と題され、一八九四年パリで刊行された。ディーリアスとパピュス（Papus）の共著。このパピュス（本名ジェラール・アンコース博士）は世紀末パリの神秘主義運動の指導者として知られ、オカルト学の論考を数多く著した。この小冊子の前提はオーケストラと生物との類比にあり、そこには肉体（打楽器とピアノ）、二極化した精神（木管楽器は雌、金管楽器は雄）、頭脳（弦楽およびハープ）が具わると説く。ライオネル・カーリー（Lionel Carley, *Delius: The Paris Years*, London, 1975）は、この風変わりな著作でのディーリアスの貢献はごくわずかだろうと推察している。
3 ［訳注］この音楽祭とフロリダ・ディーリアス協会は、残念ながら二〇〇四年に運営を休止した。
4 ［訳注］フランシス・ブルックス・チャドウィック（Francis Brooks Chadwick, 1850–1943）はアメリカの画家。グレーで制作した。ディーリアス夫妻の家はかつてチャドウィックの住まいだった。

ディーリアスとフェンビーの遺産

1 ［訳注］『アーネスト・ダウスン作品集』（南條竹則編訳、岩波文庫）、三二一頁。

訳者あとがき　ディーリアスとフェンビーが私に教えてくれたこと

小町　碧

「ディーリアスの伝記本を翻訳しませんか」

二〇一五年九月、音楽評論家の林田直樹さんのラジオ番組「カフェ・フィガロ」に出演したさい、林田さんからこう問いかけられて、私は驚いた。「いつか」ディーリアスの資料を翻訳したいという願いが心の隅にあったものの、私にとっては雲の上の話だと思っていたのだ。

「伝記本が出版されるとなったら、私もパートナーになります」と林田さんが続いておっしゃった。そのお言葉に感激し、「はい、お願いします!」と答えた。

収録後、私はエリック・フェンビーの *Delius as I Knew Him* について考えていた。まず最初に翻訳するべき資料は、この本である。収録では自信満々に翻訳を引き受けてしまったが、はたして、演奏家である私にできる仕事なのだろうか?

半信半疑の気持ちのなか、ロンドンに戻り、とりあえず *Delius as I Knew Him* を再度読むことにした。フェンビーがディーリアスとともに過ごした日々、まるで映画の物語のような美しい情景に惹きこまれ、あまりにも正直で人間性がむき出しになったフェンビーの語りに、胸が熱くなった。

そして、この本で言及されているディーリアスの音楽をもういちど聴いた。フェンビーが二二歳の若さで「ディーリアスのために自分は何ができるのか」と考え、その思いを行動に移した結果、これらの音楽が世に残ったのだ。そう考えると、その美しい旋律はいっそう心に訴えかけてきた。とにかく、ひとりでも多くの人にこの感動を伝えたい。そのためには一刻も早く翻訳に取りかかるべきだという気持ちがこみあげた。

それから約一年かけて、演奏活動の合間に少しでも時間があれば、翻訳に取り組んだ。フェンビーの詩的な文章をどうしたら日本語で適切に表現できるのか、ずいぶん悩んだ。イギリス人にとってもそう簡単に読める文章ではない。あるとき、英国ディーリアス協会の会議の席上、この本を翻訳していると話したら、予想以上に驚きのリアクションを受け、そこからフェンビーの文章の芸術性についての討論が始まった。ディーリアス基金の顧問であるスティーヴン・ロイド氏は、後日、ディーリアスとフェンビーにかんする貴重な資料や自身の著書 *Fenby on Delius* を送ってくださり、その後もディーリアス協会からさまざまな励ましをいただき、なんとか翻訳を終えることができた。

それまで、私は演奏家としてひたすらディーリアスの音と向き合うことしかしてこなかったが、フェンビーの文章と向き合い翻訳する過程をつうじて、「演奏家の役割」をあらためて考えるようになった。演奏も翻訳もコミュニケーションのツールであり、国境を越えて人々と感動を共有できる。翻訳を終えてつくづく思ったのは、音と言葉には根本的な共通点があり、人の心を動かす力があるということだ。若き敬虔《けいけん》なカトリック信者であるフェンビーに対し、老人で無神論者のディーリアス。どう考えても正反対な二人が、さまざまな葛藤をかかえながらも、二人三脚でかずかずの作品を完成させたのだ。このことは、二人をたがいに引き寄せ、「不可能」を「可能」にしたディーリアスの音楽の偉大な力を物語っている。

出版にあたり、エリック・フェンビーの子息のロジャー・フェンビー氏に会うことができた。あるとき、彼はこのように話していた。

「父は、ディーリアスが亡くなったあとも、ディーリアスとともに歩みつづけていました。わが家にはディーリアスの大きなリトグラフが飾られ、まるで神様のように私たちを見下ろしていたのです」

振り返ってみれば、ディーリアスの音楽に出会っていらい、私もまたディーリアスの魔法にかけられ、強力な磁石に引きつけられていくようにその音楽に没頭した。そして、そこからさまざまな出来事が起こり、さまざまな運命的な出会いにめぐまれたのだ。

本書の出版が実現できたのは、多くの方々の多大なお力添えのおかげだ。この場で、お世話になったすべての方に御礼を申し上げたい。林田直樹さんに背中を押していただかなければ、この本の翻訳は、私にとって永遠に見果てぬ夢であったことだろう。林田さんは出版をご提案くださるだけでなく、みずから「ディーリアス・プロジェクト」のプロデューサーとしてクラウドファンディングを立ち上げてくださった。林田さんの呼びかけに多くの方が賛同し、プロジェクトはさまざまな方向へと広がった。株式会社アルテスパブリッシング代表の木村元さんには企画段階から出版まで多大なサポートをいただいた。熱烈なディーリアス愛好家、沼辺信一さんからは翻訳について多くの助言をいただき、また巻末の略年譜も作っていただいた。心から感謝申し上げたい。イギリス音楽を専攻する音楽学者、向井大策さんには、豊富な知識、細部への心配りの行き届いた監修により、原稿を完成していただいた。さらに、音楽ライターのオヤマダアツシさんからは、ディーリアスがいかなる作曲家だったのかについての「解説」をご提供いただいた。こうした方々のお力添えにより、日本のみなさんにディーリアスを広く知っていただくための、万全の書籍が仕上がったと思う。

出版にあたって英国ディーリアス基金からいただいた助成金は、プロジェクトの大きな支えとなった。また、原書に掲載された写真は多くのものが行方不明となっていたが、ディーリアス基金会長のライオネル・カーリーさん、そしてロジャー・フェンビーさんのご協力により、大半の写真を見つけることができた。

ディーリアスとフェンビーが私に教えてくれたこと――音楽をつうじた純粋な心の通い合いによって引き寄せられる人々のつながりは、どんな困難をも乗り越えていく。そして、彼らの魂は音楽の中に生きつづけている。この本が読者のみなさんにとっても、さまざまな勇気と希望への鍵となることを願っている。

解説

オヤマダアツシ

クラシック音楽というジャンルに限っただけでも、歴史の中には数多くの作曲家が存在したであろう。そのなかには、広く名前や作品が知られるヨハン・ゼバスティアン・バッハやルートヴィヒ・ヴァン・ベートーヴェンのような作曲家がいれば、まったく名前を残さずに消えてしまった作曲家もいる（というより、後者のほうが圧倒的に多いはずだ）。

私たちは音楽史について考えたり学んだりするとき、そこに登場する作曲家固有のキャラクターや存在意義のようなものを解読し、さらには複数の作曲家が構築する関係性や影響についても思いをめぐらせて、動的な流れを作り上げる。いくつかの例を挙げるなら、モーツァルトとベートーヴェンのあいだにおける作風の発展性や、シューマンとブラームス師弟の作風における共通項、ワーグナーとリヒャルト・シュトラウスの親和性、さらに時代を超越するのであればヨハン・ゼバスティアン・バッハとアントン・ウェーベルンの共通点についても思いをはせることができるだろう。それらの事象は総称して「影響」というキーワードに包括されるかもしれないが、そうしたなかから相関性や親和性などを読み解き、芋《いも》づる式に新しい作曲家や作品に出会っていくのが音楽史の醍醐味だといえる。

フレデリック・ディーリアスという作曲家は、そうした音楽史の散歩道（というものがあるのなら）から、ちょっとした脇道に入ったところにいるような存在ではないか、というのが筆者の持論だ。その作風を読み解くと、ワーグナーの影響は拭《ぬぐ》いきれないであろうし（いくつかのオペラは、歌手と同等にオーケストラ・パートが雄弁であるという点において「楽劇」と称してさしつかえないものだ）、みずから認めていたようにエドヴァルド・グリーグの影響も大きい。同時代を生きたリヒャルト・シュトラウスやグスタフ・マーラーとならんで、後期ロマン派音楽を代表する作曲家であると評価されても、なんら不思議はないだろう。しかし現実的を冷静に見つめると、二人の作曲家とディーリアスの知名度に大きな差があることは否《いな》めない。ニーチェの『ツァラトゥストラはこう語った』を挙げるさい、リヒャルト・シュトラウスの交響詩は話題にのぼっても、ディーリアスの大作《人生のミサ》に言及する人は（ディーリアスの熱心な聴き手でもなければ）ほとんどいないということだ。

なにも、必要以上にディーリアスを貶《おとし》めているわけではない。それどころか、ディーリアスの音楽と出会って四〇年以上もたつのに、「なぜディーリアスの音楽は、もっと多くの人に聴かれないのだろう？」という思いが、変わることなく自分の心の中に居つづけていることを残念に思う。もしかすると、筆者も含めたディーリアスの聴き手は、そうした状況をひそかに喜んではいないだろうか。「自分たちだけのディーリアス」という特権意識にも似た感情を楽しんではいないだろうか。

もしそうだとするなら、それはそれでディーリアスという作曲家と、彼の音楽の存在意義を的確に表しているのかもしれない。かつて、ディーリアスを熱心に紹介しておられた音楽評論家の出谷啓氏が、その音楽について、「道端に咲いている美しい花であり、気がつかない人は通り過ぎて行ってしまう」と評していたことを記憶している。しかし、その言葉をお借りするなら、小さな花に気がつき、愛《め》でることができる人は幸福であろう。その花は誰もが目を奪われる鮮やかな大輪ではないかもしれないが、それを愛するものにとっては生涯、何ものにも代えがたいパートナーになるからである。

ディーリアスは、そういった「知る人ぞ知る、しかし出会えた人にはかけがえのない存在となる」作曲家なのだ。

イングランドからアメリカ、ドイツ、そしてフランスへ
多様な文化を受け入れながら音楽家になった二〇代

ここでは、簡単ながらフレデリック・ディーリアスという作曲家について紹介しておきたい（本書『ソング・オブ・サマー』は、そうした基本的な情報を飛び越えたところからスタートしているからである）。

フレデリック・ディーリアスは一八六二年一月二九日、北イングランド（イギリス）のヨークシャー地方にあるブラッドフォードという街で生まれた。両親はドイツからの移民であるため、ディーリアスは厳密にいえば「ドイツ系イギリス人の作曲家」ということになる。イギリスは産業革命によって社会構造が大きく変化した国だが、ブラッドフォードもこの当時、羊毛産業（毛織物）や

石炭の産出が経済の礎《いしずえ》となっており、ディーリアスの父であるユリウス（Julius Delius）も羊毛産業にたずさわることによって、社会的成功と安定した生活を手にしたのだった。

ディーリアスは少年時代、学校に通いながらヴァイオリンやピアノを練習していたが、ときには父親が自宅へ招いたプロの音楽家から教えを受けることもあったという。しかしながら音楽家になる道は開かれておらず、父親は息子を自分の後継者とするべく教育をおこなった。ディーリアスは学校を卒業すると、ビジネスのノウハウを修得するべく他の会社などで仕事をすることもあったようだが、音楽への情熱を忘れていたわけではなかった。しかし父親はそれを許さず、息子に経営などを学ばせるという名目で、アメリカ南東部のフロリダ地方にある大規模なオレンジ農園（プランテーション）へと送り出したのである（ディーリアス自身が家業と父親から逃れるため、みずから志願して移住したという説もある）。

一八八四年、ディーリアスは二二歳になっていたが、結果的にはこのアメリカ行きが、その後の音楽人生を大きく左右することになった。フロリダではトマス・ウォードという現地のオルガン奏者に音楽を学びながら、一方では農園で働くアフリカ系の労働者たちと交流し、アカデミックな音楽教育では出会えないであろう労働歌や民謡、黒人霊歌（スピリチュアルとも呼ばれるプロテスタントの賛美歌）、ダンス音楽などを知ることができたからだ。こうした音楽はヨーロッパへ移住し、本格的な作曲活動をおこなうさいに大きな糧《かて》となる。一八九二年、東海岸のニューヨークへやって来て同様の音楽体験をすることになるアントニン・ドヴォルザークに先んじて、ディーリアスはアメリカ音楽の重要な一部を自分のものにしていたのである。

一八八六年になると、ディーリアスはより高度な音楽教育を受けるべく、当時としてはヨーロッパ有数の音楽教育機関となっていたドイツ帝国ライプツィヒの音楽院へ入学（フェーリクス・メンデルスゾーンが創始者のひとりに名前を連ねる名門である）。約二年間にわたる学校生活のなか、ディーリアスはフロリダでの日々を回想するようなオーケストラ曲《フロリダ組曲（Florida Suite）》など、初期の傑作を生み出していく。また、ヨーロッパの最新音楽事情を享受し、敬愛するエドヴァルド・グリーグをはじめとする北欧音楽や文学への愛情を再確認した時期となった。

一八八八年、音楽院を後にしたディーリアスはさらに新しい音楽と生活を求め、フランスのパリへと向かう。それから一九三四年に亡くなるまでの約四五年間、パリとその周辺がディーリアスにとって活動と発信の場となるのである。

世紀末の「素晴らしき時代」に花開いていく才能
パリの香気がディーリアスを変え、育てていく

ところで、ディーリアスと同時期に生まれた作曲家には、どういった人たちがいたのだろう。一八六〇年代生まれのなかで多くの人が知る作曲家となると、グスタフ・マーラー（一八六〇～一九一一）、クロード・ドビュッシー（一八六二～一九一八）、リヒャルト・シュトラウス（一八六四～一九四

九)、そしてジャン・シベリウス(一八六五〜一九五七)の四人にスポットライトが当たる。それぞれ活動の拠点は異なるものの、一九世紀末から二〇世紀という音楽史の大きな変動期において革新的な作品を発表しつづけた作曲家たちである。ディーリアスの音楽も四人とは共通項があり、とくに管弦楽作品においては大編成のオーケストラと色彩的なオーケストレーションを駆使して、後期ロマン派音楽の一翼をになうような作品を世に送り出している。

リヒャルト・ワーグナーやフランツ・リスト、ヨハネス・ブラームスなども存命中であり、彼らの影響力もまだまだ大きかったはずだが、次の時代への胎動《たいどう》が始まった時期だともいえる。じじつ、先に挙げた四人の作曲家を追っていくだけでも、じつにさまざまな、そして音楽史のなかでも重要な作曲家たちへと結びつくことがわかるだろう。そして、彼らにくらべるとディーリアスの存在が、音楽史のなかで孤立していることも、あらためて浮き彫りになってくる。その結果、音楽は四人と共通項も多いのに、なぜディーリアスは注目されないのだろうという疑問が、あらためてふつふつと沸いてきてしまうのだ。

しかし、その探究は読者それぞれにおまかせして、先へと駒を進めよう。パリ時代のディーリアスである。

一八八八年のパリは、まさに二〇世紀への序奏を華やかに奏でていた。この街に移り住んだディーリアスは、翌一八八九年に開催される万国博覧会のため建設中だったエッフェル塔の姿を見たはずである。パリでの万国博覧会は四回目であり、音楽史においては、クロード・ドビュッシーがインドネシアのガムラン音楽と出会った万博として知られているだろう。「素晴らしき時代（Belle Epoque）」を迎えようとしていたパリでは、あらゆるものが輝いており、ディーリアスはさまざまなものから刺激を受けた。《イルメリン（Irmelin）》《魔法の泉（The Magic Fountain）》といった幻想的なオペラ、フロリダ時代のエコーかと思われるようなオペラ《コアンガ（Koanga）》などが生まれ、ディーリアスの個性的なオーケストレーションが定着しつつある時代の注目作《パリ：夜想曲——大都会の歌（Paris; A Nocturne — The Song of a Great City）》といった管弦楽曲もこの時期に書かれた。ディーリアスが本格的に作曲活動を軌道に乗せた時期だといってよい。

ディーリアスの作品はベルリンをはじめとするドイツの各都市で演奏されるようになり、知名度は少しずつ向上していく。しかし音楽家たちとの交流は少なく、ディーリアスが友人として歓迎したのは画家や作家たちだった。とりわけポール・ゴーギャンやエドヴァルド・ムンクの名前は記憶しておいたほうがいいだろう。

ディーリアスにとってのパリは、それまで栄養を蓄積してきた才能の種子を発芽させ、成長をうながした街となった。独特の姿と香りをもつ花が咲くのは、いよいよこれからである。

独特の輝きを得たディーリアス芸術の成熟
愛妻との出会い、そしてドラマティックな晩年へ

そうしたなか、ディーリアスの生涯においてもっとも大きな出会いの時がやってくる。一八九六年、ディーリアスはセルビア生まれの女性画家イェルカ・ローゼン（Jelka Rosen, 1868–1935）と出会ったのだ。美術や文学などの好みで意気投合した二人はほどなくして恋人関係になり、ディーリアスはイェルカがグレー＝シュル＝ロワン（Grez-sur-Loing ロワン川の畔《ほとり》にあるグレー）という静かな村に購入した邸宅へと移り住むことになる。パリから南へ六〇キロメートルほどの地であり、一九〇三年に二人が結婚したとき、享楽のパリ時代はひと区切りを迎えたといってよい。

広い庭園に川が流れているという邸宅。そして豊かすぎるほどの自然にあふれた村での生活は、ディーリアスの作曲欲を大いに刺激した。はかなさと崩れゆくような美を音楽にした《楽園への道》を間奏曲にもつオペラ《村のロミオとジュリエット（A Village Romeo and Juliet）》、ホイットマンの詩集『草の葉』よりテクストを採用したバリトン歌手とオーケストラのための《海流（Sea Drift）》、イェルカや友人たちと夢中になって読んだというフリードリヒ・ニーチェ作『ツァラトゥストラはこう語った』をテクストに採用した大作《人生のミサ（A Mass of Life）》、イングランド民謡を主題に据《す》えた管弦楽変奏曲《ブリッグの定期市（Brigg Fair）》、邸宅の庭園をそのまま音楽絵画にしたような管弦楽曲《夏の庭で（In a Summer Garden）》《川面《かわも》の夏の夜（Summer Night on the River）》、そして現在もなお広く愛聴されている《春はじめてのカッコウを聞いて（On Hearing the First Cuckoo in Spring）》などなど、まさに綺羅星《きらぼし》のごとき作品がつぎつぎに生まれたのである。

生まれ故郷のイギリスにおいても、二〇世紀を迎えてから少しずつ演奏される機会は増えていく。

とくにトマス・ビーチャム（一八七九〜一九六一）という若い指揮者がディーリアスの音楽に目を留め、積極的に作品を紹介したことが、現代にいたる評価への足がかりとなったのはまちがいない。ビーチャムは多くのディーリアス作品を複数回レコーディングし、いまなおそれらは新しい聴き手を増やしているのだから。

しかしながら、ヨーロッパ諸国が第一次世界大戦に震撼《しんかん》した一九一〇年代以降、ディーリアスは病という敵と戦わなくてはいけなくなる。徐々に衰え、身体の機能が失われていくなかでも彼は妻イェルカの助けを借り、アイディアを口述筆記してもらいながら作品を発表した。一九二八年、ついにディーリアスは両眼を失明するという最悪の状況を迎え、いよいよ作曲家としての価値も失われたかに思われた。しかし思わぬことから、その絶望的な状況は好転することになる。ディーリアスの苦境が新聞記事となって報じられると、ディーリアスの生地と同じヨークシャー地方に住む青年であり、本書の著者であるエリック・フェンビー（一九〇六〜一九九七）が、ディーリアスの音楽ヘルパーとなるべく志願してきたのだ。それゆえに以降のことは、生き生きとした筆致の本書におまかせしよう。

ディーリアスは一九三四年六月一〇日にこの世を去ったが、残された作品はさまざまな音楽家たちによって演奏されてきた。とくに一九六〇年代から八〇年代にかけては、大規模な声楽作品も含めた多くの曲がレコード録音され、幅広い作品群を体系的にとらえることもできるようになったのである（そのなかにはフェンビーが指揮をしたり、ピアノを弾いたりしている証言的な録音も含まれる）。日本においては音楽評論家の三浦淳史氏（一九一三〜一九九七。奇《く》しくもフェンビーと同じ時代を生きた）が健筆を振るったおかげで、ディーリアスの存在を知る音楽ファンが増えたのはまちがいないだろう。三浦氏が執筆した著書や評論記事、レコードのライナーノートなどでも、バイブルのように何度も紹介されたのが本書の原書である *Delius as I Knew Him*（一九三六年初版）である。多くのディーリアス・ファンはこの書を横に置いてディーリアスの音楽を楽しみ、理解を深めてきたが、今回の日本語版刊行という歴史的な快挙によって、さらに日本におけるディーリアス受容が深まり、多くの聴き手が彼の音楽に気がついてくれることを切に願う。本書のなかにも、ディーリアスの世界へとつながる「扉」となるべき作品が、たくさん紹介されているのだ。

（音楽ライター）

❖——索　引

フレデリック・ディーリアス、エリック・フェンビーについては立項しない。
太字のページ番号は写真あるいは写真キャプション中に登場することを示す。

ア

アイアランド，ジョン　Ireland, John 5
アウグスティヌス，アウレリウス　Augustinus, Aurelius 203
アースキン　Erskine 122–127
アームストロング，サー・トマス　Armstrong, Sir Thomas 7, 275
アルベニス，イサーク　Albéniz, Isaac 224
アンドレ　André 25, 137

ヴェルディ，ジュゼッペ　Verdi, Giuseppe 221, 224, 238–239
ウェルドン，ヒュー　Wheldon, Huw 279
ヴェルレーヌ，ポール　Verlaine, Paul 284
ウォード，トマス・F.　Ward, Thomas F. 194–197
ウォルトン，サー・ウィリアム　Walton, Sir William 274
ヴォルフ，フーゴー　Wolf, Hugo 93–94, 153
ウォーレス，エドガー　Wallace, Edgar 248–249
ウォーロック，ピーター　Warlock, Peter →ヘセルタイン，フィリップ
ウッド，サー・ヘンリー　Wood, Sir Henry **122**, 138, 151

エイドリアン，マックス　Adrian, Max 280–281, **280**
エイプラヘイミアン，フィーリクス　Aprahamian, Felix 275
エマニュエル，フィリップ　Emanuel, Philip 275
エルガー，サー・エドワード　Elgar, Sir Edward 14, 72, 87, 139–141, 152–155, 206, 236–237, 267

オースティン，フレデリック　Austin, Frederic 275
オズボーン，ファニー　Osbourne, Fanny 60
オニール，ノーマン　O'Neill, Norman 73, 108–109, **109**, 145
オーマンディ，ユージン　Ormandy, Eugene 278

カ

カッシーラー，フリッツ　Cassirer, Fritz 233
ガーディナー，ヘンリー・バルフォア　Gardiner, Henry Balfour 22–23, 31–32, 43–44, **43**, 45, 61–63, 69, 77, 117–118, 120, 251–253, 255, 257–258, 274–275, 278
カーリー，ライオネル　Carley, Lionel 275
カール大帝　Charlemagne 129
ガン，サー・ハーバート・ジェイムズ　Gunn, Sir Herbert James 144–145, **145**

キーツ，ジョン　Keats, John 267
キートン，クロード　Keeton, Claude 4
ギブソン，ヘンリー　Gibson, Henry 113

クィルター，ロジャー　Quilter, Roger

78
グーセンズ, レオン　Goossens, Léon 38
グラナドス, エンリケ　Granados, Enrique 224
クラフト, エイドリアン　Cruft, Adrian 6
グリーグ, エドヴァルド　Grieg, Edvard 73, 104, 195, 197, 219, 221
クールム, ルイーズ　Courmes, Louise 279
グレイ, セシル　Gray, Cecil 85, 151, 236
グレインジャー, パーシー　Grainger, Percy 62, 97–104, **99**, **101**, 110, 280, **280**
グレスピエ　Grespier 134
グレスピエ夫人　Grespier, Mrs. 255
クレンペラー　Klemperer 257
グローヴズ, サー・チャールズ　Groves, Sir Charles 278

ゲイブル, クリストファー　Gable, Christopher 280
ゲーテ, ヨハン・ヴォルフガング・フォン　Goethe, Johann Wolfgang von 223
ケネディ=フレイザー, マージョリー　Kennedy-Fraser, Marjory 224
ケンペ, ルドルフ　Kempe, Rudolf 278

ゴーギャン, ポール　Gauguin, Paul **28**, 116, **286**
コートールド夫人　Courtauld, Mrs. 141
コリングズ, デイヴィッド　Collings, David **280**
コロー, カミーユ　Corot, Camille 60
コンラッド, ジョゼフ　Conrad, Joseph 233

サ

サージェント, サー・マルコム　Sargent, Sir Malcolm 142–143, 278

シェイクスピア, ウィリアム　Shakespeare, William 218–219
シベリウス, ジャン　Sibelius, Jean 73, 153, 219, 221, 229–230
ジモン, ハインリヒ　Simon, Heinrich 78, **158**
シャブリエ, エマニュエル　Chabrier, Emmanuel 224
シュトラウス, ヨハン　Strauss, Johann 73
シュトラウス, リヒャルト　Strauss, Richard 221, 224, 226
シュポーア, ルイ　Spohr, Louis 219
シューマン, ローベルト　Schumann, Robert 224
ショパン, フレデリック　Chopin, Frédéric 102, 219, 237
ジョン, オーガスタス　John, Augustus 114
ジョンソン, サミュエル　Johnson, Samuel 212–213

スコット, ケネディ　Scott, Kennedy 19, 114
スティーヴンソン, ロバート・ルイス　Stevenson, Robert Louis 60
ストリンドベリ, ヨハン・アウグスト　Strindberg, Johan August 28, 60
スペンス, ケネス　Spence, Kenneth 151
スミス, マシュー　Smith, Matthew 87–88, 270
スレルフォール, ロバート　Threlfall, Robert 275, 285

セザンヌ, ポール　Cézanne, Paul 270

ソラブジ, カイホスルー・シャプルジ　Sorabji, Kaikhosru Shapurji 274
ソルダネラ　Soldanella 213

タ

ダイクス, ジョン・バッカス　Dykes, John Bacchus　210
ダウスン, アーネスト　Dowson, Ernest　91, 282
ダグモア, レイチェル・ロウ　Dugmore, Rachel Lowe　275
ターティス, ライオネル　Tertis, Lionel　151–152

チェスタートン, ギルバート・キース　Chesterton, Gilbert Keith　116, 218–219
チャイコフスキー, ピョートル・イリイチ　Tchaikovsky, Pyotr Ilyich　267
チャドウィック, フランシス・ブルックス　Chadwick, Francis Brooks　279

デイヴィス, メレディス　Davies, Meredith　278
ディーリアス, イェルカ　Delius, Jelka　22–29, **23**, **28**, 32, 34, **34**, 36–38, 40, 46, 50–51, 56–58, 62, 68–73, 79–80, 98, **99**, 102–103, 112, 115–117, 120, 123, 127–129, 133–136, 138–139, 141, 155–157, 188–189, 196–197, 228, 233–234, 243–251, 253–259, 263, 266, 273–275, 279, **280**, 283–284, **286**
ディーレン, ベルナルト・ファン　Dieren, Bernard van　82, 216
テリー, サー・リチャード　Terry, Sir Richard　86
デル・マー, ノーマン　Del Mar, Norman　278
デント, エドワード・ジョゼフ　Dent, Edward Joseph　78, 151

トイ, ジェフリー　Toye, Geoffrey　249
トウェイン, マーク　Twain, Mark　249, 252
ドニゼッティ, ガエターノ　Donizetti, Gaetano　93
ドービニェ, メルル　d'Aubigné, Merle　279
ドビュッシー, クロード　Debussy, Claude　224

ナ

ナポレオン・ボナパルト　Napoléon Bonaparte　129

ニコルズ, ロバート　Nichols, Robert　147, 207, 284
ニーチェ, フリードリヒ　Nietzsche, Friedrich　18, 28, 189–194, 198–199, 207, 210–211, 220
ニューマン, アーネスト　Newman, Ernest　153, 253, 271

ハ

ハイドン, ヨーゼフ　Haydn, Joseph　206
ハイム, ズザンネ　Haym, Suzanne　71
ハイム, ハンス　Haym, Hans　71
バイロン, ジョージ・ゴードン　Byron, George Gordon　195
バックス, アーノルド　Bax, Arnold　151
バッハ, ヨハン・ゼバスティアン　Bach, Johann Sebastian　209, 219
ハドリー, パトリック　Hadley, Patrick　117–118, 120–121
バーナード, アントニー　Bernard, Anthony　80, 82
パーマー, クリストファー　Palmer, Christopher　4
ハーマン, バーナード　Herrmann, Bernard　278
パリー, サー・チャールズ・ヒューバート　Parry, Sir Charles Hubert　154
ハリソン, ベアトリス　Harrison,

Beatrice **122**, 128, 283
ハリソン, マーガレット Harrison, Margaret 258
ハリソン, メイ Harrison, May 117, 121, **122**, 283
バルザック, オノレ・ド Balzac, Honoré de 129
バルジャンスキー, アレクサンドル Barjansky, Alexandre 26, 36–37, 39–43, **42**, 77, 257
バルトーク・ベーラ Bartók Béla 82
バルビローリ, サー・ジョン Barbirolli, Sir John 278
パレストリーナ, ジョヴァンニ・ピエルルイージ・ダ Palestrina, Giovanni Pierluigi da 72, 199, 208–209
ハワード=ジョーンズ, エヴリン Howard-Jones, Evlyn 64–65, 104–106, **105**
ハワード=ジョーンズ, グレイス Howard-Jones, Grace 64, 104–105, **105**
ハンドリー, ヴァーノン Handley, Vernon 278

ビクトリア, トマス・ルイス・デ Victoria, Tomás Luis de 72, 208–209
ビゼー, ジョルジュ Bizet, Georges 224
ビーチャム, サー・トマス Beecham, Sir Thomas 5, 22, 38, 40, 45–46, 76–77, 85, 103, 110–115, **111**, 121, 131–132, 139–141, 188, 197, 228, 237, 243–244, 249–251, 253, 255, 267, 275, 277–278
ヒッチコック, アルフレッド Hitchcock, Alfred 5
ヒルデガルデ Hildegarde 34, 64–65, 106

ファリャ, マヌエル・デ Falla, Manuel de 224
フェンビー, ロウィーナ Fenby, Rowena 7, 278
ブゾーニ, ゲルダ Busoni, Gerda 78–79
ブゾーニ, フェッルッチョ Busoni, Ferruccio 78–79, 151, 153, 224
ブゾーニ, フェルディナンド Busoni, Ferdinando 78
ブゾーニ, ベンニ Busoni, Benni 78
プッチーニ, ジャコモ Puccini, Giacomo 224
プライアー, モーリン Pryor, Maureen **280**
ブラック, ジョルジュ Braque, Georges 270
ブラッドロー, チャールズ Bradlaugh, Charles 198
ブランデス, ゲーオア Brandes, Georg 208
プリッチャード, サー・ジョン Pritchard, Sir John 278
ブリテン, ベンジャミン Britten, Benjamin 5
ブルックス, オールデン Brooks, Alden 61, 87–88, 100–101, 253, 255, 257, 259, 278–279
ブルックス夫人 Brooks, Mrs. 134, 249, 253, 255, 257, 259, 279
ブルックナー, アントン Bruckner, Anton 153
フレッカー, ジェイムズ・エルロイ Flecker, James Elroy 62
ブロッホ, エルネスト Bloch, Ernest **42**

ヘイリー, オルガ Haley, Olga 244
ペギー Peggy 243
ヘセルタイン, アーサー・ジョゼフ Heseltine, Arthur Joseph 34, 83–84, **84**, 92
ヘセルタイン, フィリップ Heseltine, Philip 34, 37, 79–83, **80**, **84**, 85–88, 92, 113–114, 132, 139, 233, 282

ベートーヴェン, ルートヴィヒ・ヴァン　Beethoven, Ludwig van　105, 216, 219, 224, 228, 230, 235
ベルリオーズ, エクトル　Berlioz, Hector　224
ペロージ, ロレンツォ　Perosi, Lorenzo　206
ベンジャミン, アーサー　Benjamin, Arthur　5
ヘンダーソン, ロイ　Henderson, Roy　151
ヘンリー, ウィリアム・アーネスト　Henley, William Ernest　93–94

ホイッスラー, ジェイムズ・マクニール　Whistler, James McNeill　219
ホイットマン, ウォルト　Whitman, Walt　53, 127, 147, 219, 223, 228–229, 283–284
ホークス, ラルフ　Hawkes, Ralph　5
ホームズ, ラルフ　Holmes, Ralph　8
ボールト, サー・エイドリアン　Boult, Sir Adrian　242
ボロディン, アレクサンドル　Borodin, Alexander　224

マ

マーラー, グスタフ　Mahler, Gustav　153

ミラー, ノーマン　Millar, Norman　275

ムソルグスキー, モデスト　Mussorgsky, Modest　224
ムンク, エドヴァルド　Munch, Edvard　28, 60

メニューイン, ユーディ　Menuhin, Yehudi　8, 155
メンデルスゾーン・バルトルディ, フェーリクス　Mendelssohn Bartholdy, Felix　217, 224

モシェレス, イグナーツ　Moscheles, Ignaz　234
モーツァルト, ヴォルフガング・アマデウス　Mozart, Wolfgang Amadeus　72, 210, 223, 228, 230
モネ, クロード　Monet, Claude　270

ヤ

ヤンセン, ヘルベルト　Janssen, Herbert　153

ラ

ラヴェル, モーリス　Ravel, Maurice　224
ラーション, カール　Larsson, Carl　60
ラッセル, ケン　Russell, Ken　8, 279–280, **280**
ラベット, ドーラ　Labbette, Dora　151
ランシマン, ジョン・F.　Runciman, John F.　106
ランバート, コンスタント　Lambert, Constant　274

リスト, フランツ　Liszt, Franz　224
リッチモンド夫人, ヘンリー・L.　Richmond, Mrs. Henry L.　277
リムスキー=コルサコフ, ニコライ　Rimsky-Korsakov, Nikolai　224

ルースブルック, ヤン・ヴァン　Ruusbroec, Jan van　201–204

レヴェラーズ　The Revelers　40

ロイド・ジョージ, デイヴィッド　Lloyd George, David　119–120
ロイド・ウェバー, ジュリアン　Lloyd Webber, Julian　8

ローゼン, イェルカ　Rosen, Jelka　→　ディーリアス, イェルカ
ロダン, オーギュスト　Rodin, Auguste　**286**
ロッシーニ, ジョアキーノ　Rossini, Gioachino　93
ロートン, チャールズ　Laughton, Charles　5
ロートン, トム　Laughton, Tom　5
ロビンソン, スタンフォード　Robinson, Stanford　278

ワ

ワーグナー, リヒャルト　Wagner, Richard　224, 232, 237

ディーリアスの作品

《赤毛のマルゴー》　Margot-la-Rouge　146–147, 284
《暁の星よ、お前が消える前に》　Avant que tu ne t'en ailles　284
《アパラチア――古い奴隷の歌による変奏曲》　Appalachia: Variations on an Old Slave Song　81–82, 146, 229
《イルメリン》　Irmelin　139, 283
《イルメリン》前奏曲　Irmelin Prelude　139, 283
ヴァイオリン協奏曲　15, 58
ヴァイオリン・ソナタ集　8
ヴァイオリン・ソナタ第１番　216, 227
ヴァイオリン・ソナタ第３番　116–117, 121, 151, 283
《エアとダンス》　Air and Dance　81
《おとぎ話――むかしむかし》　Eventyr［Once Upon a Time］　29, 76, 228–229, 244, 249

《海流》　Sea Drift　22, 53, 72, 81, 146, 153, 229, 232–233
《カプリスとエレジー》　Caprice and Elegy　128, 283
《川面の夏の夜》　Summer Night on the River　73, 236
《北国のスケッチ》　North Country Sketches　229
弦楽四重奏曲　7, 86–87, 216
《幻想的舞曲》　Fantastic Dance　139, 242, 284
《コアンガ》　Koanga　71, 120–121, 139
《告別の歌》　Songs of Farewell　127–128, 131, 141–143, 172–183, 268, 283

《去り行くヒバリ》　A Late Lark　93–96, 131, 282
《シナラ》　Cynara　90–92, 94, 282
《人生と愛の詩》　Poem of Life and Love　31, 43–45, 50–54, 61–62, 69, 93, 161, 172, 282
《人生のミサ》　A Mass of Life　16–19, 42, 114, 146, 197–198, 219, 229, 233

《高い丘の歌》　Song of the High Hills　98–99, **99**, 142, 229, 280
《ダンス・ラプソディ》第１番　Dance Rhapsody No.1　236
《ダンス・ラプソディ》第２番　Dance Rhapsody No.2　76–77
チェロ協奏曲　37, 42, **42**
チェロ・ソナタ　8, 37–38, 40, 90

《夏の歌》　A Song of Summer　107, **107**, 138, 142, 161–172, 181, 234, 282
《夏の庭で》　In a Summer Garden　73, 140–141, 229, 236, 249
《７つのデンマークの歌》　Seven Danish Songs　285
二重協奏曲, ヴァイオリンとチェロのための　**122**, 229
《日没の歌》　Songs of Sunset　90–92,

112, 149–150, 229, 231, 244

《ハイアワサ》 Hiawatha 90
《ハッサン》 Hassan 62, 69, 77, 229, 283
《パリ――大都会の歌》 Paris: The Song of a Great City 76, 79, 90, 222, 229, 249–250
〈春が来るままに〉 Let Springtime Come Then 285
《春はじめてのカッコウを聞いて》 On Hearing the First Cuckoo in Spring 38–39, 73, 236
ピアノ協奏曲 78, **105**, 138–139
《フェニモアとゲルダ》 Fennimore and Gerda 130, 229
《ブリッグの定期市――イギリス狂詩曲》 Brigg Fair. An English Rhapsody 40, 73, 236
《牧歌――かつてぼくは雑踏する都会を通って》 Idyll: Once I passed through a populous city 147–152, 154, 284

《村のロミオとジュリエット》 A Village Romeo and Juliet 64, 81, 90–91, 146, 226

《夜明け前の歌》 A Song before Sunrise 268

《楽園への道》 The Walk to the Paradise Garden 73, 244, 256
《レクイエム》 Requiem 128
《ロマンス》 Romance 90

ディーリアス略年譜

作成：沼辺信一

1862　1月29日、フレデリック・ディーリアス（誕生時の名はフリッツ・シオドア・アルバート・ディーリアス〔Fritz Theodor Albert Delius〕）、ヨークシャーのブラッドフォードでディーリアス家の次男として生まれる。父ユリウスは羊毛産業に従事するドイツ出身の裕福な実業家。母エリーゼ・パウリーネもドイツ人。

1868–69（6–7歳）
ヴァイオリンの手ほどきを受ける。

1874（12歳）　ブラッドフォード・グラマー・スクールに入学。

1875（13歳）　ロンドンのコヴェント・ガーデン王立歌劇場で《ローエングリン》を鑑賞。

1878（16歳）　ロンドン西郊アイズルワースのインターナショナル・コレッジに転校。

1880（18歳）　父の意向で家業を継ぐことになるが、ひそかに音楽家を志す。

1881（19歳）　父の商社の営業担当としてストラウド（グロスターシャー州）、ケムニッツ（ドイツ東部）に派遣される。

1882（20歳）　ケムニッツでハンス・ジットからヴァイオリンのレッスンを受ける。ブラッドフォードに呼び戻され、スウェーデンに派遣。ノルウェーを旅する。サン＝テティエンヌ（フランス東部）に転勤になるが、モンテカルロで賭博にふける。ふたたびブラッドフォードに戻される。

1883（21歳）　ノルウェーに派遣される。劇作家イプセンに会う。

1884（22歳）　父にフロリダ州のオレンジ農園の管理を命じられ渡米。ジャクソンヴィル郊外のオレンジ農園「ソラノ・グローヴ」に滞在、亜熱帯の風物に魅了される。地元のオルガン奏者トマス・ウォードに和声と対位法の基礎を学ぶ。

1885（23歳）　帰国の旅費を稼ぐため、ヴァージニア州ダンヴィルで短期間ヴァイオリンを教える。

1886（24歳）　ニューヨークをへてブラッドフォードに戻る。父の許しを得

て、ライプツィヒ音楽院に入学。ライネッケ、ヤーダスゾーン、ジットの指導を受ける。

1887（25歳） ライプツィヒ音楽院のアカデミックな教育になじめず、演奏会とオペラに足しげく通う。グリーグ、シンディングと親交を結び、ノルウェーに休暇旅行。

1888（26歳） ライプツィヒで《フロリダ組曲》が試演される（ジット指揮）。ライプツィヒ音楽院を退学。グリーグがロンドンで父ユリウスと面会、ディーリアスの才能を称え、作曲家の道を歩ませるよう説得。伯父テオドールを頼ってパリに移り、郊外のヴィル・ダヴレーに滞在。

1889（27歳） パリ郊外のクロワシー＝シュル＝セーヌに転居。

1891（29歳） クリスティアニア（現オスロ）で交響詩《頂にて》初演。パリ14区プティ＝モンルージュ街区のデュ・クエディック通りに転居。

1892（30歳） 最初の歌劇《イルメリン》完成。ヴァイオリン・ソナタ（遺作）を作曲。

1894（32歳） この頃、友人の作曲家ウィリアム・モラールのパリの住居で、画家ゴーギャンと出会う。モラール家では画家のムンクとミュシャ、作曲家のラヴェルやフローラン・シュミットとも親交を結ぶ。

1896（34歳） 女性画家イェルカ・ローゼンと出会う（のちのディーリアス夫人)。《アパラチア》初稿を作曲。

1897（35歳） 短期間フロリダを訪れる。歌劇《コアンガ》、ピアノ協奏曲（初稿）完成。イェルカ・ローゼンがグレー＝シュル＝ロワンに家を購入、ディーリアスも移り住む。

1898（36歳） 伯父テオドール死去。その遺産でゴーギャンの油彩画『ネヴァーモア』を購入。

1899（37歳） 5月、ロンドンでみずから出資した自作のみの演奏会を開催するが、注目は得られず。管弦楽曲《パリ――大都会の歌》を作曲。

1901（39歳） エルバーフェルト（現ヴッパータル）で《パリ》初演（ハンス・ハイム指揮)。父ユリウス死去。歌劇《村のロミオとジュリエット》完成。健康悪化の兆候が現れる。

1902（40歳） 歌劇《赤毛のマルゴー》作曲、《アパラチア》改訂版を手がける。

1903（41歳）《海流》を作曲。イェルカ・ローゼンと正式に結婚。

1905（43歳）《人生のミサ》完成。

1906（44歳）夏の休暇でノルウェーを訪問、晩年のグリーグと最後の面会。エリック・フェンビー、ヨークシャーのスカーバラで生まれる（4月22日）。

1907（45歳）歌劇《村のロミオとジュリエット》ベルリンで初演（フリッツ・カッシーラー指揮）。《ブリッグの定期市》を作曲。パーシー・グレインジャーとの親交が深まる。トマス・ビーチャム、ディーリアスの音楽を知る。

1908（46歳）《日没の歌》完成。

1909（47歳）《人生のミサ》全曲がロンドンで初演（トマス・ビーチャム指揮）。

1910（48歳）ディーリアスの体調が悪化。チューリヒでバルトークに会う（当時バルトークはディーリアスの礼賛者だった）。

1911（49歳）フィリップ・ヘセルタイン（ピーター・ウォーロック）との交友始まる。

1914（52歳）第一次世界大戦の勃発にともない、グレーを逃れて渡英し、ロンドンとイングランド北東部ワットフォードのビーチャムの家に仮住まい。ドイツでのディーリアス作品の演奏が途絶。

1916（54歳）《レクイエム》、ヴァイオリン協奏曲、ヴァイオリンとチェロのための二重協奏曲が完成。

1918（56歳）第一次世界大戦が終結。グレーの自宅はかなり傷んでいた。管弦楽曲《人生と愛の詩》に着手。療養のためビアリッツに滞在。

1919（57歳）ドイツでディーリアス作品の演奏が再開。フランクフルトで歌劇《フェニモアとゲルダ》初演。

1922（60歳）両手の自由を失う。ノルウェーで夏の休暇。

1923（61歳）付随音楽を提供した芝居《ハッサン》のロンドン公演が成功し、その収入により家計が潤う。秋をカンヌ、クリスマスをラパッロで過ごす。

1924（62歳）カッセルで療養。

1925（63歳）両手の麻痺と視力の低下により作曲ができず苛立つ。《去り行くヒバリ》をスケッチ。

1927（65歳）もはや回復の見込みはなく、多くの作品は未完のまま放置。

1928（66歳）エリック・フェンビーがグレーに到着、ディーリアスの口述

筆記を始める。

1929（67歳） パーシー・グレインジャー夫妻、グレーを来訪。10月、ロンドンで作曲家の列席のもとディーリアス・フェスティヴァルを開催、フェンビーの助力を得て仕上げた《シナラ》《去り行くヒバリ》初演される（ビーチャム指揮）。

1930（68歳） フェンビーの助力で《夏の歌》と《告別の歌》完成。メイ・ハリソンのためにヴァイオリン・ソナタ第3番、ベアトリス・ハリソンのために《カプリスとエレジー》をそれぞれ作曲。フィリップ・ヘセルタイン死去。

1932（70歳） 画家ジェイムズ・ガンがグレーでディーリアスの肖像画を制作。フェンビーの助力を得て最後の作品《牧歌》を作曲。

1933（71歳） 作曲家エドワード・エルガー、ヴィオラ奏者ライオネル・ターティスら来訪。フェンビー、ディーリアスの助手としての仕事を終え、グレーを離れる。

1934（72歳） 妻イェルカ、癌の手術を受ける。フェンビー、グレーに戻る。ディーリアスの容体が悪化。6月10日、フェンビーに看取られて死去。

1935 イェルカ・ディーリアス死去（5月28日）。享年66。

1936 フェンビーによる回想記*Delius as I Knew Him*（本書）が刊行。

1968 本書にもとづくケン・ラッセル監督によるBBCのテレビ映画『ソング・オブ・サマー』放映。フェンビーは監督の相談役と共同脚本を受け持った。

1981 フェンビーの *Delius as I Knew Him* 増補版が刊行。フェンビーの新たな「あとがき」（本書に収録）が加わる。

1997 エリック・フェンビー死去（2月18日）、享年90。

参考資料
Eric Fenby, *Delius*, Faber, 1971.
Alan Jefferson, *Delius*, Dent, 1972.
Lionel Carley and Robert Threlfall, *Delius: A Life in Pictures*, Oxford Univ. Press, 1977.

✣——著者・訳者・監修者紹介

エリック・フェンビー（Eric Fenby, 1906–1997）

作曲家。英国の作曲家フレデリック・ディーリアス（1862–1934）の筆記者として知られる。ディーリアスと同じヨークシャー州に生まれ、幼少期から絶対音感をはじめ音楽の才能をあらわす。12歳から18歳まで生地スカーバラの教会でオルガニストを務めるかたわら、作曲を独学。1928年、22歳のときにディーリアスの《春はじめてのカッコウを聞いて》を聴き、感銘を受ける。ディーリアスが盲目と全身麻痺に苦しみ、作曲ができないことを知り、手紙で手伝いを申し出る。仏グレー＝シュル＝ロワンのディーリアス邸での共同作業は６年間におよび、フェンビーはディーリアスの口述により、ヴァイオリン・ソナタ第３番をはじめ、管弦楽曲《夏の歌》、合唱と管弦楽のための《告別の歌》、独唱と管弦楽のための《牧歌》など、大規模な作品も含め、10曲ほどを完成させた。ディーリアス没後に出版した回想録 *Delius as I Knew Him*（1936）は、作曲家の最晩年の姿を生き生きと描き出し、ケン・ラッセル監督によって映像化（BBCテレビ映画 *Song of Summer*）され、またシンガー・ソングライター、ケイト・ブッシュもラッセル監督の映画をもとに〈Delius〉（1980）を発表するなど、世界中の多くの人々を魅了した。

1939年にはアルフレッド・ヒッチコック監督の映画『巌窟の野獣』の音楽を担当、その後も作曲家として活動を続けたが、ディーリアスの存在を乗り越えることはできず、作品のほとんどを破棄。その後は音楽教育者として活動した。ノース・ライディング教員養成校の音楽科を創立し、1962年にはディーリアス生誕100周年記念音楽祭での功績によりOBE（大英帝国勲章）を受勲。1964年から77年にかけて英国王立音楽院作曲科の教授を務めた。

1968年にBBCで放送された映画 *Song of Summer* の収録にあたっては、グレー＝シュル＝ロワンに戻り、ケン・ラッセル監督の顧問として制作を支えた。

晩年は妻ロウィーナと故郷のスカーバラに定住して穏やかな生活を送った。1997年死去（享年90）。

小町 碧（こまち・みどり）
ロンドン在住のヴァイオリニスト。12歳でチューリヒ室内管弦楽団と共演してデビュー。以来、国際的な活動をおこなっている。英国王立音楽院の音楽学士・修士課程を首席で卒業。英国と日本を拠点に、両国の音楽を国際的に紹介していく活動は、NHK、BBC Radio 3など、さまざまなメディアに紹介されている。長年の研究テーマである「ディーリアスとゴーギャン」については、日本経済新聞に特集記事が掲載され、2013年には英国ディーリアス協会に表彰された。
https://www.midorikomachi.com/

向井大策（むかい・だいさく）
沖縄県立芸術大学准教授。 愛媛県松山市出身。東京芸術大学音楽学部楽理科卒業（アカンサス音楽賞）、同大学大学院音楽研究科修士課程を経て、博士後期課程修了。博士号（音楽学）。ベンジャミン・ブリテンを中心とした20世紀のオペラにかんする研究をおこなう。

本書の出版にあたっては、ディーリアス基金（The Delius Trust, London）から出版助成を受けました。

また、林田直樹氏の呼びかけにより、クラウドファンディングをつうじて多くの方々からご支援をいただきました。

クラウドファンディングでとくに高額の支援をしてくださった方々のお名前を以下に記します。

桑尾定仁様

M・N様

その他、匿名希望二名

みなさんのご理解とご支援に心から感謝申し上げます。

ARTES
artespublishing.com

ソング・オブ・サマー　真実《しんじつ》のディーリアス

二〇一七年一一月二〇日　初版第一刷発行

著者……エリック・フェンビー
訳者……小町《こまち》碧《みどり》
監修者……向井《むかい》大策《だいさく》
発行者……鈴木 茂・木村 元
発行所……株式会社アルテスパブリッシング
〒一五五-〇〇三二
東京都世田谷区代沢五-一六-二三-三〇三
TEL　〇三-六八〇五-二八八六
FAX　〇三-三四一一-七九二七
info@artespublishing.com
印刷・製本……太陽印刷工業株式会社
装丁……桂川 潤
ISBN978-4-86559-171-2 C1073 Printed in Japan